FUNDAMENTOS DE GESTÃO DE PROJETOS

O GEN | Grupo Editorial Nacional, a maior plataforma editorial no segmento CTP (científico, técnico e profissional), publica nas áreas de saúde, ciências exatas, jurídicas, sociais aplicadas, humanas e de concursos, além de prover serviços direcionados a educação, capacitação médica continuada e preparação para concursos. Conheça nosso catálogo, composto por mais de cinco mil obras e três mil e-books, em www.grupogen.com.br.

As editoras que integram o GEN, respeitadas no mercado editorial, construíram catálogos inigualáveis, com obras decisivas na formação acadêmica e no aperfeiçoamento de várias gerações de profissionais e de estudantes de Administração, Direito, Engenharia, Enfermagem, Fisioterapia, Medicina, Odontologia, Educação Física e muitas outras ciências, tendo se tornado sinônimo de seriedade e respeito.

Nossa missão é prover o melhor conteúdo científico e distribuí-lo de maneira flexível e conveniente, a preços justos, gerando benefícios e servindo a autores, docentes, livreiros, funcionários, colaboradores e acionistas.

Nosso comportamento ético incondicional e nossa responsabilidade social e ambiental são reforçados pela natureza educacional de nossa atividade, sem comprometer o crescimento contínuo e a rentabilidade do grupo.

Francisco Rodrigo P. Cavalcanti
Jarbas A. N. Silveira

FUNDAMENTOS DE GESTÃO DE PROJETOS

Gestão de Riscos
Leituras Complementares e Exercícios

Os autores e a editora empenharam-se para citar adequadamente e dar o devido crédito a todos os detentores dos direitos autorais de qualquer material utilizado neste livro, dispondo-se a possíveis acertos caso, inadvertidamente, a identificação de algum deles tenha sido omitida.

Não é responsabilidade da editora nem dos autores a ocorrência de eventuais perdas ou danos a pessoas ou bens que tenham origem no uso desta publicação.

Apesar dos melhores esforços dos autores, do editor e dos revisores, é inevitável que surjam erros no texto. Assim, são bem-vindas as comunicações de usuários sobre correções ou sugestões referentes ao conteúdo ou ao nível pedagógico que auxiliem o aprimoramento de edições futuras. Os comentários dos leitores podem ser encaminhados à **Editora Atlas S.A.** pelo e-mail editorialcsa@grupogen.com.br.

Direitos exclusivos para a língua portuguesa
Copyright © 2016 by
Editora Atlas S.A.
Uma editora integrante do GEN | Grupo Editorial Nacional

Reservados todos os direitos. É proibida a duplicação ou reprodução deste volume, no todo ou em parte, sob quaisquer formas ou por quaisquer meios (eletrônico, mecânico, gravação, fotocópia, distribuição na internet ou outros), sem permissão expressa da editora.

Rua Conselheiro Nébias, 1384
Campos Elísios, São Paulo, SP – CEP 01203-904
Tels.: 21-3543-0770/11-5080-0770
editorialcsa@grupogen.com.br
www.grupogen.com.br

Designer de capa: Nilton Mansoni

Editoração Eletrônica: Formato Editora e Serviços

CIP-BRASIL. CATALOGAÇÃO NA PUBLICAÇÃO
SINDICATO NACIONAL DOS EDITORES DE LIVROS, RJ

C365f
Cavalcanti, Francisco Rodrigo P.
Fundamentos de gestão de projetos : gestão de riscos / Francisco Rodrigo P. Cavalcanti , Jarbas A. N. Silveira. São Paulo : Atlas, 2016.

Inclui bibliografia
ISBN 978-85-970-0345-1

1. Administração de projetos. 2. Administração de risco. I. Silveira, Jarbas A. N. II. Título.

15-29091
CDD: 658.404
CDU: 65.012.3

Para dona Fátima, que me ensinou, desde cedo, a gerenciar o maior e mais complexo dos projetos: a vida.

Francisco Rodrigo Porto Cavalcanti

A Deus. Aos meus pais, Diassis e Liduína. À minha esposa, Ismênia Brasileiro.

Jarbas Aryel Nunes da Silveira

SUMÁRIO

Prefácio, xi

1   **Introdução e Conceitos Fundamentais, 1**
    O que é um projeto?, 3
    Definições adicionais, 8
    Planejamento e sucesso de um projeto, 11
    Habilidades do gerente de projetos, 17
    Partes interessadas, 20
    Ciclos de vida, 22
    Contexto organizacional da gestão de projetos, 25
    Estruturas organizacionais para gestão de projetos, 28
    Evolução do conhecimento sobre gestão de projetos, 37
    Áreas-foco e ciclo de vida, 38
    Conclusão, 42
    Exercícios e leituras complementares para este capítulo, 42

2   **Iniciação e Planejamento do Escopo, 43**
    Fase de iniciação, 43
    Termo de abertura de projeto, 48
    Planejamento do escopo, 55
    Requisitos, 57

Declaração de escopo, 64

Estrutura Analítica do Projeto (EAP), 67

Exercícios e leituras complementares para este capítulo, 71

3 Planejamento do Prazo e do Custo, 72

Introdução, 72

O que é um cronograma, 73

Identificar e sequenciar atividades, 74

Datas e caminho crítico, 77

Estimativa de recursos e duração das atividades, 82

Desenvolvimento do cronograma, 85

Técnicas para remodelar o cronograma, 86

Reserva gerencial de prazo, 90

Planejamento de custos, 90

Exercícios e leituras complementares para este capítulo, 94

4 Executando e Controlando o Projeto, 95

Introdução, 95

Processos de escopo nas fases de execução e controle, 97

Controle do prazo, 98

Controle de custo, 100

Análise do valor agregado, 101

Exercícios e leituras complementares para este capítulo, 107

5 Gestão de Pessoas e do Ambiente, 108

Introdução, 108

Planejamento da gestão de pessoas, 108

Montar a equipe do projeto, 112

Desenvolver a equipe do projeto, 116

Motivar a equipe do projeto, 121

Gerenciar a equipe do projeto, 124

Gerenciamento das partes interessadas, 128

Exercícios e leituras complementares para este capítulo, 130

6 Gerências Transversais: Qualidade, Comunicações e Aquisições, 131

Introdução, 131

Gestão da qualidade, 131

Garantia e controle da qualidade, 137

Gestão das comunicações, 140

Plano de gerenciamento das comunicações, 146

Gestão das aquisições, 150

Planejamento das aquisições, 150

Tipos de contratos, 152

Procedimentos para obtenção de propostas, 154

Exercícios e leituras complementares para este capítulo, 156

7 Gestão dos Riscos, 157

Introdução, 157

Processos de gerenciamento de riscos, 164

Fator humano no gerenciamento de riscos, 167

Identificação de riscos, 171

Análise qualitativa de riscos, 182

Planejamento de respostas, 188

Análise quantitativa, 195

Monitoramento e controle de riscos, 210

Exercícios e leituras complementares para este capítulo, 212

8 Encerramento de Projetos, 213

Introdução, 213

Importância da fase de encerramento, 214

Guia para a sessão de lições aprendidas, 216

Ética profissional, 217

Considerações finais, 219

Exercícios e leituras complementares para este capítulo, 219

9 Gestão do Portfólio de Projetos, 220

Introdução, 220

Padrões e ferramentas para gestão do portfólio, 225

O processo de gestão de portfólio de projetos – visão geral, 227

Desafios para implantar a GPP, 229

Seleção e priorização de projetos, 234

Monitoramento e cancelamento de projetos, 242

Estudo de caso: aplicando GPP a uma organização de pesquisa e desenvolvimento, 244

Exercícios e leituras complementares para este capítulo, 252

Bibliografia, 253

Exercícios e leituras complementares, 257

PREFÁCIO

Este livro é resultado de nossa experiência ministrando cursos de graduação, de pós-graduação e de extensão sobre gestão de projetos, assim como de nossa atuação como gerentes de projetos na área de tecnologia. O material se propõe a ser uma introdução ao tema para estudantes de graduação e abrange o que se convencionou chamar de gestão de projetos clássica ou tradicional. Dessa forma, irá se beneficiar mais do conteúdo o estudante que inicia sua transição para uma carreira profissional: o estagiário, o *trainee* e até mesmo o jovem profissional em início de carreira. Embora o livro seja escrito por engenheiros, e muitos dos exemplos apresentados sejam voltados para a engenharia, procuramos, tanto quanto possível, apresentar os conceitos de forma que possam ser aplicados em projetos das mais diversas áreas.

No caso do ensino de engenharia, a formação de graduação costuma deixar uma importante lacuna que pode se manifestar mais tarde, conforme a carreira do engenheiro evolui: a habilidade para planejar e liderar projetos. Embora seja uma lacuna conhecida na área da engenharia, ouvimos depoimentos de alunos de outras áreas de aplicação atestando que essa situação não é muito diferente. Muitos profissionais com uma formação específica se veem diante do desafio de liderar um grupo de pessoas para realizar feitos exclusivos e únicos. E, nesse momento, sentem falta de um conjunto de boas práticas que os auxiliem a maximizar suas chances de sucesso. É nesse espaço que surge a disciplina de gestão de projetos.

Entendemos que a gestão de projetos deva ser uma especialidade a ser acrescida à área de formação específica de cada profissional. Cremos, assim, que o profissional amplia sua capacidade de entregar resultados quando combina conhecimento técnico com conhecimento em gestão de projetos.

Esperamos que o presente livro contribua com a difusão de conhecimentos sobre gestão de projetos e que traga impactos positivos para a sociedade, auxiliando jovens profissionais a construírem carreiras de sucesso em suas áreas específicas de atuação, através da conclusão com sucesso de muitos projetos.

Sugestões de uso deste livro

Os oito primeiros capítulos podem ser cobertos em um curso introdutório sobre gestão de projetos com aproximadamente 30 a 40 horas. O Capítulo 7, sobre gestão de riscos, contém material mais avançado, fruto de consultorias e cursos especializados, e que pode ser coberto em um curso à parte com duração de 16 a 20 horas. Parte do Capítulo 9 (especialmente a parte que trata de análise quantitativa de riscos) pode ser excluída para o curso introdutório de 40 horas acima mencionado. O Capítulo 9 trata de gestão do portfólio de projetos, assunto que normalmente não é incluído em cursos introdutórios. Esse material pode ser coberto em um minicurso de 8 a 12 horas. Os exercícios teóricos e práticos foram agrupados em um caderno de exercícios e leituras complementares ao final do volume. Ao final de cada capítulo, são feitas sugestões de leituras complementares e exercícios referenciando o número do anexo correspondente no referido caderno.

Sobre o tema "gestão de projetos"

Gestão de projetos é uma área do conhecimento interdisciplinar que vem ganhando importância crescente para organizações públicas e privadas. Projetos são empreendimentos únicos, temporários, com objetivos definidos, executados por pessoas sob restrições de recursos e qualidade ou desempenho.

Exemplos de áreas de aplicação intensa de gestão de projetos incluem: engenharia civil, engenharia espacial e aeronáutica, engenharia de telecomunicações, desenvolvimento de sistemas baseados em tecnologias da informação e das comunicações (TICs), dentre muitas outras. Considerando os paradigmas de inovação e economia do conhecimento, a gestão por projetos é praticamente onipresente, em algum nível, em todas as organizações públicas e privadas.

Gestão de projetos tem ganhado significativa aceitação e se consolidado como uma opção de formação complementar em nível de extensão ou pós-

-graduação para profissionais das engenharias, cientistas, bacharéis e técnicos em computação, administradores, economistas, dentre outros. Grande parte dessa demanda se justifica em áreas cujos negócios são naturalmente orientados a projetos. Dentre elas destacam-se setores que atuam com inovação em produtos, serviços e processos.

Espera-se que uma maior adoção de gestão de projetos traga benefícios estratégicos para organizações tanto do setor privado quanto do setor público, tais como a maior aderência a objetivos de escopo, custo, prazo e qualidade de seus projetos; e o emprego mais eficiente de recursos humanos, materiais e financeiros no desenvolvimento de seus projetos, resultando em uma taxa de sucesso superior.

1

INTRODUÇÃO E CONCEITOS FUNDAMENTAIS

Organizações públicas e privadas, de todos os setores e com os mais diversos fins, experimentam atualmente grandes desafios para atingir seus objetivos estratégicos e, em última análise, garantir sua sobrevivência ou justificar sua existência. Isso se dá em um contexto de grande dinamismo econômico e social, que é resultado de grandes mudanças tecnológicas e políticas do mundo nos últimos anos. Dentre essas mudanças podemos citar: a globalização econômica e cultural em torno do modelo capitalista de mercado; o quadro de mudanças climáticas planetário; a revolução na eletrônica, informática e telecomunicações; e uma contínua alteração na pirâmide demográfica mundial com maior longevidade e redução das taxas de natalidade. De maneira geral, o mundo hoje é multipolarizado, com várias potências econômicas emergentes e integrado por uma logística de transporte e informações que dissemina rapidamente produtos e conhecimentos. É nesse contexto que o quadro de estabilidade de mercado do passado se esvai, requerendo das organizações constante atenção e monitoramento dos ambientes econômico, político, cultural e social que as cercam.

Para as organizações, uma consequência imediata desse contexto é a necessidade de uma contínua revisão de seus objetivos estratégicos, bem como das ações consequentes para alcançá-los. Alterações nas condições de mercado, surgimento de um novo competidor, novas tecnologias, crises econômicas, todos esses são fatores que podem requerer uma revisão dos objetivos estratégicos e das ações para alcançá-los. Mesmo considerando que os objetivos de uma organização não se alterem com frequência, certamente ela não estará imune a pressões competitivas e sociais para que minimize seus custos operacionais, incremente a qualidade de seus produtos e serviços, e, ainda, a satisfação de seus clientes. É desse conjunto de pressões que também surge a tendência atual de inovação em todos os elos da cadeia produtiva.

Dependendo do grau de volatilidade do ambiente e do nível das pressões competitivas, as organizações podem ser mais orientadas às rotinas ou à inovação, conforme ilustra a Figura 1.1.

Figura 1.1 – Organizações podem ser mais orientadas a rotinas operacionais ou a projetos de inovação

Fonte: Elaborada pelos autores.

Exemplo

Uma loja de conveniência de um bairro em que haja poucas opções de supermercado opera, em geral, em um ambiente estável o suficiente para que se dedique a aprimorar suas rotinas em detrimento de inovar. Já uma empresa que opere com produtos de tecnologia na fabricação de telefones celulares necessita ter a "inovação como rotina".

> O contexto atual das organizações favorece, cada vez mais, as organizações que realizam inovação em algum elo de sua cadeia operacional, seja no atendimento ao cliente, seja em produtos e serviços, seja em processos internos, seja no modelo de negócio.

O que é um projeto?

Projeto é um esforço temporário empreendido para criar um resultado, produto ou serviço exclusivo.[1] Por temporário quer-se dizer que há datas de início e fim para um projeto, portanto uma duração. Isso não significa que sejam de curta duração, podendo durar vários anos conforme a sua natureza. Mesmo que um projeto se prolongue por muitos anos, devido a atrasos e problemas, ele é criado para ter duração finita.

Projetos, por definição, não podem ser uma atividade repetitiva e contínua, portanto uma rotina. Mesmo projetos que guardem grande semelhança estrutural com outros anteriores têm algum elemento único como, por exemplo, as pessoas que vão executá-los, um cliente diferente, as circunstâncias econômicas, organizacionais etc. Num outro extremo, projetos de pesquisa, desenvolvimento e inovação buscam entregar resultados realmente inéditos, nunca antes realizados.

Projetos são uma resposta natural ao contexto das organizações descrito anteriormente. Por buscarem resultados únicos, inéditos ou inovadores, projetos são uma atividade organizacional que pode ser estabelecida temporariamente para "mudar o rumo" da empresa, seja desenvolvendo novos produtos ou serviços, implementando um novo sistema de gestão ou simplesmente desenvolvendo o conteúdo para um programa de treinamento de seus funcionários. Por outro lado, há empresas que naturalmente operam desenvolvendo projetos continuamente (uma empreiteira é um exemplo disso, cada obra sendo um novo projeto). De fato, nos últimos anos, a utilização de projetos nas mais diversas organizações se tornou uma realidade.

---

[1] Ao longo do texto, usaremos o termo *produto* mais frequentemente para nos referirmos às saídas de um projeto, ficando implícitos os outros tipos de saída (resultados, serviço, criação de um processo, dentre outros).

> *Exemplos*
>
> Exemplos de projetos podem ser muito diversos, como na lista a seguir, todos, porém, caracterizados pelos aspectos "temporário" e "único":
>
> - A organização e execução de uma festa de casamento.
> - A organização e realização de um seminário internacional.
> - A construção de um estádio de futebol.
> - A implantação de um programa de gestão empresarial (desenvolvimento e treinamento).
> - O desenvolvimento de um medicamento para controlar o câncer de próstata.
> - Uma missão espacial ao planeta Marte.
> - A reforma de seu apartamento.
> - A escrita de um livro sobre gestão de projetos.
> - A implantação de um programa de melhoria de qualidade.

Outras características comuns em projetos são:

- criados para gerar valor para a organização executora, clientes e usuários dos produtos;
- consomem recursos;
- realizam uma ou mais entregas;
- apresentam riscos;
- podem ter um contrato associado.

O que é gestão de projetos?

Gestão de projetos é a aplicação de conhecimento, habilidades, ferramentas e técnicas às atividades do projeto a fim de atender aos seus objetivos.

A gestão de projetos, aliada à gestão estratégica das organizações, pode atuar como fator decisivo nos desafios organizacionais supracitados. A gestão de projetos pode ajudar a equilibrar as tensões do "agora" e do "amanhã", isto é, as necessidades de sobrevivência da organização a curto prazo com um planejamento estratégico que garanta a continuidade da organização no longo prazo. Uma boa aplicação de gestão de projetos é uma chave do sucesso para qualquer corporação em ambiente competitivo e inovador.

Gestão de projetos inclui:

- Identificação das necessidades.
- Estabelecimento de objetivos claros e alcançáveis.
- Balanceamento das demandas conflitantes de escopo, tempo, custo e qualidade.
- Balanceamento dos objetivos do projeto em face de diferentes prioridades e expectativas das partes interessadas.

Tipos de projetos

Em organizações que desenvolvem múltiplos projetos, se faz necessário classificá-los para orientar a distribuição de recurso e o grau de prioridade que se deve atribuir a eles. Da mesma forma, uma classificação adequada pode sugerir a abordagem de gestão de projetos mais adequada.

Projetos podem ser classificados seguindo diversos critérios, alguns dos quais são:

- o volume de recursos (financeiros, humanos, materiais) envolvidos;
- o nível de incerteza ou risco técnico, gerencial ou legal;
- a importância estratégica para o cliente ou para a própria organização executora.

Uma classificação que consideramos útil é baseada na matriz ilustrada na Figura 1.2. Há duas dimensões de classificação a considerar: complexidade e incerteza.

Figura 1.2 – Classificação de projetos quanto à incerteza e complexidade

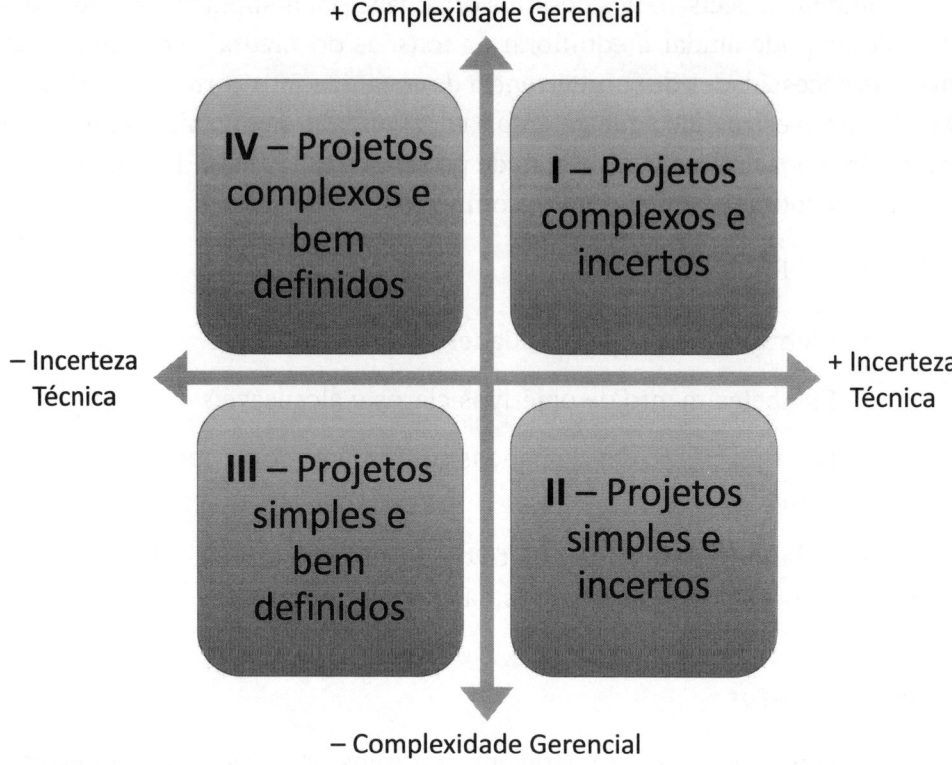

Fonte: Elaborada pelos autores.

Complexidade aqui é do tipo gerencial e se refere à dificuldade de gestão do projeto. Por exemplo, quando há uma grande quantidade de pessoas envolvidas em um projeto, temos uma dimensão de complexidade na sua gestão. Um grande número de entregas e de atividades é outro indicador de alta complexidade gerencial; da mesma forma projetos de longo prazo, com muitas dependências de fornecedores externos; projetos com a equipe geograficamente separada, ou com vários clientes com visões conflituosas sobre os objetivos. Todas essas são situações que tornam a gestão do projeto complexa.

Incerteza se refere à dimensão técnica do projeto, ou seja, ao grau de dificuldade técnica, de inovação envolvida e estabilidade dos objetivos no projeto; por exemplo, se o escopo do projeto não está bem definido no seu início ou se vai ser principalmente definido durante o projeto; se vai-se utilizar uma tecnologia inovadora na solução técnica; ou se a solução técnica ainda não é conhecida; ou se há incertezas sobre a disponibilidade de uma tecnologia-chave prevista para ser utilizada na solução técnica; todos estes são fatores que tornam o que fazer e o como fazer do projeto incertos.

Dessa classificação resultam quatro quadrantes que chamaremos Q1 a Q4, começando no quadrante superior direito e seguindo em sentido horário:

Q1 – Projetos complexos e incertos

> *Exemplo*: Em um projeto para o envio de uma missão espacial a um planeta desconhecido, a solução técnica não é conhecida completamente e precisa ser desenvolvida. Além disso, a equipe é composta por centenas de engenheiros e técnicos. Há centenas de atividades concorrentes, dezenas de produtos intermediários a serem gerados e o prazo é fixado em função da janela de aproximação cósmica entre a Terra e o planeta.

Q2 – Projetos simples e incertos

> *Exemplos* de projetos de baixa complexidade do ponto de vista gerencial e com objetivos, escopo e/ou solução indefinidos ou desconhecidos são: (i) a construção de uma *home page* específica para um cliente que exige a customização e adição de alguns elementos e funcionalidades que notoriamente o próprio cliente ainda não sabe especificar; (ii) um projeto de pesquisa básica na área de química pura que envolve poucos pesquisadores, todos localizados fisicamente no mesmo laboratório.

Q3 – Projetos simples e bem definidos

> *Exemplos* de projetos de baixa complexidade do ponto de vista gerencial e com objetivos, escopo e solução técnica bem definidos são: (i) a construção de uma *web page* de comércio eletrônico para um cliente, em uma empresa de *software* especializada nesse tipo de serviço, e que usa um modelo padrão, com apenas poucas opções de customização; (ii) a organização de um evento de pequeno porte (um seminário para menos de 50 pessoas) que se repete todos os anos no mesmo local.

Q4 – Projetos complexos e bem definidos

> *Exemplos* de projetos que podem ser considerados complexos, mas com objetivos, escopo e solução técnica bem definidos são: (i) a construção de

> um edifício comercial de grande porte; (ii) a organização e realização de um evento de grande porte como a Copa do Mundo.

A implicação prática de classificar um projeto em um desses quadrantes se dá sobre a abordagem de gestão que será necessária em cada um deles. Projetos do Q3 podem utilizar uma abordagem de gestão relativamente simples e padronizada, em alguns casos até informal. Projetos do Q1 e Q4, por outro lado, requerem mais experiência e planejamento da equipe gestora. Projetos do Q1 e Q2 podem utilizar uma abordagem de gestão tanto simples quanto sofisticada, mas que deve ser flexível o suficiente para acomodar alterações nos objetivos ou especificações do projeto com o tempo.

Outra classificação comum de projetos é quanto à natureza do cliente, se interno ou externo. Projetos internos são normalmente projetos de investimento na própria organização executora, ou que envolvem melhorias organizacionais, como, por exemplo, a expansão de uma linha de produção. Projetos externos normalmente envolvem uma venda a um cliente, como, por exemplo, a realização de obras públicas ou privadas em geral por parte de uma empreiteira.

Definições adicionais

Projetos versus *operação*

Já que definimos um projeto como uma atividade temporária e geradora de um resultado único, cabe definirmos o oposto dele. O termo técnico para essa atividade é produção ou operação. Operações estão associadas à geração (produção) de bens e serviços em larga escala para a sociedade. Em geral, a operação busca satisfazer um conjunto de condições preestabelecidas.

> *Exemplo*
>
> A produção de bens de consumo de massa objetiva que todos os itens produzidos tenham exatamente as mesmas características, o mesmo desempenho e qualidade. Todas as unidades de um determinado modelo e versão de um telefone celular devem funcionar de forma idêntica. Deseja-se, portanto, evitar variações.

Operações, portanto, buscam a repetibilidade, seja nas características de um produto, seja na forma como um serviço é oferecido. Como ficará mais claro ao longo do texto, projetos e operações são atividades complementares. A gestão da produção envolve, dentre outras atividades, o controle estatístico da qualidade, a gestão da logística e da cadeia de suprimentos e a busca de excelência operacional em termos de mínimos custos.

Atores fundamentais em gestão de projetos

Muitas pessoas e entidades podem se envolver direta e indiretamente com a concepção, gestão e resultados de um projeto. No entanto, destacamos inicialmente três papéis que julgamos fundamentais e que quase invariavelmente estão presentes no ambiente de projetos: o patrocinador, o gerente e o cliente.

O *patrocinador* é a pessoa ou o grupo que fornece os recursos financeiros para o projeto e que o defende no ambiente organizacional, servindo também de porta-voz para os níveis gerenciais mais elevados. Poderá atuar na resolução de conflitos na equipe de projeto e aconselhando o gerente de projeto em situações difíceis. Busca obter o apoio da organização e promover os benefícios que o projeto trará. O patrocinador atua na concepção e autorização formal do projeto e desempenha um papel significativo na definição do escopo inicial, podendo também continuar relevante em outras fases do projeto, por exemplo, autorizando mudanças significativas de escopo, prazo e custo. Em algumas organizações o patrocinador é quem primeiro faz contato com o cliente ou capta o projeto, e pode manter essa função de comunicação durante o transcorrer do projeto.

O *cliente* do projeto é o receptor dos produtos e serviços gerados no projeto. O cliente pode ser o usuário direto do produto ou pode repassá-lo a outros usuários. O cliente pode ser interno ou externo à organização executora.

O *gerente* do projeto é a pessoa designada pela organização executora para liderar a equipe e coordenar a utilização dos recursos disponibilizados ao projeto no sentido de alcançar seus objetivos. É o responsável mais direto pelo sucesso do projeto.

A tripla ou quádrupla restrição

Acima mencionamos o balanceamento de demandas conflitantes de escopo, tempo, custo e qualidade. Essas demandas podem ser interpretadas como os *objetivos da gestão do projeto* (distintos dos objetivos *do projeto* propriamente dito). De fato, esses são quatro aspectos fundamentais de qualquer projeto. Há um escopo (objetivos) a alcançar, usualmente sob restrições de tempo e custo (incluindo recursos), e também devem ser atendidos determinados níveis de desempenho e de satisfação do cliente (qualidade). Claramente não se pode ter todos esses aspectos satisfeitos simultaneamente sem uma análise criteriosa do volume de trabalho envolvido, do tempo alocado, da quantidade de recursos disponíveis e das exigências de qualidade em vista. Balancear os objetivos da gestão do projeto é um dos mais importantes trabalhos do gerente do projeto, especialmente na fase de planejamento. Esses quatro aspectos são usualmente apresentados numa versão gráfica chamada antigamente de tripla restrição (escopo-tempo-custo) ou mais recentemente de quádrupla restrição (ao incluir-se o objetivo de qualidade no mesmo nível de importância dos outros três aspectos), conforme ilustra a Figura 1.3.

Figura 1.3 – A tripla e quádrupla restrição

- **Triângulo das restrições em gerenciamento de projetos**

Fonte: Elaborada pelos autores.

A analogia do triângulo é particularmente útil para lembrar que não se pode alterar um dos três lados sem que os outros sejam afetados. Isso nos remete à ideia de gestão integrada do projeto, isto é, a alteração em um dos objetivos de gestão implica uma revisão e possível alteração dos demais.

Planejamento e sucesso de um projeto

Há um adágio popular que diz: "Se você falha em planejar, você planeja o fracasso." Em muitos projetos existe uma preocupação maior em iniciar a execução do trabalho em detrimento do planejamento. Isso leva à situação ilustrada na Figura 1.4. O pouco esforço de planejamento inicial leva ao início de uma execução mais cedo, mas posteriormente observam-se problemas e erros, necessidade de retrabalho e riscos que se materializam, aumentando a carga de trabalho e possivelmente levando a atrasos, estouros de orçamento e insatisfação geral das partes envolvidas.

Figura 1.4 – Impacto no esforço do planejamento suficiente *versus* insuficiente

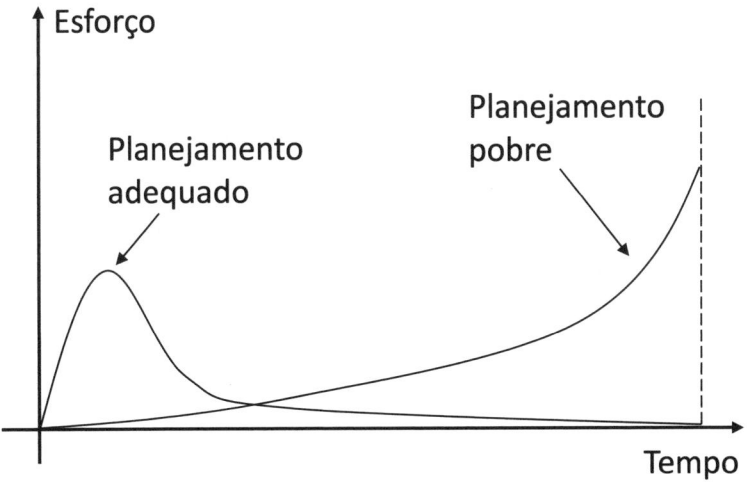

Fonte: Elaborada pelos autores.

A falta de planejamento, ou a sua inadequação, é sem dúvida um dos fatores mais comuns para o insucesso de projetos. Há diversos estudos que apontam a taxa de insucesso de projetos variando entre 30% a 80% conforme a área de aplicação. Em qualquer caso é uma taxa muito elevada, considerando que cada vez mais há muitos recursos e interesses envolvidos na execução de projetos, tanto na esfera pública quanto na privada. Outros fatores de insucesso comuns em projetos são:

- falta de patrocínio (isto é, de alinhamento estratégico, apoio da organização executora etc.);
- planejamento falho/insuficiente (ideia que planejar é perda de tempo);
- escopo e requisitos maldefinidos;
- estimativas imprecisas (em termos de prazo, custo, necessidade de recursos, produtividade dos recursos);
- otimismo excessivo (expectativas não realistas em termos de custo, prazo, recursos etc.);
- mudanças descontroladas no escopo;
- comunicação ineficaz entre a equipe, o gerente e demais partes interessadas;
- falta de liderança adequada aos desafios envolvidos no projeto;
- resistência a mudanças mesmo quando há sinais de problemas (relacionada com uma gestão ineficiente dos riscos do projeto);
- recursos humanos do projeto assinalados para atividades inadequadas para seu perfil de personalidade ou de competência.

Toda essa ênfase em planejar deve ser acompanhada de um esclarecimento. Considere duas visões contraditórias do planejamento:

> *"Projetos nunca são executados como planejados."* (Tim Lister, autor em gestão de projetos)

> *"Se eu tivesse 6 horas para derrubar uma árvore, gastaria 4 horas afiando o machado."* (Abraham Lincoln)

A questão que se coloca, portanto, é: o que envolve exatamente planejar? Quanto esforço deve ser dedicado ao planejamento? Em linhas gerais, o planejamento responde às duas perguntas fundamentais de um projeto:

- O que precisamos fazer? (produtos a serem entregues e respectivos requisitos)
- Como podemos fazer? (solução técnica)

Para responder a tais perguntas precisamos definir quem é quem no planejamento:

- Quem tem autoridade para definir requisitos?
- Quem tem autoridade para definir a solução?
- Quem tem autoridade para definir os recursos necessários?

Dar respostas a essas perguntas pode ser auxiliado pelo diagrama ilustrado na Figura 1.5, que apresenta o planejamento como um processo no qual confluem pelo menos três visões sobre o projeto: a visão do empreendedor (ou patrocinador), a visão do cliente (ou usuário) e a visão da equipe técnica e executiva do projeto (gerente do projeto, engenheiros, programadores e demais profissionais envolvidos com a execução do projeto). Cada um deles aporta uma perspectiva diferente que deverá ser harmonizada, resultando em um ou mais documentos chamados coletivamente de "plano do projeto". O plano de um projeto em geral inclui documentos técnicos, gerenciais e legais que juntos descrevem os objetivos e requisitos, a solução a ser empregada e os recursos disponibilizados, dentre outras informações.

Para a definição do plano do projeto, normalmente, os requisitos do projeto são prioritariamente definidos pelo cliente; a solução técnica, pela equipe executiva e os recursos, pelo patrocinador ou empresário. Idealmente, algum grau de harmonia e compromisso entre os "desejos" de cada parte deveria haver para viabilizar o projeto.

Em geral, a perspectiva empresarial inclui aspectos de mercado, da concorrência, janelas de oportunidade, incluindo objetivos de negócio, tais como margem de lucro. A perspectiva do cliente inclui requisitos de qualidade, as funções desejadas para o produto e o nível de desempenho esperado. A perspectiva executiva-técnica envolve possibilidades de solução técnica, restrições tecnológicas, regulatórias, de prazo e custo, e como elas interagem com as outras duas perspectivas.

Figura 1.5 – As três perspectivas geradoras do plano do projeto

- Perspectiva Empresarial
- Perspectiva do Cliente
- Perspectiva Técnica & Executiva
- Plano do Projeto

Fonte: Elaborada pelos autores.

Portanto, o plano do projeto será formado por um conjunto de documentos gerenciais e legais que refletem o entendimento cliente-patrocinador-gerente sobre o objetivo e produtos a serem entregues (por exemplo, na forma de uma proposta comercial detalhada). Mas, além disso, o plano do projeto também inclui documentos que serão de uso mais estrito da equipe executora, tais como o detalhamento do escopo, do cronograma interno de execução de atividades, dos mecanismos de controle de custos e da qualidade, dentre outros. Há, portanto, uma dimensão "orientada ao cliente" do plano do projeto e uma outra mais "orientada à equipe". O patrocinador normalmente faz a *interface* entre o cliente e a equipe, sem, no entanto, ser um obstáculo à boa comunicação entre aqueles.

Tudo isso elucidado, cabe ainda esclarecer outro aspecto fundamental: como iremos lidar com mudanças no plano? Sim, porque embora tenhamos um plano, isso não significa que não poderá haver mudanças. Pela própria natureza de um projeto (seu aspecto de ineditismo, resultado único), ele possui incertezas, em maior ou menor grau. É por isso que um dos aspectos muito estudados atualmente em gestão de projetos é o gerenciamento dos riscos (assunto que será tratado no Capítulo 7). Nesse sentido, o plano do projeto não é estático. Havendo necessidade de alterações, isso será feito mediante aprovação das partes interessadas, embora com todo o cuidado para o registro adequado dessas alterações e com uma avaliação criteriosa dos impactos cruzados nos demais aspectos gerenciais do projeto (por exemplo, custo e prazo adicional, possíveis impactos na qualidade etc.). Oportunamente discutiremos como essas mudanças podem ser adequadamente propostas e controladas.

Uma analogia que se pode fazer é com a de um voo aéreo comercial entre duas cidades bem definidas. Embora a rota inicial seja estabelecida com precisão e seja, em geral, seguida durante o voo, ocorrências inesperadas, como o fechamento do aeroporto de destino devido ao mau tempo, obrigarão os pilotos a desviarem a rota para um destino alternativo, tendo eles o devido cuidado de recalcular o tempo de voo de acordo com o combustível disponível.

Elaboração progressiva

Uma das fontes mais comuns de solicitação de mudanças nos planos originais de um projeto vem da revisão de estimativas feitas nos estágios iniciais e que são refinadas à medida que novas informações se tornam disponíveis. Os planos de um projeto (escopo detalhado, cronograma, orçamento etc.) são elaborados em função das informações disponíveis no momento. Esses planos devem refletir com exatidão a situação do projeto naquele momento e isso varia de acordo com a natureza do projeto (reveja a discussão anterior sobre a classificação de um projeto quanto à incerteza e complexidade).

> *Exemplo*
> Em um projeto de construção de um edifício, a precisão do planejamento inicial pode ser alta, pois o escopo em geral é bem definido durante a fase de planejamento e relativamente estável. Já em um projeto de descoberta de um novo medicamento, o planejamento inicial pode ser orientado a objetivos de curto prazo que são mais fáceis de definir, sendo o planejamento revisto regularmente e conforme o projeto avança ficam mais claras, suas chances de sucesso e os próximos passos.

A exatidão de um cronograma de projeto está relacionada com a maneira correta de organizar as atividades, levantando suas dependências e realizando estimativas tão boas quanto as informações disponíveis permitirem. É importante, porém, que o gerente de projetos torne claro às partes interessadas o nível de precisão do planejamento atual, para evitar falsas expectativas.

Discutiremos mais sobre precisão de estimativas no Capítulo 3. Em qualquer caso, espera-se que a precisão do planejamento e das estimativas envolvidas evolua no sentido de tornarem-se cada vez mais próximas dos valores reais conforme o projeto avança no tempo. O conceito de elaboração progressiva é ilustrado na Figura 1.6.

Figura 1.6 – Conceito de elaboração progressiva

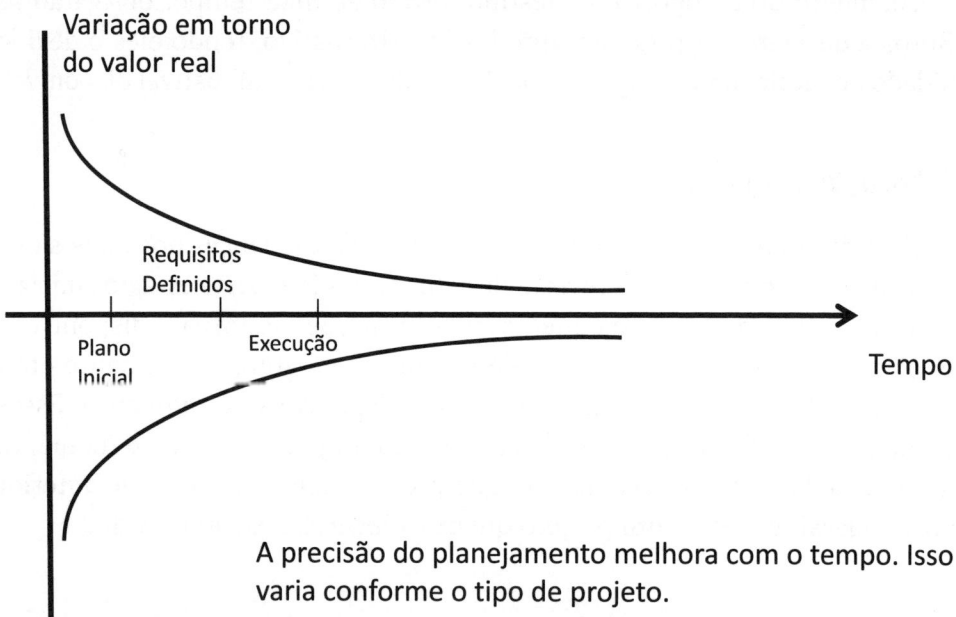

Fonte: Elaborada pelos autores.

Fatores de sucesso em gestão de projetos

Há um relatório bastante popular na área de tecnologia da informação chamado *Chaos Report* que avalia o grau de sucesso de projetos nesse setor. Na sua edição de 2011, apenas 1/3 dos projetos de Tecnologia de Informação (TI) foram considerados "um sucesso", alcançando todos os seus objetivos. Embora essa proporção possa variar de área para área, em outros setores a percepção não é muito melhor. Tome por exemplo a situação das obras públicas no Brasil, em geral eivadas de atrasos e aumentos de custos significativos.

10 razões para o fracasso de projetos

1. "Planejar o projeto é perda de tempo."
2. Escopo e/ou requisitos maldefinidos.
3. Mudanças descontroladas no escopo, requisitos e metas do projeto.
4. Falta de apoio dentro da organização executora.
5. Estimativas imprecisas de custo, prazo e necessidade de recursos.
6. Otimismo excessivo com metas de custo e prazo.
7. Comunicação ineficaz e/ou insuficiente.
8. Liderança insuficiente do gerente do projeto.
9. Resistência a mudanças das partes interessadas.
10. Recursos inadequados ou mal treinados, tecnicamente ou gerencialmente.

Habilidades do gerente de projetos

O gerente de projetos (GP) é a pessoa, escolhida pela organização, responsável pela realização dos objetivos do projeto. GPs não são contratados, em geral, para contribuir diretamente com o trabalho do projeto. Em vez disso, gerentes de projeto são contratados para aumentar o valor e efetividade de todos os que os cercam, especialmente do time do projeto, garantindo um resultado satisfatório para as partes envolvidas (patrocinador, cliente, usuários).

De forma resumida, as habilidades de um GP estão agrupadas em quatro grandes categorias, conforme ilustra a Figura 1.7:

- *Gestão de Pessoas*: as habilidades interpessoais, tais como a capacidade de liderar, influenciar e motivar; de comunicar-se efetivamente; de negociar, resolver conflitos e tomar decisões; capacidade de desenvolver senso de confiança e entrosamento no time; capacidade de aconselhamento (*coaching*).

- *Gestão do Ambiente do Projeto*: noções de cultura e comportamento organizacional; capacidade de percepção do ambiente de negócios; capacidade de identificar partes interessadas e gerenciar seus interesses; consciência e respeito às diferenças culturais em equipes multidisciplinares ou internacionais; capacidade de perceber os aspectos culturais e políticos do contexto do projeto.

- *Administração*: na qual se incluem conhecimentos e competências em gestão de projetos; em gerenciamento financeiro; sobre legislação de contratos, trabalhista e fiscal; noções de logística; noções de planejamento estratégico e operacional; capacidade de comunicação eficiente com as partes interessadas.

- *Conhecimentos Técnicos*: representa a aplicação de conhecimentos técnicos da área de aplicação do projeto para a *supervisão* da qualidade e correção do trabalho do projeto visando atender às necessidades do cliente.

Figura 1.7 – Quatro áreas de habilidades do gerente de projetos

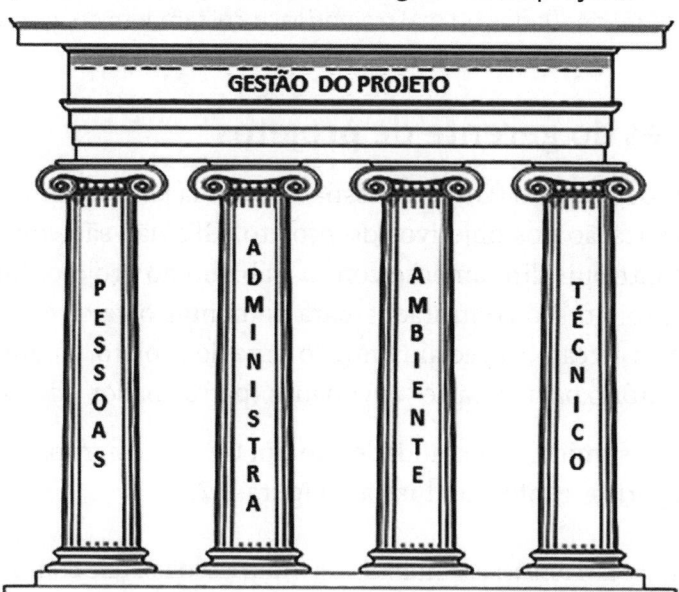

Fonte: Elaborada pelos autores.

A maioria dessas competências é passível de treinamento e melhora com a experiência, embora as habilidades interpessoais dependam mais diretamente das características de personalidade.

Em termos de conhecimentos em gestão de projetos, é importante o uso e domínio, por parte do GP e da equipe, de uma metodologia. Não é tão importante qual a metodologia específica empregada quanto o bom domínio desta pelo GP e pela equipe, bem como a sua adequação ao tipo e porte do projeto.

Sobre os conhecimentos técnicos na área de execução do projeto, é um fator desejável, mas não obrigatório. Esse nível de conhecimento deve ser maior na equipe, na realidade. A situação contrária é mais arriscada: quando o GP é *expert* na área técnica, mas não tem experiência em gestão de projetos, pode focar demasiadamente em questões técnicas e pôr o projeto a perder. A competência técnica pode, em tese, ser delegada para um *líder técnico* do projeto.

Nesse ponto, há um debate na comunidade de prática de gestão de projetos. O que é mais importante no perfil de um GP: o conhecimento técnico ou a experiência em gestão? Idealmente, seria uma combinação das duas habilidades, mas na prática o que é priorizado? São perguntas cujas respostas ainda não são consensuais e variam em diferentes setores de aplicação. Em tese, o conhecimento sobre gestão de projetos habilita o gestor a lidar com projetos de qualquer área de aplicação, visto que não é exigido do GP atuar diretamente no trabalho técnico do projeto. No entanto, é difícil dispensar por completo a importância da especialização técnica. Em alguns casos, isso tem força de lei (um engenheiro civil responsável legal por uma obra). Mas, mesmo quando isso não ocorre, o GP precisará se cercar de profissionais competentes, e isso se torna mais fácil quando já se tem alguma vivência naquela profissão e se conhecem os profissionais daquele setor.

Outra pergunta que se pode fazer é: qual o peso das habilidades interpessoais em comparação com conhecimentos formais em gestão de projetos? Seria mais importante um gerente com profundo conhecimento de uma metodologia de gestão ou outro com visíveis habilidades de liderança e motivação? Nesse caso a resposta é mais clara. Pesquisas sólidas sobre o desempenho de gestores de projetos mostram que as duas competências são importantes e desejadas, havendo uma leve vantagem para as competências interpessoais que podem fazer a diferença em projetos com dificuldades ligadas a pessoas (equipe subdimensionada, por exemplo) e partes interessadas (como, por exemplo, diante de conflitos e diferenças de opinião).

Partes interessadas

Existe uma grande chance de um projeto fracassar quando não envolve corretamente as suas partes interessadas. Estas são pessoas ou organizações que estão envolvidas no projeto ou que tenham seus interesses afetados positivamente ou negativamente pelo desempenho ou conclusão do projeto. São importantes porque podem influenciar o projeto, suas entregas e os membros da equipe. O gerente de projeto deve identificar estes envolvidos para determinar os requisitos do projeto e as suas expectativas.

Exemplos de partes interessadas são mostrados na Figura 1.8. Observe que há partes interessadas muito próximas ao GP, tais como os próprios membros da equipe do projeto, bem como um ou mais patrocinadores e um ou mais clientes. No entanto, a "órbita" das partes interessadas vai bem além. Pode incluir outros diretores, colaboradores e funcionários da organização executora e do cliente do projeto. Pode incluir grupos sociais, governo, familiares dos

Figura 1.8 – Exemplos de partes interessadas

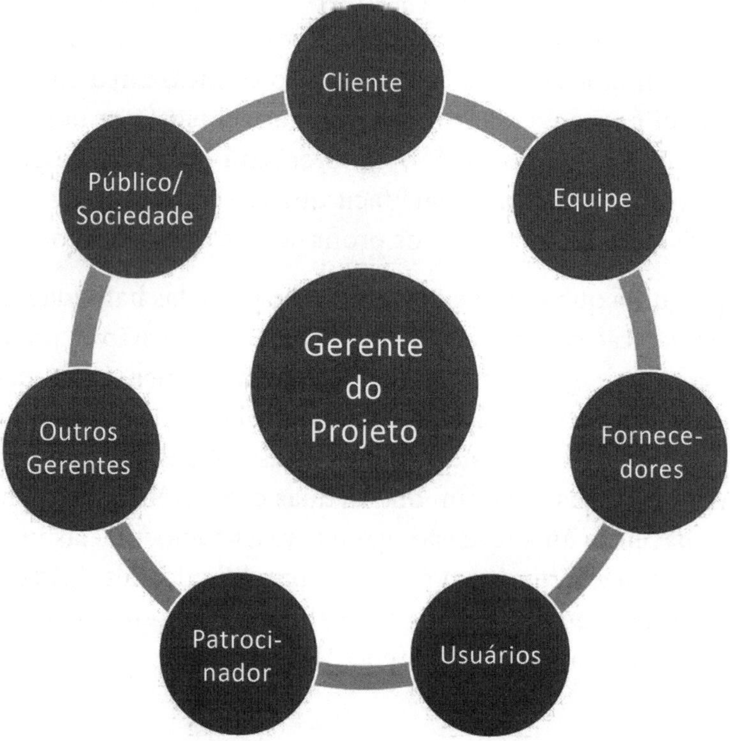

Fonte: Elaborada pelos autores.

membros do time, dentre outros. A lista pode ser extensa, cabendo ao GP selecionar e priorizar relações com partes interessadas relevantes para o projeto.

Para exemplificar, em projetos de obras públicas que envolvam desapropriações de áreas habitadas, como no caso da construção de uma estrada, é importante que o GP identifique as famílias afetadas como parte interessada, considerando suas expectativas no planejamento do projeto e as envolvendo em sua estratégia de comunicação. Isso poderá poupar-lhe tempo em futuros conflitos e contestações judiciais.

Dilema poder versus *responsabilidade*

Um dilema enfrentado por muitos gerentes de projetos ao lidar com partes interessadas é o do poder *versus* responsabilidade. Em geral, o papel de gerente de projetos é eivado de responsabilidades: comandar a equipe de projetos, interagir com o cliente, cuidar dos aspectos gerenciais e políticos do projeto, garantir a qualidade do produto gerado etc. Mas quais são os poderes do gerente de projeto para implementar toda essa agenda?

Quando o GP tem poder formal, pode distribuir recompensas na forma de bônus financeiro, treinamentos, cursos, viagens para congressos e feiras, dentre outras. Uma situação similar pode ser enxergada no sentido oposto: o GP pode ter autoridade formal para penalizar os colaboradores (cortar o bônus, cancelar o treinamento etc.). Trata-se do poder pela "força" que numa situação extrema permitirá ao GP demitir ou afastar um colaborador da equipe.

Em muitas organizações, porém, o GP não terá tais níveis de autoridade. Ao contrário, o GP deverá buscar formas alternativas de exercer autoridade sem poder formal. Uma das saídas comuns é o poder por referência, ou seja, por ter o apoio de um patrocinador forte, que é a face mais visível do projeto na organização: esse é o projeto de "fulano", é o que se ouve informalmente, referindo-se a um diretor, executivo etc. O gerente nesse caso responde ao "fulano" e através dele tem poder.

Outra forma comum de exercer poder informalmente é pela experiência e resultados profissionais já alcançados pelo GP: nesse caso, trata-se de uma admiração e um respeito profissional natural; é o poder do tipo *expert*.

As situações em que o GP se vê obrigado a exercer "autoridade sem poder" são bastante comuns. Ou seja, o GP deverá lançar mão de habilidades interpessoais para motivar seus colaboradores, influenciar patrocinadores e clientes, negociar com grupos sociais que se opõem ao seu projeto, obter acordos com fornecedores, dentre outros, sempre no sentido de alcançar os objetivos do projeto.

Cada vez mais se reconhece que vivemos numa era colaborativa na qual a simples imposição de força não leva a resultados extraordinários no ambiente das organizações.

Ciclos de vida

O conceito de ciclo de vida do projeto (CVP) é muito útil em gestão de projetos. Trata-se de uma divisão em fases que se pode aplicar ao projeto para facilitar nosso entendimento sobre sua evolução, sobre as entregas intermediárias e finais, e ainda como forma de criar pontos de controle e verificação bem definidos no tempo. A ideia de ciclo de vida de um projeto é bastante intuitiva. Normalmente associamos o ciclo de vida à evolução no tempo do projeto, conforme se avança na fase de execução, no desenvolvimento das entregas, visualizando "etapas" ou "fases" sendo concluídas em sequência. Ao final de cada etapa normalmente há entregas tangíveis ou "marcos" do projeto.

Por exemplo, em uma obra de engenharia é relativamente fácil identificar as grandes etapas que se sucedem tais como fundações, estrutura, alvenaria e acabamentos. Pode haver sobreposição entre essas etapas no tempo, mas as entregas de cada uma são bem claras, bem como seus objetivos.

Outra abordagem para o ciclo de vida enfatiza mais as fases gerenciais e menos os aspectos técnicos ou entregas de cada etapa. A Figura 1.9 ilustra esse tipo de ciclo de vida gerencial chamado de ciclo de vida da gestão do projeto (CVGP).

Figura 1.9 – Ciclo de vida da gestão do projeto (tiro único)

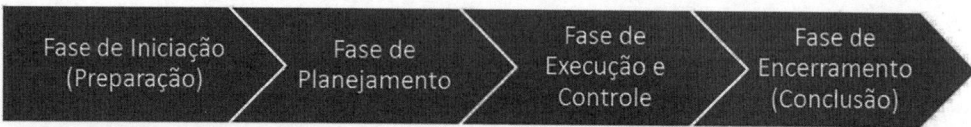

Fonte: Elaborada pelos autores.

Observe ainda que o CVGP pode ser aplicado tanto a um projeto como um todo como a fases do ciclo de vida do projeto. Por exemplo, considere um projeto para a limpeza de um local anteriormente utilizado para armazenamento de resíduos perigosos, cujo ciclo de vida (CVP) é sequenciado em três fases: limpeza, desintoxicação e urbanização, conforme ilustra a Figura 1.10. O CVGP pode ser repetido em cada uma das fases do projeto. A fase de encerramento de cada etapa do projeto incluirá uma verificação e aceitação das entregas previstas para aquela etapa. Em algumas organizações a iniciação de uma etapa requer o encerramento da fase anterior e aprovação formal das respectivas entregas.

Figura 1.10 – Ciclo de vida de um projeto dividido em três fases nas quais se aplica o CVGP em cada uma

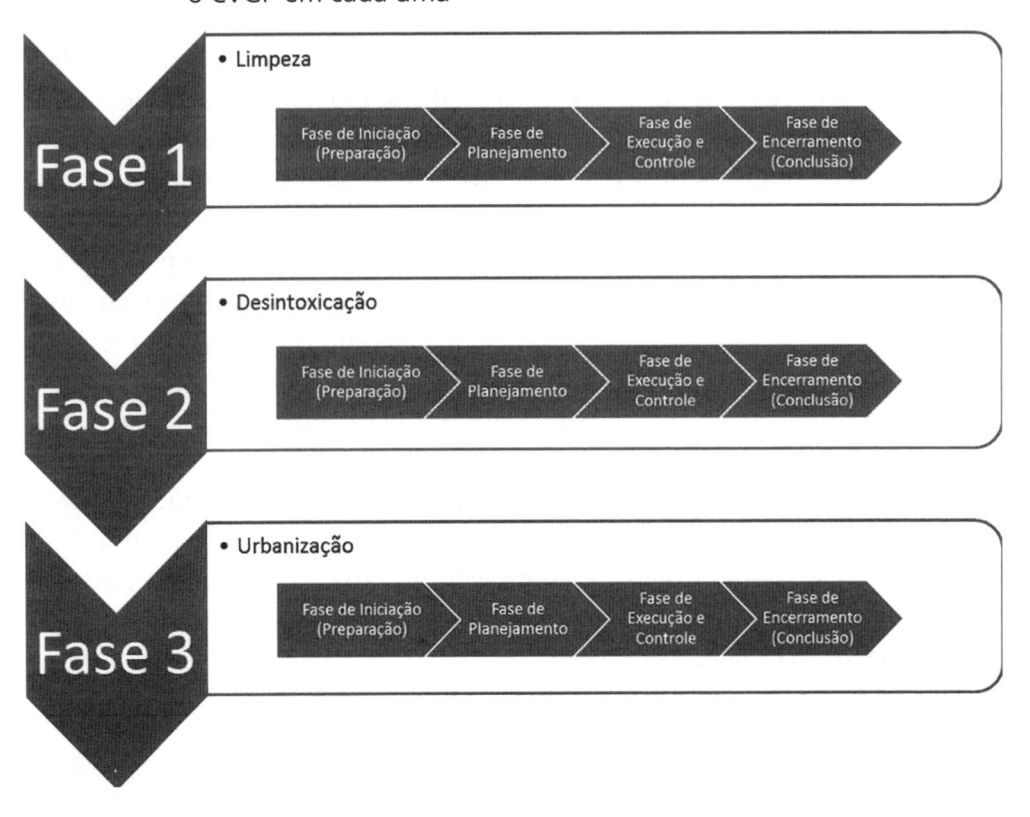

Fase 1 — Limpeza: Fase de Iniciação (Preparação) › Fase de Planejamento › Fase de Execução e Controle › Fase de Encerramento (Conclusão)

Fase 2 — Desintoxicação: Fase de Iniciação (Preparação) › Fase de Planejamento › Fase de Execução e Controle › Fase de Encerramento (Conclusão)

Fase 3 — Urbanização: Fase de Iniciação (Preparação) › Fase de Planejamento › Fase de Execução e Controle › Fase de Encerramento (Conclusão)

Fonte: Elaborada pelos autores.

Essa relação entre CVP e CVGP nos leva a concluir que um projeto pode ser planejado por completo em seu início ou em iterações sucessivas. A escolha de uma ou outra abordagem depende de vários fatores. O custo de correção de erros ou de retrabalho é um deles. Quando esse custo é alto, tende-se a fazer um planejamento completo do projeto antes da fase de execução do CVGP. Poderíamos chamar essa abordagem de "tiro único", que pode ser ilustrada pelo CVGP da Figura 1.9. Esse é tipicamente o caso de obras de engenharia, projetos de instalações industriais, desenvolvimento de máquinas complexas, dentre outros. Embora mudanças no projeto sejam possíveis, essa abordagem é avessa a mudanças devido aos custos de alterar o trabalho já realizado, e só realiza mudanças no planejamento original quando estritamente necessário.

Num outro extremo, se o custo de retrabalho é baixo ou se há relativa facilidade de desenvolver "pedaços" do projeto sem precisar detalhar todo o escopo, então pode-se adotar uma abordagem iterativa. Nesse caso, o planejamento inicial pode apenas descrever o escopo do projeto, mas não contempla o detalhamento em termos de atividades específicas, cronograma e orçamento de todas as etapas do CVP. Em seguida pode ser feito um planejamento detalhado para a primeira etapa na qual parte do escopo é executada. Finda essa etapa, procede-se ao planejamento detalhado da etapa seguinte. Essa abordagem é ilustrada na Figura 1.10, na qual uma fase de planejamento está prevista em cada fase do CVP. Nessa situação podemos encontrar projetos de desenvolvimento de sistemas de informação e de páginas da Internet devido ao relativo baixo custo de mudanças em código de *software* e possibilidade de construção incremental (aos "pedaços") desses sistemas. Também se enquadram aqui projetos de pesquisa nos quais o planejamento da etapa seguinte depende dos resultados obtidos na etapa anterior, que são desconhecidos *a priori*. Observa-se, portanto, que a abordagem iterativa acomoda com naturalidade mudanças ao longo do projeto. A abordagem iterativa pode ser implementada através de diferentes metodologias, algumas das quais conhecidas como metodologias incrementais ou ágeis.

O GP deve avaliar qual abordagem de CVGP escolherá para conduzir cada projeto específico. Pela descrição acima deve ficar claro que a escolha da abordagem errada irá impactar severamente as chances de sucesso do projeto.

Contexto organizacional da gestão de projetos

Projetos são executados em organizações dentro de um contexto, e não de forma isolada. Para entendermos melhor esse contexto, cabe detalharmos mais a forma como empresas modernas lidam com projetos. O panorama organizacional mais amplo das organizações modernas pode ser visto na Figura 1.11. Dando partida a essa "engrenagem organizacional", encontra-se a visão e missão da empresa: como ela se vê, o que pretende ser, no curto, médio e longo prazos. Isso é traduzido em ações que chamamos de estratégia.

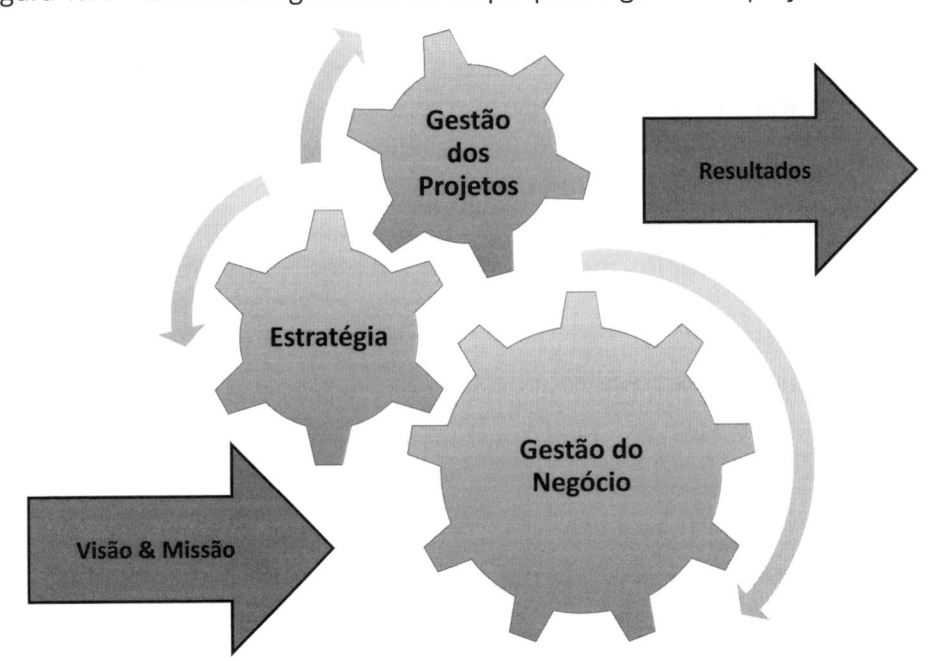

Figura 1.11 – Contexto organizacional amplo para a gestão de projetos

Fonte: Elaborada pelos autores.

A implementação da estratégia se dá através de duas "engrenagens" de sustentação organizacionais: a engrenagem das operações (ou rotinas que constituem a gestão do negócio) e a engrenagem dos projetos. A engrenagem dos projetos é composta, hierarquicamente, pela gestão do portfólio, dos programas e dos projetos da organização.

A engrenagem dos projetos implementa a estratégia nos seus aspectos inovadores, realizando objetivos estratégicos que ainda não se tornaram operações. A engrenagem operacional corresponde à gestão do negócio tal como é no momento. Ou seja, as operações implementam a estratégia atual na sua plenitude, visando à sustentação e expansão do negócio no curto prazo. Aqui se encontram todas as rotinas de produção e de apoio ao negócio. Tudo converge para resultados tangíveis na forma de benefícios (lucro, penetração de mercado, benefícios sociais etc.) conforme as métricas de sucesso estabelecidas no plano estratégico da organização.

Para melhor entender como é tratado o conjunto de projetos de uma mesma organização (engrenagem dos projetos), vejamos a Figura 1.12. De fato, quando mais de um projeto é desenvolvido ao mesmo tempo em uma organização, surge a necessidade de organizar a empresa para lidar com o chamado ambiente multiprojeto. Quanto mais projetos forem executados em paralelo, mais essa necessidade é visível. Empresas que desenvolvam 3-5 projetos, ou 10-30 projetos ou 100-200 projetos, ao mesmo tempo têm necessidades de políticas distintas para lidar com as demandas e conflitos que naturalmente surgem quando múltiplos projetos são executados paralelamente.

Figura 1.12 – Instâncias organizacionais envolvidas com a gestão de projetos

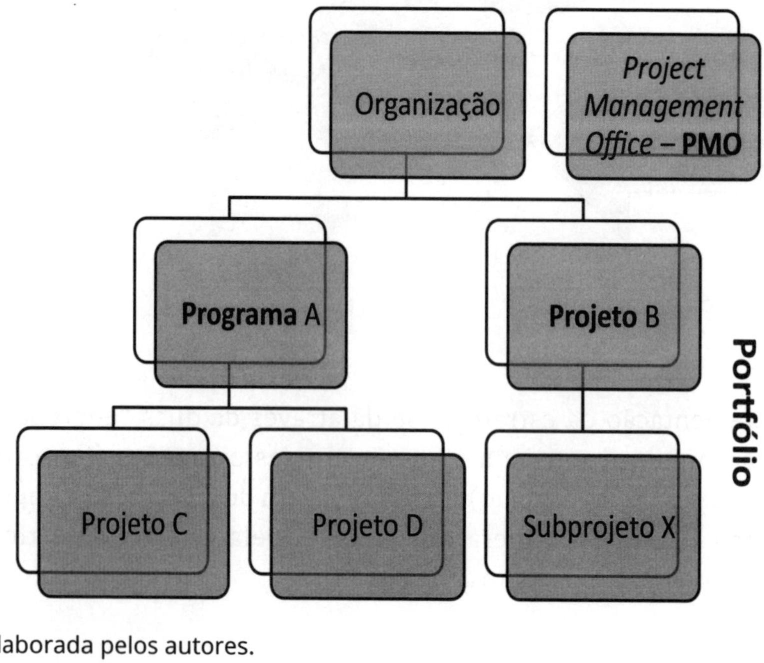

Fonte: Elaborada pelos autores.

A primeira instância de organização de múltiplos projetos é o programa. Programa é um grupo de projetos relacionados e gerenciados de maneira coordenada para obter benefícios que não seriam viáveis caso fossem gerenciados individualmente. O gerenciamento de programas pode ser visto como a gestão de múltiplos projetos conectados de modo a compartilhar um objetivo de negócio ou meta comum. Observe que surge a instância de gestão do programa, hierarquicamente superior à gestão do projeto. Da mesma forma, haverá um gerente de programa superior aos vários gerentes de projeto componentes de um programa específico. Os motivos para que se desenvolva um programa, em vez de múltiplos projetos independentes, são muitos. Dentre os mais comuns estão a dispersão geográfica e a complexidade dos objetivos. Isso é comum em programas governamentais.

> *Exemplo*
>
> No Brasil desenvolveu-se nos primeiros anos do século XXI um programa chamado PAC – Programa de Aceleração do Crescimento. Trata-se de um conjunto de um grande número de projetos desenvolvidos com o fim de aumentar as taxas de crescimento da economia brasileira. Esse objetivo é bastante complexo, exigindo uma série de diversos projetos, em diferentes setores, desenvolvidos em todos os estados brasileiros. A complexidade de gerir essa empreitada através de um único projeto, ou de múltiplos projetos não coordenados, seria enorme e ameaçaria o objetivo estratégico em vista.

Outro motivo para desenvolver um programa se dá quando múltiplos projetos relativamente complexos realizam entregas interdependentes. Por exemplo o desenvolvimento de uma aeronave pode ser gerido como um programa na medida em que diversos projetos paralelos e interdependentes são utilizados para desenvolver suas partes (fuselagem, aviônicos, turbinas, interior etc.), que depois serão integradas em um estágio posterior. Outro exemplo foi o Programa Apolo, que levou o homem à Lua, mas que foi precedido de uma série de projetos anteriores que alcançaram objetivos intermediários, como levar o homem à órbita da Terra ou circunavegar a Lua.

O conjunto geral de projetos e programas de uma organização é denominado portfólio. Diferentemente do programa, o portfólio contém projetos e programas que não guardam qualquer relação entre si. O portfólio representa o conjunto de projetos em andamento numa organização e, dessa forma, fala muito sobre os seus objetivos estratégicos. Em plena analogia com um portfólio de investimentos, o portfólio de projeto mostra onde a organização "aposta suas fichas". Espera-se que os projetos do portfólio tenham um forte alinhamento com o planejamento estratégico da organização. Os projetos de um portfólio passam necessariamente por um critério de seleção e acompanhamento, visando atingir metas e objetivos de um plano de negócio ou similar. A gestão do portfólio responde à pergunta: "Quais projetos devemos empreender e manter?" A gestão de projetos responde à pergunta: "Como gerenciar adequadamente os projetos do portfólio para que eles atinjam seus objetivos?" Organizações sofisticadas em gestão de projetos possuem um gerente de portfólio responsável por coordenar os processos de definição e manutenção do portfólio. Esse assunto será tratado em maior profundidade no Capítulo 9.

Finalmente, compõe ainda o quadro de elementos organizacionais modernos para a gestão de projetos o PMO (*Project Management Office*) ou escritório de projetos. Trata-se de uma instância cada vez mais comum em organizações que desenvolvem projetos com alguma intensidade. O PMO pode ter formas e funções diferentes. Na sua versão mais simples, é responsável por disseminar e padronizar boas práticas de gestão de projetos na organização, sendo um ponto de encontro dos GPs para discussão da abordagem geral de gestão de projetos na empresa. Além disso, pode ainda ser responsável por recrutar e treinar os GPs. Em versões mais sofisticadas, o PMO pode ser liderado por um diretor de projetos, contribuir diretamente com a gestão do portfólio da empresa, avaliar projetos em andamento, analisar o alinhamento estratégico dos projetos e fazer avaliação de desempenho dos GPs. O estabelecimento e definição de funções de um PMO é um dos tópicos mais importantes em gestão de projetos atualmente, visto que um PMO bem concebido pode ser um aliado fundamental para o sucesso da abordagem de gestão desejada pela organização.

Estruturas organizacionais para gestão de projetos

A forma como uma organização está estruturada influencia a maneira como seus projetos são gerenciados. Continuaremos no tema do contexto no qual projetos são executados, detalhando um pouco mais possíveis estruturas (organogramas) das organizações que realizam projetos.

A seguir descrevemos algumas dessas possíveis estruturas, que devem ser compreendidas como estruturas "de referência" que usamos para aproximar o organograma a organizações reais. As estruturas observadas em uma organização real podem conter variações ou hibridações combinando elementos das diversas alternativas a seguir expostas.

Como ponto de partida, a Figura 1.13 ilustra um exemplo de empresa organizada segundo a estrutura funcional, que é organizada em unidades mais ou menos autônomas chamadas "departamentos". Cada departamento tem uma "função" específica (daí o termo "funcional") e um gerente funcional ou chefe de departamento. Trata-se de uma estrutura clássica e convencional de organização. Note que as especialidades técnicas encontram-se nos departamentos. Organizações funcionais são bastante comuns.

Figura 1.13 – Estrutura funcional

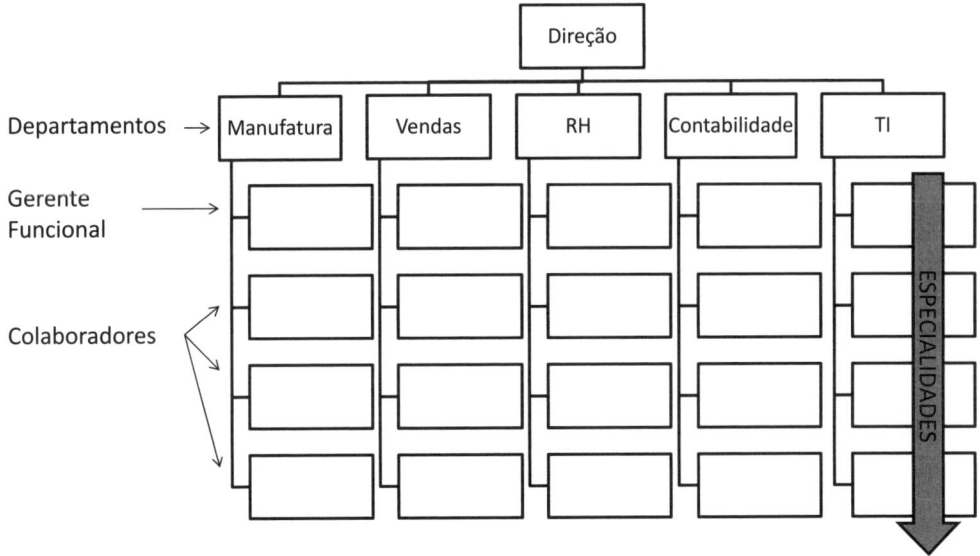

Fonte: Elaborada pelos autores.

> *Exemplos*
>
> Uma loja de varejo é um exemplo típico de organização funcional, sendo claras as funções dos departamentos de compras, vendas, recursos humanos, manutenção, marketing, financeiro e logística. Outro exemplo: uma indústria

> de manufatura de produtos tradicionais ou de baixa tecnologia, com a planta industrial propriamente sendo assessorada por departamentos tais como vendas, recursos humanos, contabilidade e tecnologia da informação.

Algumas vantagens da estrutura funcional incluem:

- fácil controle de custo e orçamento;
- especialistas agrupados em departamentos podem dividir conhecimentos e responsabilidades;
- boa utilização de pessoal especializado;
- flexibilidade na utilização dos recursos humanos dentro dos departamentos;
- continuidade das disciplinas funcionais, políticas e procedimentos ao longo do tempo;
- linhas de responsabilidade são facilmente definidas e compreendidas;
- bom controle sobre o pessoal, pois cada funcionário tem uma, e apenas uma, pessoa para reportar atividades;
- canais de comunicação são verticais e bem estabelecidos;
- capacidade de reação rápida em demandas internas a cada departamento.

No contexto da gestão de projetos, devemos nos perguntar: de que maneira projetos são organizados e gerenciados em uma organização estritamente funcional?

Há duas possibilidades aqui. Primeiramente, o caso de um projeto interno de um único departamento (ver Figura 1.14). Nesse caso, apenas uma especialidade técnica é necessária e os colaboradores de um único departamento podem conduzir o projeto, não havendo dificuldades para estabelecê-lo e gerenciá-lo. Possivelmente o chefe de departamento pode fazer o papel de patrocinador e nomear um coordenador de projeto. Os demais colaboradores do projeto provavelmente atuarão em tempo parcial, compartilhando o tempo com suas atividades funcionais. A relação de hierarquia, de comunicação e prestação de contas, controle de alocação de tempo e avaliação de desempenho continua exclusivamente via gerente funcional.

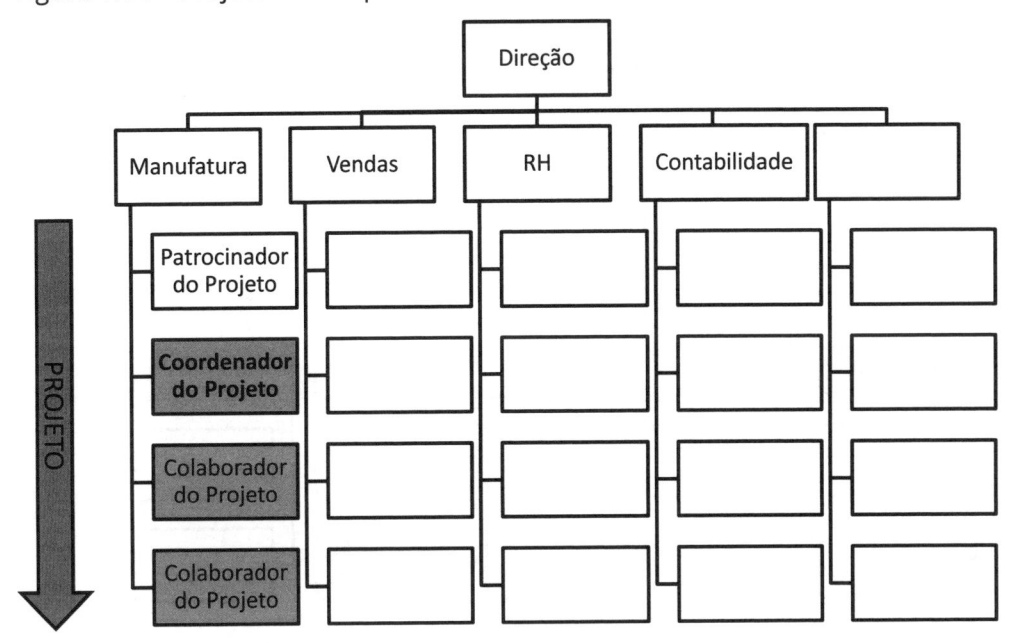

Figura 1.14 – Projeto intradepartamento em estrutura funcional

```
                        Direção
    ┌──────────┬──────────┼──────────┬──────────┐
 Manufatura  Vendas      RH    Contabilidade
```

PROJETO ↓

- Patrocinador do Projeto
- **Coordenador do Projeto**
- Colaborador do Projeto
- Colaborador do Projeto

Fonte: Elaborada pelos autores.

Numa segunda situação, o projeto pode depender de múltiplas competências e ser interdepartamental, conforme ilustra a Figura 1.15. Tais projetos são cada vez mais comuns e, em geral, geram mais valor para a organização (p. ex., projetos de inovação que envolvem aspectos técnicos e de marketing). Nesse caso, temos uma situação de imediata dificuldade para a empresa estritamente funcional. Quando uma organização funcional tenta implementar projetos interdepartamentais, esbarra na dificuldade de coordenação, falta de autoridade e recursos para o "coordenador de projeto". Isso se dá porque os gerentes funcionais (ou chefes de departamento) continuam possuindo toda a autoridade sobre os recursos e há um potencial de conflito de prioridades entre eles quanto a ceder "seus recursos" para o projeto. O coordenador de projeto continuará sendo um colaborador de um departamento específico e continuará a responder a seu chefe imediato. Em muitos casos, as decisões mais estratégicas a respeito de um projeto acabam por necessitar de um consenso entre os chefes de departamento, o que pode levar a atrasos. Pior, tais decisões podem ser tomadas em detrimento dos interesses das partes interessadas no projeto, favorecendo as atividades rotineiras.

Figura 1.15 – Projetos interdepartamentais em estrutura funcional

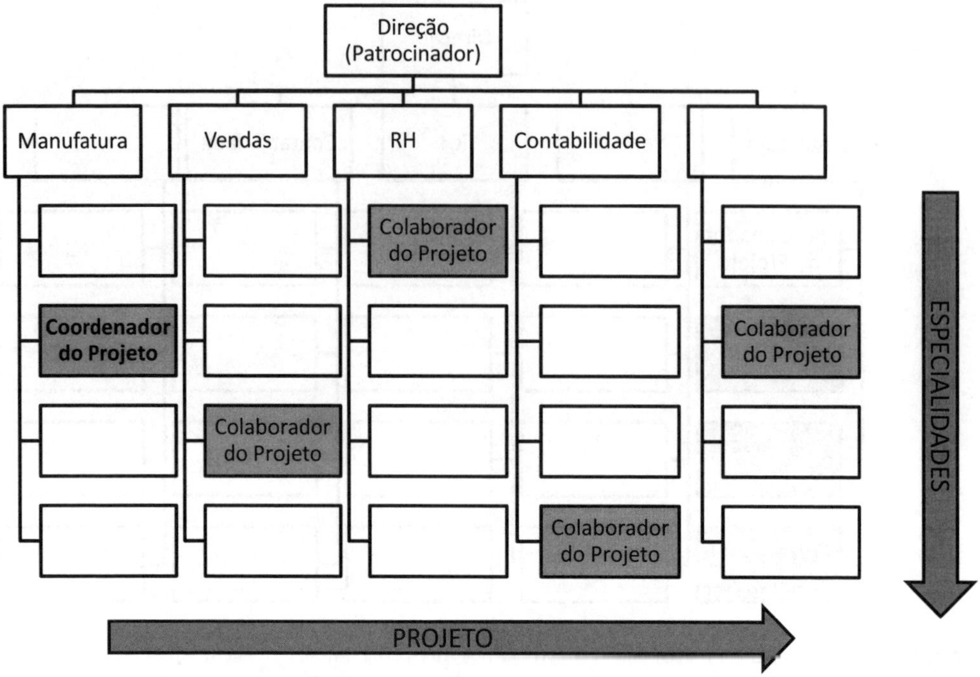

```
                        Direção
                     (Patrocinador)
   ┌────────┬──────────┬──────┬────────────┬──────────┐
Manufatura  Vendas     RH    Contabilidade
                              
                    Colaborador
                    do Projeto
                                                                        E
Coordenador                                    Colaborador              S
do Projeto                                     do Projeto               P
                                                                        E
            Colaborador                                                 C
            do Projeto                                                  I
                                                                        A
                              Colaborador                               L
                              do Projeto                                I
                                                                        D
                                                                        A
                                                                        D
                                                                        E
                                                                        S
              ──────── PROJETO ────────►
```

Fonte: Elaborada pelos autores.

Podemos resumir as dificuldades enfrentadas por organizações estritamente funcionais na gestão de seus projetos:

- os projetos não são uma constante na organização e não geram oportunidades de treinamento, criação de cultura e metodologia mais padronizadas e eficientes em gestão de projetos;

- mais ênfase ao trabalho de natureza funcional em detrimento dos objetivos do projeto;

- coordenador de projeto não tem autoridade;

- necessidade de envolvimento da cadeia funcional para aprovações;

- decisões normalmente favorecem o mais forte dos grupos funcionais;

- resposta lenta às necessidades do cliente;

- comprometimento e motivação podem ser reduzidos no time do projeto.

Excepcionalmente, uma organização funcional pode montar um time de projeto em dedicação exclusiva e isolá-lo, temporariamente, na estrutura organizacional, para que cumpra bem sua função. Essa é uma solução que pode ser útil para uma empresa que execute projetos muito eventualmente e que se veja diante da necessidade de executar um projeto de importância estratégica. Essa equipe especial pode não seguir todas as regras usuais da organização e pode se reportar, temporariamente, à alta direção. Ao mesmo tempo, pode faltar cultura e treinamento em gestão de projetos a essa equipe, aumentando o nível de risco e chance de insucesso.

Num outro extremo podemos conceber uma organização que funciona completamente orientada à atividade de gestão e execução de projetos. Trata-se da organização projetizada (ver Figura 1.16), cujas principais características são:

- a maior parte do trabalho da empresa gira em torno de projetos, embora possam existir alguns departamentos funcionais cujo objetivo é dar suporte à boa execução dos projetos;
- o resultado da empresa é o somatório dos benefícios (lucro) obtido com cada projeto;
- a posição de gerente de projeto e as práticas de gestão de projetos existem explicitamente.

Embora uma organização estritamente projetizada seja difícil de encontrar (pois sempre haverá algum grau de rotina, mesmo que apenas rotinas de apoio), podemos encontrar organizações fortemente orientadas a projetos e que se aproximam desse conceito.

> *Exemplo*
>
> Empresas fortemente orientadas a projetos incluem empreiteiras (cada obra é um projeto); empresas de construção aeroespacial (ao desenvolverem uma nova aeronave ou sonda espacial); uma *software house* que desenvolve sistemas de informação e programas de computador sob encomenda.

Figura 1.16 – Organização com estrutura projetizada

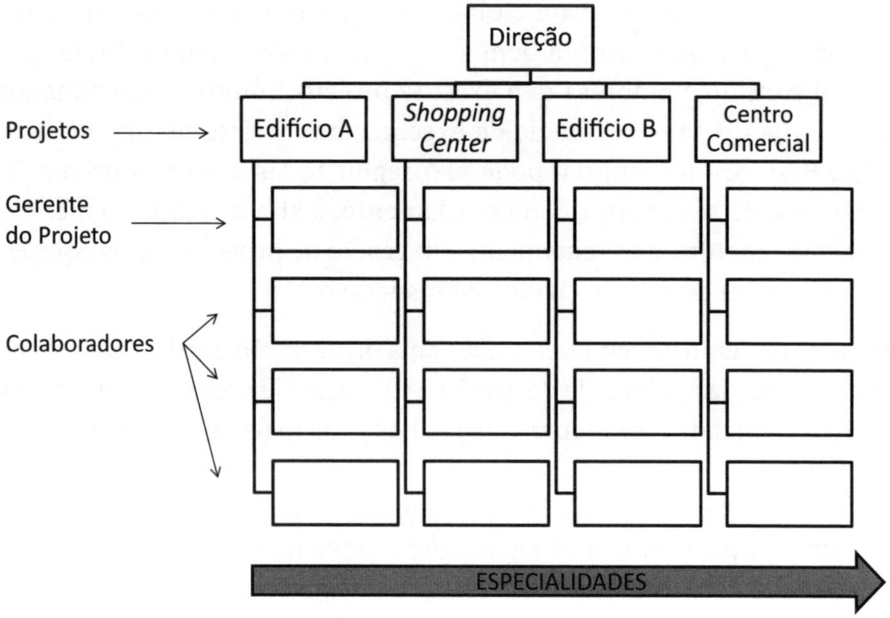

Fonte: Elaborada pelos autores.

Nesse tipo de ambiente os recursos são dedicados ao projeto por toda sua duração. O gerente do projeto tem máxima autoridade e, em geral, influencia ou age diretamente em contratações, demissões, alocação de atividades às pessoas e avaliação de desempenho.

Vantagens das organizações orientadas a projetos do ponto de vista dos seus projetos:

- dão autoridade máxima ao gerente do projeto;
- projetos são vistos como unidades de negócio;
- projetos são visíveis na organização, de forma que aqueles não rentáveis são mais facilmente identificados;
- comunicação clara entre partes interessadas e o time do projeto com o respectivo GP;
- potencial de reações rápidas às mudanças, p. ex., solicitações do cliente.

Desvantagens:

- Risco de uso ineficiente de recursos (pois projetos, em geral, têm fases de maior e menor intensidade de trabalho).

- Falta de comunicação e intercâmbio entre projetos, podendo haver duplicação de esforços e dificuldade de disseminar boas práticas (pois cada projeto é relativamente autônomo).

- Risco de perda de capacitação técnica (pois não há uma relação forte estabelecida entre disciplinas técnicas como no caso da organização funcional).

- *Stress* de fim de projeto (pois os recursos humanos terão que ser alocados em um novo projeto).

Uma terceira alternativa de estrutura é a organização matricial, que pode ser de variados graus de intensidade. Ilustraremos dois casos, a organização matricial fraca e a forte, conforme ilustrado nas Figuras 1.17 e 1.18. Trata-se de um meio-termo entre a organização funcional e a projetizada.

Figura 1.17 – Organização com estrutura matricial fraca

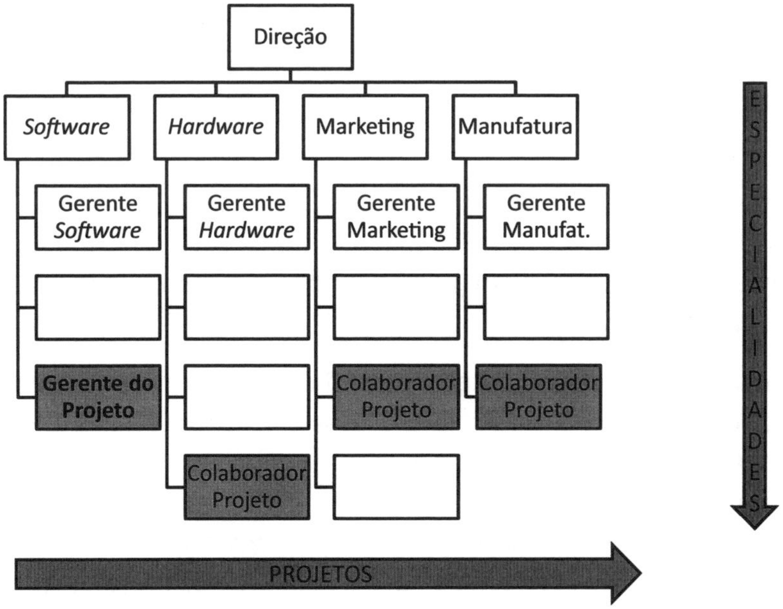

Fonte: Elaborada pelos autores.

Figura 1.18 – Organização com estrutura matricial forte

```
                            Direção
    ┌──────────┬──────────┬──────────┬──────────┬──────────┐
 Gestão de   Software   Hardware   Marketing  Manufatura
 Projetos
```

(ESPECIALIDADES ↓)

Estrutura:
- Gestão de Projetos: **Gerente Projeto**, Gerente Projeto B, Gerente Projeto C
- Software: Gerente Software, Colaborador Projeto
- Hardware: Gerente Hardware, Colaborador Projeto
- Marketing: Gerente Marketing, Colaborador Projeto
- Manufatura: Gerente Manufat., Colaborador Projeto

PROJETOS →

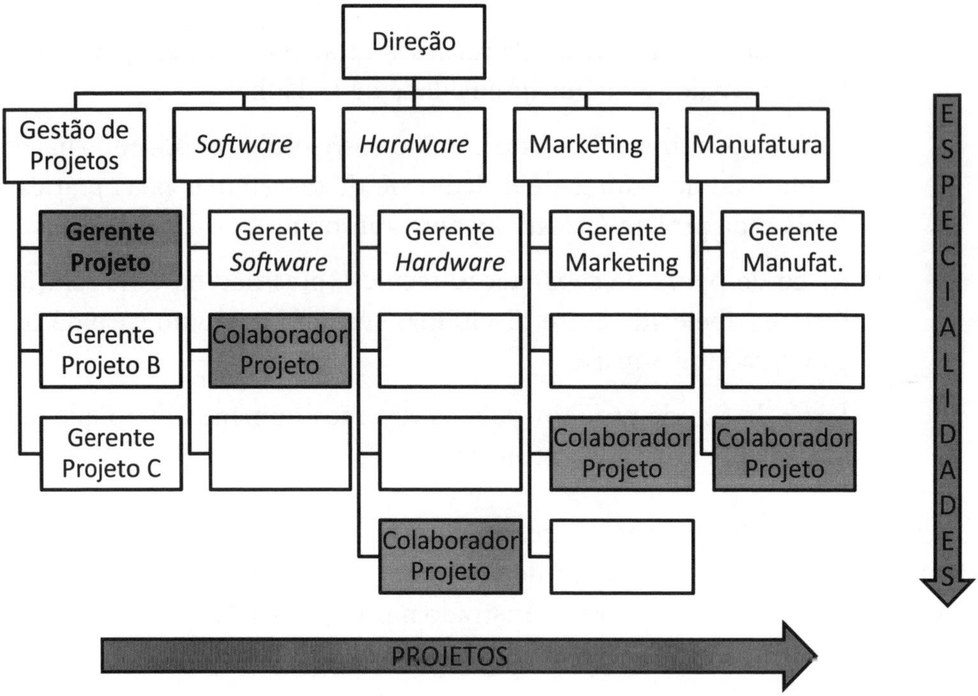

Fonte: Elaborada pelos autores.

Observe que a estrutura matricial mantém as características da estrutura funcional, podendo ser considerada uma evolução desta. Na estrutura matricial há o reconhecimento oficial da atividade de projetos na organização e a existência explícita do gerente do projeto com respectiva autoridade.

Na estrutura "fraca", o GP pode não ter autoridade plena sobre avaliação de desempenho, controle orçamentário e sobre o pagamento de pessoal, que poderá continuar sob responsabilidade do gerente funcional.

Na estrutura matricial "forte", as unidades funcionais existem principalmente como apoio para o projeto. Nessa estrutura forte, o GP costuma exercer máximo controle, incluindo o de custo e dos recursos humanos. O GP pode, portanto, contratar, demitir, alocar e avaliar desempenho das pessoas envolvidas no projeto. É possível também que uma estrutura matricial forte inclua um escritório de projetos ou "departamento" de projetos que abrigue os diversos gerentes e mesmo um diretor de projetos ligado à alta gerência.

Outros formatos e variações de estruturas matriciais são possíveis. O ponto central da estrutura matricial é a manutenção de dois focos em paralelo, o funcional e o dos projetos, e o grau de prioridade de um foco sobre o outro.

As vantagens e desvantagens da estrutura matricial combinam elementos das estruturas funcional e projetizada. Vantagens da estrutura matricial:

- competências específicas disponibilizadas em vários projetos ao longo da organização;
- manutenção das unidades funcionais facilita o desenvolvimento da excelência técnica;
- redução do *stress* de fim de projeto.

Desvantagens da estrutura matricial:

- ocorrência de conflitos de interesses, sobre poder e recursos (gerentes de projetos *versus* gerentes funcionais);
- gerenciamento de prioridades mais complexo requer maior intervenção e acompanhamento da alta direção;
- comunicação mais complexa (as pessoas têm dois chefes!).

Na estrutura matricial, em comparação com a funcional, o GP tem mais autoridade para solicitar os recursos humanos que julga ideais para um projeto. Ao mesmo tempo, a colaboração dos gerentes funcionais é fundamental para a montagem da equipe ideal. Portanto, a organização matricial requer mais habilidades de negociação por parte do GP em comparação com os outros modelos.

Evolução do conhecimento sobre gestão de projetos

Gerenciar projetos é uma atividade antiga e abordagens primitivas para gerir as atividades humanas existem desde tempos imemoriais. No entanto, é apenas ao longo do século XX, inicialmente com os conceitos da administração científica, e em seguida na esteira de imposições históricas – como a Segunda Guerra Mundial – e projetos inovadores de grande envergadura – como o Programa Apolo – que se desenvolvem abordagens mais específicas e talhadas para a atividade específica de projetos.

Nesse contexto, surgiram institutos na Europa e nos Estados Unidos, sem fins lucrativos, cuja principal finalidade é desenvolver e promover o conhecimento sobre gestão de projetos. Esses institutos procuram coletar, padronizar e divulgar o conhecimento disponível em gestão de projetos, de forma a fomentar uma comunidade de prática que faça esse mesmo conhecimento evoluir. Tais institutos têm publicado guias de conhecimento, realizado congressos e criado programas de certificação que, sem dúvida alguma, ajudaram a disciplina de gestão de projetos a se consolidar em todo o mundo e permitiram o reconhecimento e valorização da profissão de gerente de projetos.

A aplicação prática do conhecimento sobre gestão de projeto se dá através de uma *metodologia*. Uma metodologia de gestão de projetos é um conjunto de processos e artefatos (tais como planilhas e modelos de documentos), bem como definições de papéis e atribuições e responsabilidades a pessoas que orientam o GP e a equipe do projeto no seu trabalho de gestão. É também cada vez mais comum o uso de programas especializados em gestão de projetos que permitem o registro e acompanhamento de todas as informações gerenciais. Há alternativas para todos os gostos e bolsos: ferramentas pagas e gratuitas, baseadas em arquitetura cliente-servidor, e outras baseadas na "nuvem" da Internet, adequadas para o ciclo de vida de "tiro único" ou para abordagens ágeis.

Embora as metodologias sejam bastante badaladas na literatura, toda e qualquer metodologia tem o mesmo fim: que os objetivos da gestão do projeto (escopo, custo, prazo, qualidade) sejam atingidos com consequente satisfação do cliente do projeto. Neste livro procuramos enfatizar mais a compreensão e aplicação dos principais conceitos relacionados a tais objetivos primários de qualquer projeto. Iremos sugerir alguns *processos*, isto é, uma prática específica que é considerada útil no sentido de atingir os objetivos do projeto. No entanto, sempre caberá ao GP a última palavra quanto a selecionar quais processos deseja aplicar em cada projeto. Devemos encarar o GP como um ator crítico do processo de gestão, e não como um mero repetidor de fórmulas prontas.

Áreas-foco e ciclo de vida

O livro está organizado em oito **áreas** que representam focos que o GP deve ter durante sua atividade gestora. As áreas-foco são ilustradas na Figura 1.19.

O balão chamado "Integração" representa o foco gerencial que harmoniza as decisões de todas as demais áreas com a necessidade de verificar como mudanças realizadas em uma área-foco impactam as demais (por exemplo, analisar em quanto a redução do tamanho da equipe impacta no prazo do projeto).

Figura 1.19 – As áreas-foco do gerente de projetos

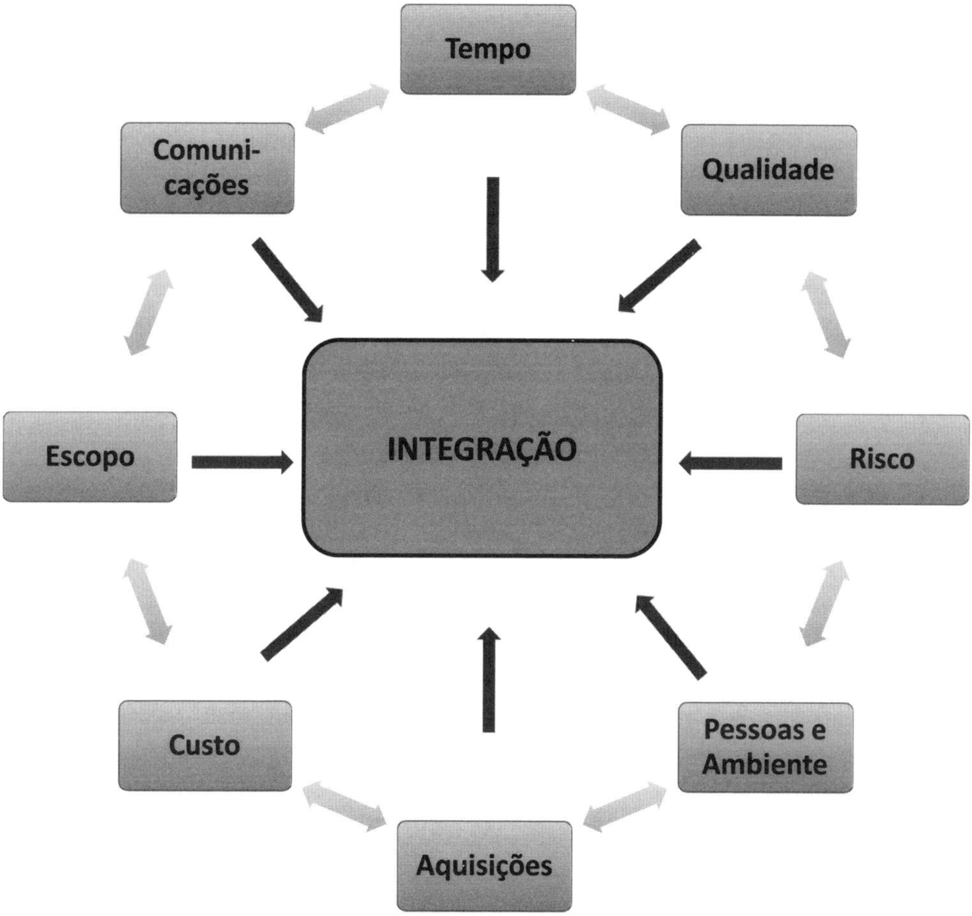

Fonte: Elaborada pelos autores.

Além das áreas-foco, o livro também segue um fluxo de cinco fases conhecido como ciclo de vida da gestão do projeto (CVGP): iniciação, planejamento, execução, controle e encerramento. Cada uma dessas fases é composta por processos. Esse fluxo é exemplificado na Figura 1.20. Na Figura 1.20 (a), observa-se uma possível distribuição temporal da duração e esforço envolvido nos processos de cada fase. Observa-se que há sobreposições entre as fases do CVGP durante o projeto. Na Figura 1.20 (b), a dimensão do tempo não é relevante e enfatizam-se, em vez disso, as relações cíclicas entre os grupos de processos. Observe que embora tenhamos uma única etapa de iniciação e de encerramento, o "miolo" do ciclo é um processo interativo entre processos de planejamento, de execução e de controle. Por exemplo, os processos de controle de um projeto podem suscitar mudanças no planejamento original com consequentes alterações na forma de execução do projeto.

Figura 1.20 – Interações entre processos das diferentes fases do CVGP: (a) visão de distribuição do esforço ao longo do tempo do ciclo de vida do projeto; (b) visão sintética das relações entre os grupos de processos dentro de um projeto ou fase.

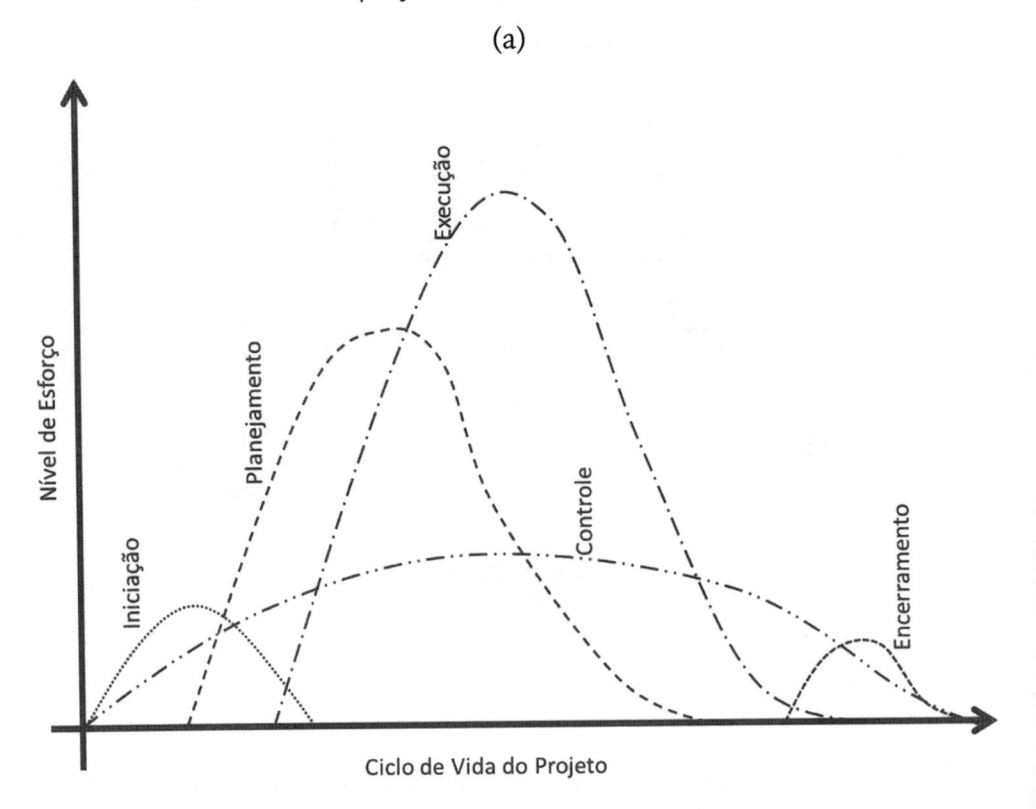

(a)

Fonte: Adaptada da bibliografia 42.

(b)

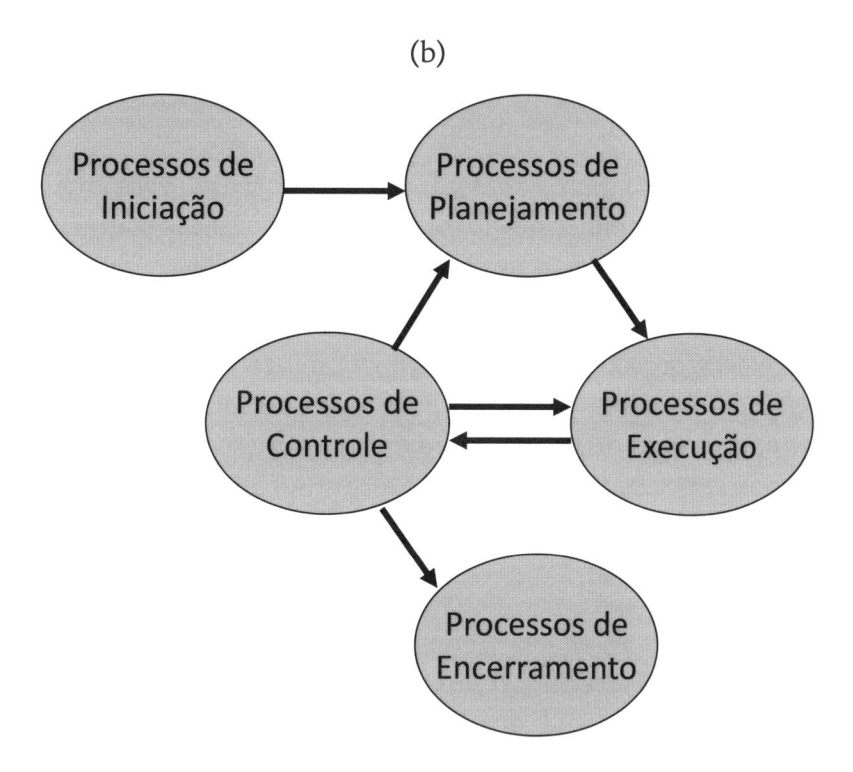

```
         Processos de  ──────▶  Processos de
         Iniciação              Planejamento
                                     ▲  │
                                     │  │
                                     │  ▼
         Processos de  ──────▶  Processos de
         Controle     ◀──────   Execução
              │
              ▼
         Processos de
         Encerramento
```

Fonte: Adaptada da bibliografia 42.

Todas as áreas-foco são igualmente importantes?

Sim. Para que se alcance o sucesso do projeto, deve-se dar a devida atenção a todas as áreas-foco. No entanto, há diferenças quanto à natureza dessas áreas. As áreas-foco de escopo, prazo, custo e qualidade, que fazem parte da restrição quádrupla, constituem objetivos *em si mesmos* da gestão do projeto. As áreas de gerenciamento de pessoas e ambiente, das comunicações, dos riscos e das aquisições constituem áreas-foco transversais, isto é, dão suporte para que os objetivos de escopo, custo, prazo e qualidade sejam alcançados.

> *O gerente de projeto que não sabe que sabe*
>
> Considere o seguinte ciclo de aprendizado:
>
> - *Não sabe que não sabe*: a pessoa desconhece a existência e importância de determinado conhecimento; por exemplo, nem sequer sabe que existe uma disciplina chamada gestão de projetos.
>
> - *Sabe que não sabe*: a pessoa toma consciência da existência e importância de um determinado conhecimento ao mesmo tempo em que reconhece sua ignorância a respeito; por exemplo, passa a saber sobre a existência e importância da disciplina gestão de projetos e tem consciência de sua ignorância no assunto.
>
> - *Sabe que sabe*: a pessoa dominou aquele conhecimento e tem plena consciência disso.
>
> - *Não sabe que sabe*: ao longo do tempo, com a experiência adquirida, a pessoa faz sem perceber; gerencia projetos de maneira natural, atingindo o sucesso sem ter plena consciência de quais processos específicos está executando, ou qual área-foco está desenvolvendo num dado momento. Sim, os processos estarão acontecendo de fato, mas o GP que atinge esse nível de maturidade já os incorporou ao seu modo de agir e pensar.

Conclusão

Como conclusão deste capítulo, podemos propor uma visão na qual um projeto pode ser visto como um sistema que gera produtos, intermediários e finais. Como entradas, o sistema toma ideias e a partir daí articula (gerencia) recursos, competências e trabalho para gerar produtos e atingir objetivos, gerando satisfação para o cliente. É o GP quem faz essa articulação, donde se conclui sobre a importância fundamental que reside nessa pessoa. O GP é como o maestro em uma orquestra: não toca um instrumento, mas, ainda assim, dele dependem a escolha dos músicos e dos instrumentos, a boa execução da partitura e a produção de uma peça musical magistral.

Exercícios e leituras complementares para este capítulo

Anexos: 1, 2 e 3

2

INICIAÇÃO E PLANEJAMENTO DO ESCOPO

Os primeiros passos da gestão de um projeto são muito intensivos e importantes para uma execução futura bem-sucedida. Aqui há duas atividades principais a cumprir: primeiro, formalizar a existência do projeto (interna e/ou externamente à organização executora), coletando as informações básicas que justificam a existência e caracterizam as expectativas sobre esse projeto; e em segundo lugar levantar em um nível de detalhe maior a extensão e composição dos produtos a serem gerados e o trabalho correspondente, o que vem a constituir o escopo do projeto. Esses dois passos formam a base para o detalhamento posterior de todos os demais aspectos do projeto, tais como o custo e o prazo. A fase de iniciação e o planejamento do escopo devem contar, tanto quanto possível, com a participação das principais partes interessadas: patrocinador, gerente e cliente.

Fase de iniciação

Como ilustração da importância da fase de iniciação, considere a Figura 2.1. A figura sugere que o custo das mudanças é relativamente pequeno na fase de iniciação ou quando ainda nos debruçamos sobre o planejamento básico do projeto e como esse mesmo custo cresce bastante à medida que o projeto progride. Como exemplos extremos, imagine o custo da mudança em um projeto de uma obra civil de um edifício residencial, inicialmente planejado para ter um pavimento de subsolo para estacionamento, e que depois se verifica insuficiente, necessitando de um 2º pavimento de subsolo. Claramente esse tipo de mudança seria praticamente impossível de fazer nas etapas mais avançadas da obra, pois seu custo seria imenso. É por isso que numa relação correspondente e inversa, a influência das partes interessadas para propor mudanças diminui progressivamente com o avanço do projeto e aumento dos custos dessas mudanças. Daí se depreende a importância de conduzir adequadamente a fase de iniciação e planejamento do escopo de um projeto.

Figura 2.1 – Dinâmica de custos e influência das partes interessadas ao longo de um projeto ou fase

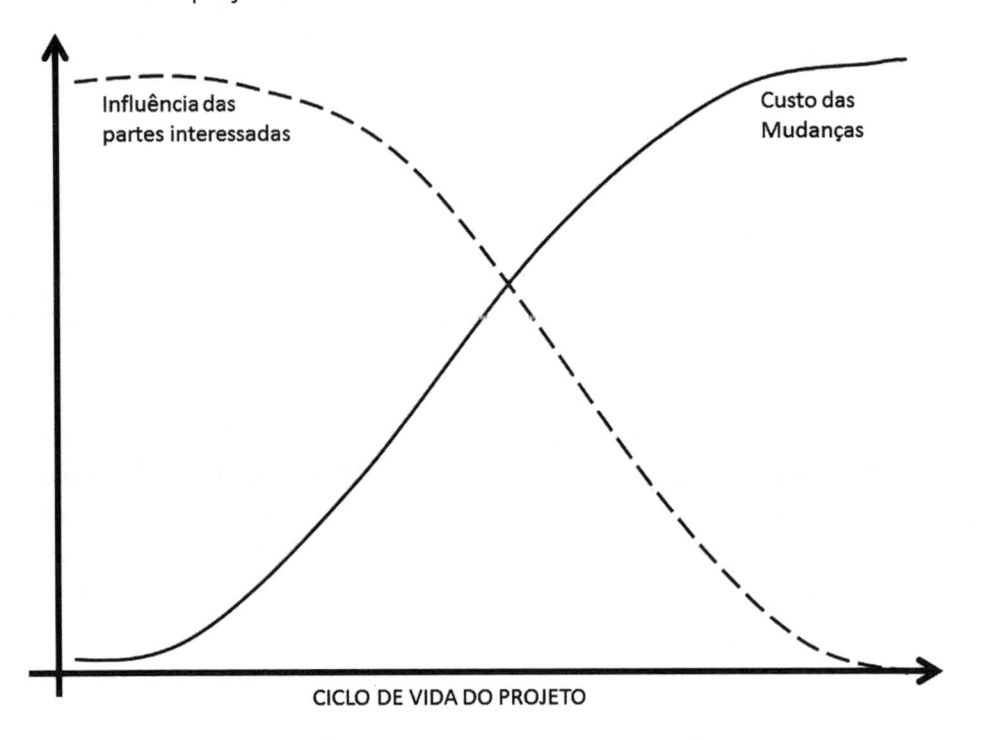

[Gráfico: eixo horizontal "CICLO DE VIDA DO PROJETO"; curva tracejada decrescente "Influência das partes interessadas"; curva contínua crescente "Custo das Mudanças"]

Fonte: Adaptada da bibliografia 28.

A mesma situação não se verifica exatamente dessa forma em projetos de desenvolvimento de programas de computador (*software*). Ao contrário de uma obra civil, o projeto de um *software* não manipula entidades físicas macroscópicas e, a princípio, os custos de modificar um programa de computador são comparativamente menores. Mesmo assim, a modificação de um projeto de *software* por falta de uma coleta adequada de informações na iniciação dele traz prejuízos indesejáveis na forma de custos e prazos aumentados. Retomaremos essa discussão ainda neste capítulo quando tratarmos sobre requisitos.

Se considerarmos um ciclo de vida de gestão do projeto iterativo (vide discussão no Capítulo 1), a influência das partes interessadas poderá variar ao longo do projeto, sendo maior no início de cada fase quando uma etapa de planejamento ocorre.

Ciclo de vida do projeto e do produto

Discutimos antes os ciclos de vida do projeto (CVP) e de gestão do projeto (CVGP). Observe, porém, que o projeto encontra-se, normalmente, dentro de um ciclo de vida maior, chamado ciclo de vida do produto (CVPd), sendo o produto o resultado gerado pelo projeto, conforme ilustra a Figura 2.2. De um lado, a fase de iniciação do CVGP é precedida por entradas vindas normalmente do cliente e patrocinador. Uma entrada típica da fase de iniciação pode ser um plano de negócios ou um contrato ou, ainda, uma nova lei ou regulação. No outro extremo, após a fase de encerramento do CVGP, as entregas (produtos) são passadas aos usuários finais e clientes, podendo entrar em uma fase operacional ou de produção.

> *Exemplo*
> Considere um projeto de criação de um novo telefone celular com características inovadoras. As entradas que disparam o ciclo de vida do projeto podem incluir uma análise de marketing sobre as características esperadas do produto, um plano de negócios e informações sobre os objetivos estratégicos que o projeto procura conquistar. Daí em diante o projeto irá criar um protótipo funcional do telefone que atenda aos requisitos de qualidade após exaustivos testes. Nesse ponto conclui-se o ciclo de vida do projeto. As especificações do telefone são então transferidas para o setor de produção, que se encarregará de produzir réplicas do telefone em larga escala para o mercado.

Dessa forma, nota-se a complementaridade que há entre a atividade de gestão de projeto e a de gestão da produção, entre o ciclo de vida do projeto e o ciclo de vida do produto. Com essa visão dos limites do projeto, fica mais claro o espaço de atuação do gerente de projeto e da atividade de projeto propriamente, como sendo o elemento de ligação entre ideias e produtos.

Figura 2.2 – Relação entre os ciclos de vida do projeto e do produto

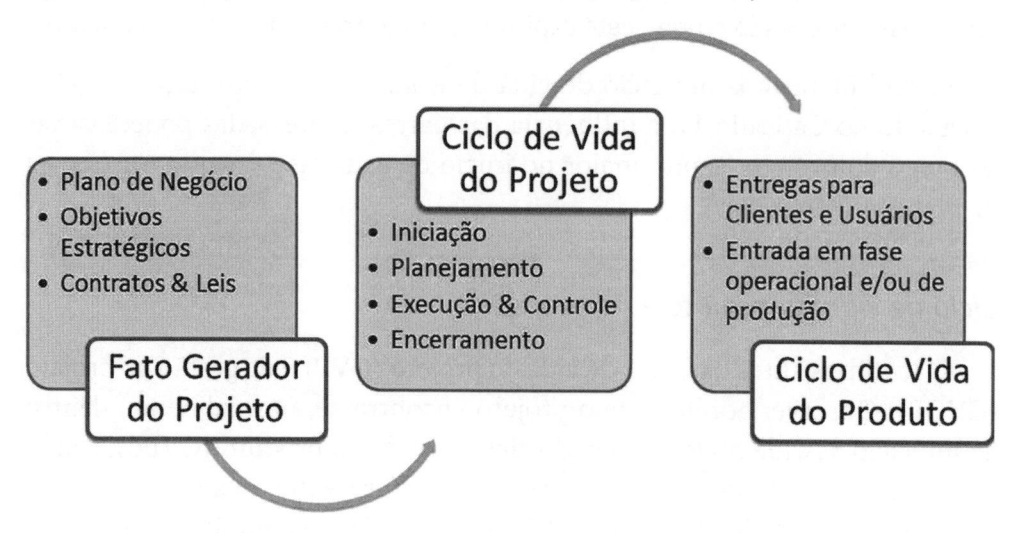

- Plano de Negócio
- Objetivos Estratégicos
- Contratos & Leis

Fato Gerador do Projeto

Ciclo de Vida do Projeto
- Iniciação
- Planejamento
- Execução & Controle
- Encerramento

- Entregas para Clientes e Usuários
- Entrada em fase operacional e/ou de produção

Ciclo de Vida do Produto

Fonte: Elaborada pelos autores.

Elaboração de propostas de projetos

Em geral, a decisão de executar um projeto passa antes pela elaboração de uma proposta de projeto. Essa elaboração de proposta pode estar baseada em um formulário de apresentação de projeto (FAP). O FAP tem o intuito de propor para um potencial patrocinador como se conduzirá um potencial projeto. Trata-se de uma atividade em que normalmente pouco se conhece sobre os objetivos do projeto, inclusive com acesso limitado ao próprio cliente. Uma situação típica é a de chamadas, editais e requisições de propostas públicas emitidas por organizações públicas e privadas. No setor público normalmente elas tomam a forma de concorrências e licitações.

O tempo para elaboração da proposta é normalmente pequeno e a concorrência pode ser acirrada, com restrições de prazo e custo bastante inflexíveis. No contexto de empresas privadas, também é possível que projetos internos passem por um processo de seleção (processo conhecido como "funil de projetos") no qual as propostas de projetos tenham que ser apresentadas de forma padronizada em formulários específicos. Esse assunto será aprofundado no Capítulo 9, quando trataremos da gestão de portfólios de projetos.

Em geral, um FAP apresenta um ou mais dos seguintes elementos:

- A identificação do problema principal e problemas secundários que o projeto visa sanar. Essa informação serve como motivação para a execução do projeto.

- Uma definição dos objetivos do projeto: a identificação do que será modificado ou beneficiado quando o projeto for concluído. O objetivo principal do projeto pode ser desdobrado em objetivos específicos (que viabilizam o objetivo principal), metas com indicadores (que viabilizam os objetivos específicos) e/ou ainda em produtos a serem gerados.

- Informações gerais sobre o projeto: ambiente, recursos disponíveis, tolerância a riscos do cliente, futura utilização do produto do projeto, dentre outras.

- Identificação da equipe executora e respectivo nível de experiência e conhecimento da área de atuação do projeto.

- Cronograma de atividades, cronograma financeiro e orçamento. O nível de detalhe pode ser superficial conforme a disponibilidade de tempo e informações detalhadas para elaboração da proposta.

- Recursos necessários (financeiros, materiais e humanos).

O Anexo 24 apresenta uma lista de informações adicionais que podem constar em um FAP, incluindo informações de natureza interna à organização executora, tais como o retorno sobre investimento (ou lucro), que não necessariamente são expostas a um potencial cliente.

Propostas detalhadas de projetos

Muitos clientes exigem a preparação de uma proposta de projeto bastante detalhada. Na prática, corresponde à realização de um planejamento detalhado do projeto, com detalhamento do escopo, dos custos, do cronograma, recursos necessários, abordagem gerencial, considerações sobre aspectos legais e regulatórios etc. É o caso, em geral, de propostas para participar de licitações e concorrências. Nesses casos, a expectativa de conquistar a execução de um projeto atrativo justifica o dispendioso trabalho de preparar a proposta.

Em outras situações, porém, deve-se verificar o custo *versus* benefício de preparar uma proposta detalhada de projeto sem que haja garantias de que o projeto será contratado. Pensemos num instante em um tipo de profissional que vive, basicamente, de vender projetos: trata-se do arquiteto. Ao contratar um arquiteto, o cliente está almejando o trabalho de criação e planejamento básico de uma obra. O detalhamento do projeto e a fase de execução ficam a cargo de um ou mais engenheiros. E todas as atividades de planejamento aqui são remuneradas.

Usando essa analogia, entendemos que numa relação profissional o planejamento do projeto deva ser cobrado como uma consultoria, pois é um trabalho especializado e que requer tempo e esforço.

> *Exemplo*
>
> Uma pedagoga especializada em cursos a distância nos relatou que foi convidada a preparar uma proposta de projeto para desenvolvimento e implantação de uma plataforma de ensino a distância para uma agência governamental. Estimulada pela perspectiva de conquistar o projeto, elaborou uma proposta detalhadíssima, embasada em pesquisas extensivas, apresentando detalhes das tecnologias a serem empregadas, dos conteúdos a serem ministrados, orçamento, cronograma etc. Enviou a proposta para a agência, mas não obteve resposta alguma. Para sua surpresa, algum tempo depois a mesma agência lançou uma plataforma claramente similar àquela que tinha concebido utilizando os serviços de um grande grupo educacional.

Numa situação como a descrita acima, uma possibilidade mais palatável seria cobrar a proposta de projeto (na verdade, uma consultoria de planejamento do projeto) no caso de o negócio não ser fechado. Nessa situação, tudo fica ajustado: a entidade que solicitou a proposta fica à vontade para levar o projeto a outros possíveis executores e o nosso profissional foi adequadamente remunerado.

Termo de abertura de projeto

Os primeiros passos de um novo projeto incluem:

- identificar a necessidade de negócio ou oportunidade que justifica a existência do projeto;

- identificar as partes interessadas;
- levantar os objetivos do projeto;
- desenvolver e aprovar o termo de abertura de projeto (TAP).

O TAP é o documento-chave da fase de iniciação e tem como propósito formalizar a existência do projeto, bem como agregar um conjunto básico de informações sobre ele no qual patrocinador e cliente devem concordar. Para tal, as seguintes informações e documentos adicionais podem enriquecer a compreensão do projeto na fase de iniciação e embasar a preparação do TAP:

- Estudo de viabilidade, plano de negócio, chamada ou edital que motiva a proposição de um projeto.
- Contratos ou convênios firmados.
- Planos e outros documentos de projetos similares anteriores.
- Restrições de prazo e custo.
- Perfil de risco das partes interessadas.
- Plano estratégico da organização.
- Relatórios de mercado.
- Documentos técnicos relevantes para a área de aplicação.

O TAP, além dos objetivos citados acima, também aponta o gerente do projeto, dando-lhe autoridade. O momento exato em que o TAP é emitido é algo que fica a cargo de cada organização definir. O importante é a sua função.

O TAP também pode ter uma íntima relação com um contrato ou termo de compromisso firmado com um cliente. Nesse caso, o TAP funciona como um contrato interno à organização entre as partes interessadas, apresentando uma visão consensual sobre o projeto no seu estágio inicial.

O TAP documenta as informações disponíveis sobre o projeto e define as suas *fronteiras* o mais cedo possível. Normalmente é um documento estável após obtenção de consenso. Pode ser desenvolvido pelo gerente do projeto, mas contando com a imprescindível participação do patrocinador, que em geral é o responsável por sua aprovação formal. O patrocinador do projeto é importante no processo de confecção do TAP, fornecendo informações sobre o contexto organizacional e sobre recursos e restrições do ponto de vista da organização executora do projeto. Organizações maduras em gestão de projetos terão, provavelmente, um modelo padrão de TAP que possa ser ajustado em cada caso conforme a necessidade.

Por que criar um TAP?

É uma ferramenta efetiva de planejamento e comunicação, que envolve as partes interessadas mais relevantes logo no início do projeto, e com os seguintes benefícios adicionais: reforça a percepção de estrutura e maturidade em gestão de projetos na organização; dá a devida visibilidade interna e externa ao novo projeto, incluindo a autoridade do GP; melhora o envolvimento do cliente no início do projeto conforme dele sejam demandadas informações para o preenchimento do TAP.

Elementos típicos de um TAP

Um ou mais dos seguintes itens podem estar presentes em um TAP: justificativa do projeto e objetivos de negócio que o projeto visa satisfazer; objetivos (principal e específicos ou secundários); critérios de sucesso, metas e indicadores para a aceitação do produto; requisitos de alto nível do produto (que mereçam destaque); principais premissas, restrições e dependências; marcos temporais (datas-chave e prazos-limite); resumo do orçamento ou limite de custo; indicação do gerente do projeto e nível de responsabilidade e de autoridade designados; nome e autoridade do patrocinador que autoriza o termo de abertura do projeto; identificação do cliente e outras pessoas responsáveis por declarar o sucesso; identificação de outras partes interessadas relevantes.

Esses e outros elementos são apresentados em formato de formulário como um exemplo de TAP no Anexo 4 e discutidos em mais detalhes a seguir. Note que nem todos os itens listados acima e no formulário do Anexo 4 são relevantes para todos os projetos. O GP deve adaptar os processos de gestão às necessidades específicas de cada projeto.

Propósitos e objetivos do projeto

Entender o propósito ou justificativa que um projeto pretende atender é importante para o GP e seu time não perderem o foco. Alguns exemplos típicos de necessidades que um projeto pode atender são:

- uma demanda de mercado (por exemplo, uma empresa automobilística que autoriza um projeto para produzir carros mais econômicos em resposta ao alto custo da gasolina);

- uma necessidade de negócios (por exemplo, uma empresa de treinamento que autoriza um projeto para criar um novo curso para aumentar sua receita);

- uma solicitação de um cliente (por exemplo, uma companhia de energia elétrica que autoriza um projeto de construção de uma nova subestação para atender a um novo parque industrial);

- um avanço tecnológico (por exemplo, uma empresa de produtos eletrônicos que autoriza um novo projeto para desenvolver telefone com tecnologia *Voz sobre IP*);

- um requisito legal (por exemplo, um fabricante de tintas que autoriza um projeto para estabelecer diretrizes para o manuseio de materiais tóxicos);

- uma necessidade social (por exemplo, uma ONG em um país em desenvolvimento que autoriza um projeto para fornecer sistemas de água potável, banheiros públicos e educação sanitária às comunidades com alta incidência de cólera).

Objetivos de um projeto

Os objetivos de um projeto descrevem o seu resultado final. Conforme explanado na discussão sobre o FAP, um objetivo principal pode ser desdobrado em objetivos mais específicos ou secundários, que, por sua vez, podem ser mais bem especificados em termos de metas e indicadores. Essas metas e indicadores são também chamados de critérios de sucesso. Exemplos de critérios de sucesso para um objetivo incluem: melhoria financeira; redução de custos; melhoria de eficiência, qualidade ou desempenho; abrangência de atendimento ou penetração de mercado.

> **Exemplo**
>
> Objetivo do projeto: "O projeto de reengenharia do setor de vendas pretende reduzir o tempo total entre o pedido do cliente e o despacho do pedido em 6% após três meses de sua implantação." Nesse exemplo de objetivo, o resultado procurado é a redução do tempo total de atendimento. A métrica de redução de 6% e o respectivo prazo tornam esse objetivo mais específico.

Um projeto que tenha muitos objetivos principais talvez seja mais bem gerenciado como vários projetos independentes ou interligados através de um programa.

As ações associadas para atingir os objetivos fazem parte do detalhamento do plano do projeto e geralmente não são descritas no TAP.

Realização de benefícios

Os objetivos de um projeto vão além de produzir as entregas e obter o aceite do cliente. Esses seriam os objetivos mais diretos e visíveis do projeto. Podemos mencionar também os objetivos da gestão do projeto, que seriam o atendimento das metas de escopo, custo, prazo e qualidade.

Podemos também destacar os objetivos das partes interessadas do projeto, notadamente do cliente, de usuários e do patrocinador. Nesse caso, falamos em realização de benefícios, que significa auferir impactos em dimensões que extrapolam a fronteira do projeto. Por exemplo, podemos pensar no sucesso comercial de um produto desenvolvido como sendo o objetivo mais importante de uma organização contratante do seu desenvolvimento junto a um instituto de pesquisas.

> **Exemplo**
>
> Considere um projeto para melhoria da segurança pública em uma cidade que envolve investimentos em infraestrutura tecnológica, em capacitação da polícia e em iluminação pública. Os objetivos do projeto incluem metas quantitativas em termos de instalação de câmeras de vigilância, treinamento de policiais e instalação de postes de iluminação em determinados bairros. Nesse caso, os benefícios para os usuários (no caso, a população em geral)

> incluem redução da quantidade de crimes praticados e aumento da taxa de crimes elucidados. Esses resultados também são almejados pela organização cliente (que poderia ser um governo de Estado ou Município), que poderia ainda objetivar resultados eleitorais.

Do ponto de vista estrito da gestão do projeto, cumprir metas de escopo, prazo e custo é suficiente. Mas, numa visão mais ampla, devemos sempre lembrar a necessidade e justificativa primeira pela qual o projeto foi empreendido e manter as atividades do projeto visando a esse foco. Um projeto adequadamente planejado e executado deverá estabelecer uma relação direta e positiva entre os objetivos do projeto e os benefícios esperados pelas partes interessadas.

No entanto, pode ocorrer que mesmo um projeto bem planejado e executado não entregue os benefícios esperados. Iremos explorar esse tipo de situação no Capítulo 9 quando estudarmos a gestão de portfólios de projetos.

Dessa forma, verifica-se a interdependência dos ciclos de vida do projeto e do produto. Por outro lado, é na especificação adequada de objetivos do projeto e requisitos do produto, feita nas fases de iniciação e planejamento do escopo, que se desenha o ciclo de vida do projeto que gerará o produto. Essa visão interdependente, produto que influencia projeto, que influencia produto, é um desafio moderno da gestão de projetos em um contexto volátil e dinâmico, social e econômico, requerendo dos gerentes de projeto visão sistêmica, conhecimento sobre os procedimentos de gestão, flexibilidade para lidar com riscos e incertezas e capitanear o elemento humano presente em todo empreendimento de projeto.

Restrições

Restrições são limitações assumidas pelo, ou impostas ao, projeto. Tipos de restrições incluem: tempo, orçamento, qualidade, tecnologia, diretrizes organizacionais e de negócios, restrições regulatórias e de legislação.

As restrições devem ser documentadas e informadas aos envolvidos no projeto. Um exemplo de restrição tecnológica seria: "O novo sistema deve ser construído utilizando banco de dados Oracle." Note que não se trata de uma especificação de desempenho, mas na verdade uma restrição que reduz a margem de manobra da equipe executora quanto às opções de solução técnica disponíveis para o projeto. As restrições de um projeto devem ser analisadas cuidadosamente e ter verificados os seus impactos sobre os riscos do projeto e demais áreas da sua gestão.

Premissas

São hipóteses ou situações incertas que o gerente de projeto assume como verdadeiras para efeito de planejamento do projeto. Exemplos de premissas: "iremos conseguir um programador que tenha alta produtividade"; "o fornecedor levará no máximo 10 dias para entrega do material"; "o cliente irá nos responder sobre a aprovação da 2ª fase do projeto em 5 dias".

As premissas devem ser documentadas, informadas aos envolvidos no projeto e revisadas periodicamente para verificar se continuam válidas.

Dependências

Dependências são vínculos do projeto com as partes interessadas, fornecedores e entregas externas sobre os quais o gerente de projeto não tem pleno controle. Exemplos de dependências incluem: aquisições em geral com fornecedores externos; necessidade de consultorias; necessidade de materiais, de ferramentas e sistemas, de instalações e aprovações regulatórias, de aprovações formais de um cliente, dentre outras.

Por exemplo: início da obra depende de uma licença ambiental cujo prazo de concessão é incerto. Essa frase implica tanto uma dependência (da licença ambiental) quanto um risco (incerteza associada ao prazo).

As principais dependências podem ser listadas no TAP e analisadas de forma mais detalhada durante a gestão dos riscos do projeto. Dependências em geral são fontes de risco.

Reuniões de planejamento do projeto

Nas fases de iniciação e planejamento de um projeto, sessões conjuntas para discussão e *brainstorms* são muito importantes, pois, conforme vimos antes, o custo das mudanças nessas fases é relativamente pequeno. Em geral, devem-se reunir todas as partes interessadas relevantes em uma ou mais sessões. O GP pode usar técnicas de resolução de conflito e tomada de decisão, o que é normal nessas fases. Objetiva-se desenvolver inicialmente o TAP e posteriormente os demais elementos principais do plano do projeto (escopo, cronograma, orçamento, qualidade). Podem-se usar ferramentas de apoio (*softwares*, *flipchart* etc.) nesse tipo de evento, que pode durar de meio dia de trabalho a algumas semanas, dependendo do porte do projeto.

Aprovado o TAP, as sessões conjuntas seguintes de planejamento deverão resultar na coleta de requisitos, especificação do escopo, do cronograma e do orçamento. Não necessariamente todos esses aspectos do planejamento precisam ser discutidos com as mesmas partes interessadas. O escopo do projeto é bastante crítico, pois embasa o restante do planejamento do projeto, de forma que se sugere a participação, ou pelo menos aprovação, das partes interessadas relevantes.

Quando o planejamento dos elementos principais do plano do projeto estiver concluído, sugere-se, sempre que possível, a organização de um *kick--off meeting*, evento marcante com a presença das partes interessadas para a apresentação formal do plano do projeto. Isso em geral motiva o time do projeto e marca a transição para a fase de execução.

Planejamento do escopo

Escopo do projeto é a especificação do trabalho necessário para realizar a entrega do(s) produto(s) atendendo aos respectivos requisitos. É um objetivo básico da gestão do projeto, e em geral o não cumprimento completo do escopo implica fracasso do projeto. Associados ao escopo estão os requisitos que são características, funcionalidades e especificações do produto resultante do projeto, incluindo expectativas de desempenho e qualidade. O conjunto de requisitos constitui o escopo do produto.

Os principais documentos para o planejamento do escopo do projeto, que iremos detalhar a seguir, são:

- Matriz de requisitos.
- Declaração do escopo.
- Estrutura analítica do projeto (EAP).

Em geral, o fluxo de processos para a definição do escopo do projeto é ilustrado na Figura 2.3. A partir do TAP tem-se a definição das principais entregas do projeto. O passo seguinte é caracterizar essas entregas de forma mais detalhada através do levantamento e registro dos seus requisitos (características, funções e nível de desempenho esperado, especificações técnicas). Com isso caracterizamos o escopo do produto. Até esse ponto o envolvimento do cliente é essencial.

A seguir, listamos produtos intermediários não necessariamente visíveis para o cliente, agregamos ainda o trabalho necessário para gerar os produtos e temos o escopo do projeto. Esta última etapa necessita da participação mais intensa do patrocinador e da equipe.

Exemplo

Suponha que você disponha de um terreno no qual pretende construir uma casa. O produto principal (ou entrega) do projeto é a casa. O escopo do produto inclui as especificações gerais da casa, tais como: área construída de 100 m², com 4 quartos, sendo 2 suítes, 1 banheiro social, 1 dependência de empregada com banheiro, cozinha, sala e garagem. Fazem parte do escopo do produto ainda o conjunto de requisitos definidos pelo cliente do projeto em conjunto com arquitetos e engenheiros. Estes podem envolver demandas sobre iluminação, conforto térmico, quantidade de dormitórios, integração de ambientes etc.

O escopo do projeto inclui a entrega do produto final (a casa), bem como de produtos intermediários (por exemplo, as plantas e projetos de engenharia), além de toda a especificação do trabalho associado à construção da casa, seguindo o ciclo de vida típico de uma obra de engenharia.

Plano de gerenciamento do escopo

O ponto de partida do gerenciamento do escopo do projeto é o respectivo plano de gerenciamento do escopo (PGE). Este define os procedimentos para a elaboração e manutenção do escopo do projeto. Entre outras coisas, o PGE pode especificar:

- os responsáveis e envolvidos nos processos de definição, modificação e controle do escopo;
- os documentos que constituem o gerenciamento do escopo;

- as ferramentas a serem utilizadas para a elaboração e para o gerenciamento do escopo;

- procedimentos de tratamento de solicitações ou necessidade de mudanças no escopo.

Em organizações maduras em gestão de projetos existe um PGE padrão que pode ser aplicado nos projetos daquela organização. Nesse contexto, o PGE servirá como um guia geral de procedimentos e recomendações para os gerentes de projeto, com recomendações e sugestões.

Os mesmos elementos listados acima podem ser aplicados para a criação de planos de gerenciamento para outras áreas-foco da gestão do projeto, tais como o plano de gerenciamento dos custos, do prazo, dos riscos etc. Esses planos de gerenciamento são importantes, pois definem as linhas mestras de abordagem de cada área-foco. Ao mesmo tempo, deve ser dada liberdade aos gerentes de projeto mais experientes de adaptar esses planos à realidade e necessidade de cada projeto específico.

Requisitos

Requisitos são o ponto de partida para a construção do escopo do projeto, pois caracterizam o produto final. Requisitos refletem as características esperadas para o produto do projeto. Embora requisitos normalmente se relacionem com o desenvolvimento de produtos, um projeto também pode ser estabelecido para desenvolver um serviço ou um processo, havendo também requisitos associados.

Requisitos devem estar estritamente ligados à necessidade ou oportunidade geradora do projeto (constante no TAP), evitando que o escopo do projeto seja inflado com falsas necessidades que não geram valor para o propósito original que criou o projeto.

Requisitos fazem para o produto o papel que restrições fazem para o projeto. Em geral, declarações de requisitos não devem sugerir ou implicar soluções técnicas específicas para atendê-los, apenas atestar o desempenho ou característica desejada. Requisitos podem ser detalhados adicionalmente com o acréscimo de especificações.

Figura 2.3 – Fluxo para definição do escopo do projeto

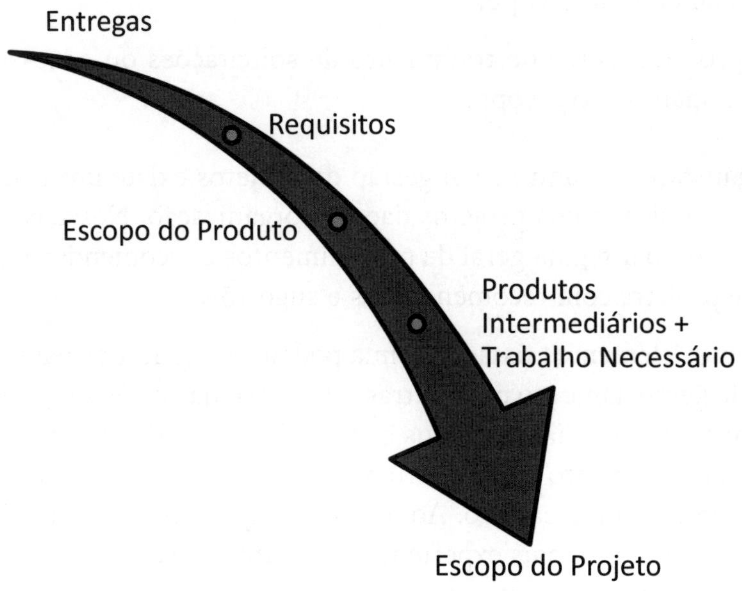

Entregas
Requisitos
Escopo do Produto
Produtos Intermediários + Trabalho Necessário
Escopo do Projeto

Fonte: Elaborada pelos autores.

Como mencionamos anteriormente, o GP deve ter cuidado quanto à inflação de requisitos que não são essenciais por parte do cliente (às vezes, devido ao próprio cliente não saber exatamente o que quer). Assim, propomos que o GP procure sondar com o cliente qual o nível de prioridade de cada requisito, ajudando-o a se concentrar no que realmente agrega valor para os seus objetivos. Nessa classificação, temos:

- Requisitos obrigatórios ("tem que ter"), que representam as funcionalidades fundamentais, cuja ausência caracteriza o não cumprimento do escopo ou da qualidade esperada, e, por conseguinte, o fracasso do projeto.
- Requisitos necessários ("deve ter" ou "importante ter"), que podem ser implementados após os obrigatórios serem concluídos.
- Requisitos desejáveis ("seria bom ter"), que ficam numa fila para implementação se houver tempo e recursos, ou ficam para ser implementados em um futuro projeto de aperfeiçoamento ou continuidade de desenvolvimento do produto.

> *Exemplo*
>
> Requisitos e especificações para o desenvolvimento de um Leitor de Livros Eletrônicos (*e-books*):
>
> - Deve ser tão leve quanto um livro típico: peso < 300g.
> - Deve ter a dimensão de um livro típico: aproximadamente 20 × 15 cm.
> - Tem que ligar instantaneamente.
> - Tem que ter bateria de longa duração (> 2 semanas).
> - Tem que ter tela não reflexiva, imitando papel, para facilitar a leitura em ambiente iluminado.
> - Tem que ser capaz de receber livros eletrônicos pelo computador.
> - Seria bom ter capacidade de receber livros eletrônicos por redes sem fio.

Levantamento de requisitos

O GP deve ter o cuidado de levantar e classificar os requisitos, tendo em mente que eles podem vir das mais diferentes fontes, tais como: usuários diretos e indiretos; pesquisas de mercado e entrevistas; patrocinador e cliente do projeto; gerente de departamento ou de produto relacionados; departamento de marketing e de compras; políticas corporativas e plano estratégico; legislação e regulamentos pertinentes; fabricantes que irão providenciar partes do produto.

Para fazer essa coleta de requisitos há diversos caminhos. O mais usual deles consiste em envolver as partes interessadas principais num processo de entrevistas, discussão e simulações que levem à elaboração de uma lista de requisitos compreendidos e aceitos pela maioria. Para situações em que os requisitos sejam mais difíceis de elucidar a partir de entrevistas, técnicas de diagramação podem auxiliar no processo, tais como, por exemplo, a técnica de casos de uso ou de um fluxograma de processos. Técnicas como essas são úteis para levantar requisitos funcionais, ou seja, aqueles em que há interação direta entre usuário e produto.

A Figura 2.4 ilustra um diagrama de casos de uso para um sistema informatizado que auxilia as consultas de um psicólogo. O diagrama auxilia o processo de levantar características, funcionalidades e expectativas de desempenho para os usuários do sistema. Outro exemplo ilustrado na Figura 2.5 é o de um fluxograma do processo automatizado de aluguel de veículos por uma locadora através de um sistema informático. Aqui as funcionalidades são destacadas em cada caixa, bem como as relações entre as funções na sequência do processo. Para cada função do sistema, devem-se investigar as características e expectativas de desempenho das partes interessadas e potenciais usuários.

Figura 2.4 – Exemplo de diagrama de casos de uso

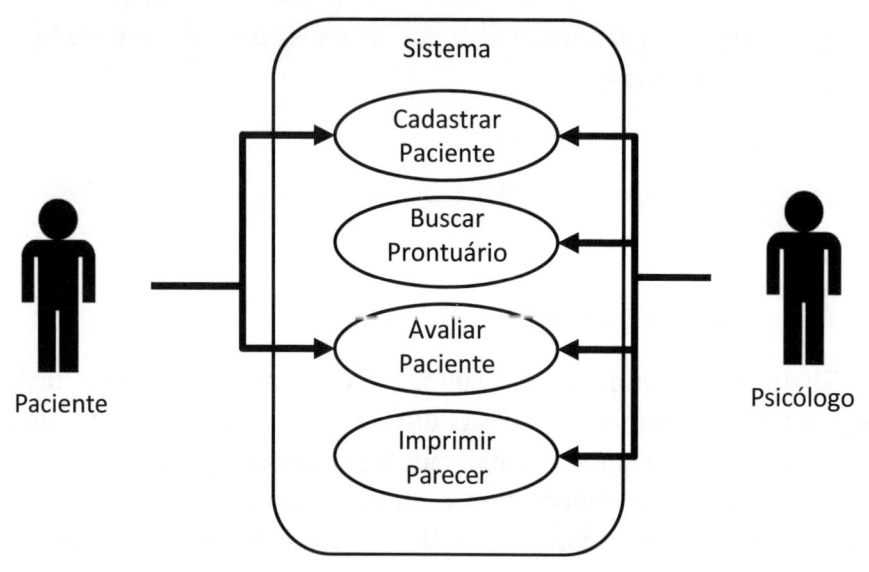

Fonte: Elaborada pelos autores.

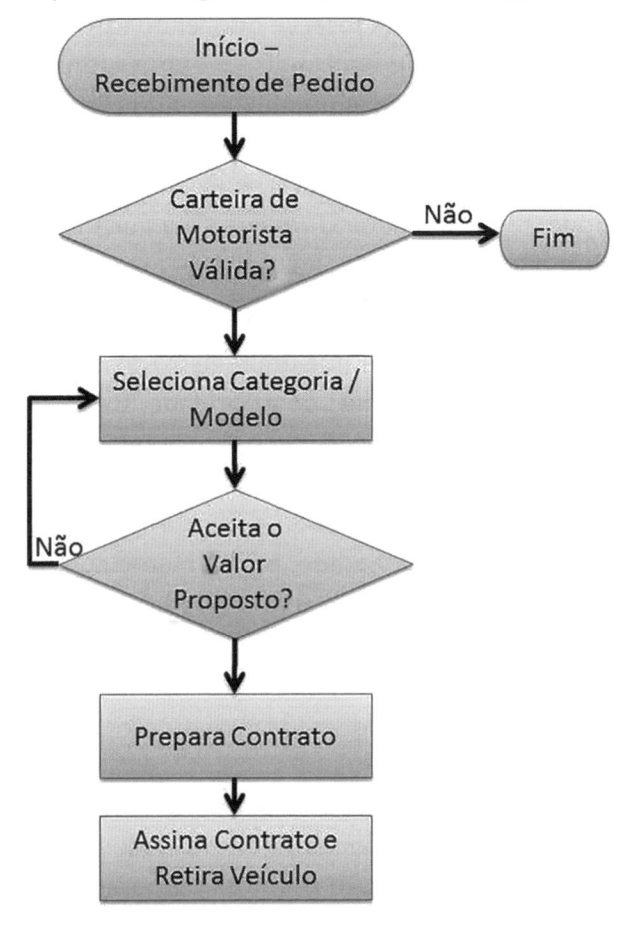

Figura 2.5 – Exemplo de fluxograma de processo de negócio

```
Início –
Recebimento de Pedido
        ↓
Carteira de Motorista Válida? —Não→ Fim
        ↓
Seleciona Categoria / Modelo ←─┐
        ↓                       │
Aceita o Valor Proposto? —Não──┘
        ↓
Prepara Contrato
        ↓
Assina Contrato e Retira Veículo
```

Fonte: Elaborada pelos autores.

Matriz para registro de requisitos

Com os requisitos levantados, sugere-se a criação de uma tabela ou planilha (também chamada de matriz) para registrar os requisitos, bem como para posterior controle. De preferência esse registro deve ser complementado com métricas quantitativas que embasem a verificação de sucesso ou completude. Nessa matriz podem constar ainda:

- associação de requisitos aos objetivos do projeto;
- associação de requisitos a entregas do projeto;
- informações sobre responsável, prioridade e *status*.

O registro de requisitos forma uma base de informações importantes para a gestão da qualidade do projeto. Observe que, enquanto a presença de uma característica ou funcionalidade está mais diretamente relacionada com a gestão do escopo do projeto, o desempenho, a facilidade de uso e em última instância o atendimento dos requisitos correspondentes a essa mesma característica estão mais diretamente relacionados com a gestão da qualidade. Nesse sentido, pode-se afirmar que o registro e a verificação de requisitos formam a base para o controle de qualidade.

Os requisitos levantados devem ser registrados na matriz de requisitos. Sugerimos que essa matriz seja mais que um registro descritivo dos requisitos, mas inclua também o respectivo nível de prioridade. Este pode ser atribuído diretamente pelo gerente do projeto a partir dos atributos "tem que ter", "deve ter" e "seria bom ter", podendo também atribuir uma escala numérica (de 1 a 3, por exemplo) para representá-los. Pode-se ainda informar o *status* de atendimento de cada requisito (não atendido, parcialmente atendido e atendido).

Tipos de requisitos

Os requisitos de um produto podem ser classificados quanto à sua origem:

- Requisitos de Negócio: podem ser de natureza regulatória, estratégica, tática ou operacional. São levantados através da inspeção de normas, regulamentos e políticas corporativas.

- Requisitos de Usuário: descrevem as características desejadas pelo cliente, usuários ou público-alvo do produto. São levantados através de casos de uso, fluxos de processo de negócio, pesquisas de mercado, entrevistas etc.

Os requisitos de um produto também podem ser classificados quanto ao tipo de funcionalidade:

- Requisitos Funcionais: identificam as principais funções do produto. Listam características que o produto ou serviço deve apresentar na interação direta com o(s) usuário(s) ou público-alvo. Geralmente são os que primeiro vêm à mente quando se pensa no produto. Refletem expectativas das partes interessadas, em linguagem compreensível pelo leigo.

- Requisitos Não Funcionais: referem-se a características intrínsecas do produto, inclusive aquelas de natureza subjetiva e associadas à percepção de valor. Exemplos: desempenho, tempo de resposta, facilidade de uso, simplicidade, inteligibilidade, confiabilidade, durabilidade, disponibilidade, tipos de materiais, padrões de integração e interfaces, segurança e privacidade, condições climáticas para a operação, impacto ambiental, facilidade de descarte, possibilidade de reciclagem, dentre outras.

> *Exemplo*
>
> Laboratório farmacêutico visa desenvolver sistema que detecte e informe aos farmacêuticos interações medicamentosas perigosas no ato da compra do medicamento na farmácia. O objetivo do projeto é reduzir entradas de ações na justiça contra o laboratório em 75% nos próximos três anos. Esse sistema apresenta os seguintes requisitos e especificações, todos obrigatórios:
>
> 1. Verifica a base de dados da Anvisa quanto a medicamentos atualmente sob suspeita ou suspensos.
>
> 2. Contém um banco de dados com dados pessoais dos clientes e cruza informações de compras de medicamentos pelo cliente em todas as farmácias credenciadas e em até seis meses anteriores à atual compra.
>
> 3. Em qualquer tentativa de vender uma droga com interação potencialmente danosa, deve soar um alerta requerendo a aprovação pelo médico emissor da receita.
>
> 4. Imprime para o cliente uma lista de interações potencialmente danosas para a droga que ele está comprando.
>
> 5. Um farmacêutico deve ser capaz de processar todas as informações e obter um veredito sobre potenciais interações em até 60 segundos.
>
> 6. Deve usar o mesmo banco de dados corporativo e infraestrutura de comunicação com as farmácias já disponível (integrado com o sistema de manutenção e reposição automática de estoques).[1]

---

[1] A rigor, o item 6 é na verdade uma restrição de projeto. Essa distinção pode ser confusa às vezes, mas o importante é que esse tipo de informação seja registrado, pois influencia o planejamento detalhado do escopo do projeto.

> *Exemplo – requisito não funcional*
>
> Requisitos não funcionais podem ser difíceis de mensurar em alguns casos. No entanto, com um pouco de criatividade é possível encontrar formas de verificar se o requisito foi atendido. Por exemplo, o presidente de uma grande fabricante de equipamentos de informática definiu um requisito não funcional para um novo modelo de computador de mesa que estava sendo desenvolvido: deve ser fácil de desembalar, montar e iniciar a operação do computador. Como medir facilidade de desembalar? Para esse tipo de requisito, e outros similares, há sempre uma primeira opção que é realizar uma pesquisa de opinião qualitativa. Nesse caso, potenciais compradores do produto seriam usados para testar protótipos da embalagem e do computador. Simulando o processo de desembalar e montar o computador, ao final, essas pessoas dariam uma nota numa escala especificada indicando o grau de facilidade ou dificuldade na operação. Uma forma mais sofisticada de medir esse requisito seria estipular um tempo médio (por exemplo, cinco minutos) para que toda a operação fosse concluída. Nesse caso, os compradores potenciais seriam cronometrados até concluírem a operação e o valor do tempo médio verificado se atingiu a meta.

Declaração de escopo

O escopo do projeto deve ser representado na forma de texto corrido para que possa constar em documentos de gestão e em contratos ou termos de compromisso envolvendo o cliente e a organização executora. Uma declaração de escopo pode conter um ou mais dos seguintes elementos:

- Descrição do produto final: descrição textual, concisa, do produto ou produtos finais a serem gerados pelo projeto.

- Entregas intermediárias ou secundárias: descrição textual, concisa, de produtos intermediários e outras entregas secundárias a serem geradas pelo projeto.

- Requisitos: destacar requisitos funcionais de maior visibilidade e requisitos não funcionais atípicos ou quais deles o cliente faz questão de destacar. Pode referenciar uma matriz de requisitos.

- Critérios de aceitação do produto: destacar nível de prioridade dos requisitos e quais são essenciais para a aceitação do produto. Pode referenciar uma matriz de requisitos.

- Exclusões do escopo: torna explícito o que não está incluso no escopo do projeto, para evitar ambiguidades e falsas expectativas.

Exemplo – declaração de escopo de um projeto de pesquisa e desenvolvimento no setor de telecomunicações

O projeto irá criar uma nova metodologia de teste, não destrutiva, para verificar a integridade de todos os cabos de fibra óptica subterrâneos da rede de comunicações do cliente. O custo de inspeção dos cabos não deve exceder R$ 10,00 por quilômetro. A taxa de acerto da nova metodologia deve ser de pelo menos 99%. A nova metodologia deve ser integrada em um sistema de dimensões compactas. As interfaces devem ser compatíveis com os padrões de interconexão já utilizados pelo cliente. O cliente cederá e providenciará acesso ao cabeamento subterrâneo para testes. A nova metodologia deve ser implantada na rede do cliente até 31 de janeiro do próximo ano. Não está incluso o fornecimento de treinamento a técnicos do cliente. Ele poderá solicitá-lo em até 60 dias após a implantação com condições de preço especiais.

Exemplo – exclusão de escopo

Muitos GPs não têm o costume de explicitar exclusões de escopo por acharem isso desnecessário. No entanto, advogamos essa prática para evitar falsas expectativas. Na negociação de um projeto na área de tecnologia da informação, o GP e o patrocinador realizaram algumas entrevistas com o potencial cliente para levantar as entregas e respectivos requisitos. O projeto envolvia o desenvolvimento de um sistema embarcado para dar apoio em pontos de pagamento eletrônico com cartões de crédito utilizando tecnologia sem fio. Ao elaborarem a declaração de escopo que seria apresentada ao cliente para o fechamento do contrato, surgiu a dúvida se o teste em larga escala do sistema nos pontos de venda estaria ou não incluso no escopo. Foi um aspecto que escapou a todos durante as entrevistas anteriores. Eles compreendiam que testes em laboratório fariam parte do projeto, mas não estavam certos quanto aos chamados "testes de campo". Após refletirem, o entendimento do GP e do patrocinador foi que tal atividade estaria fora do escopo, pois envolveria outra equipe, logística complexa e um aumento substancial do custo. Dessa forma, colocaram essa entrega como exclusão de escopo na declaração de escopo. O cliente, ao receber tal declaração, reagiu e respondeu que para ele era óbvio que aquela atividade faria parte do projeto, pois precisava avaliar o

> funcionamento dos sistemas em condições operacionais reais. Diante disso, o GP e o patrocinador reavaliaram prazo, recursos e custo e evitaram, assim, um desentendimento futuro com esse cliente.

Figura 2.6 – Decomposição e identificação das partes de uma bicicleta

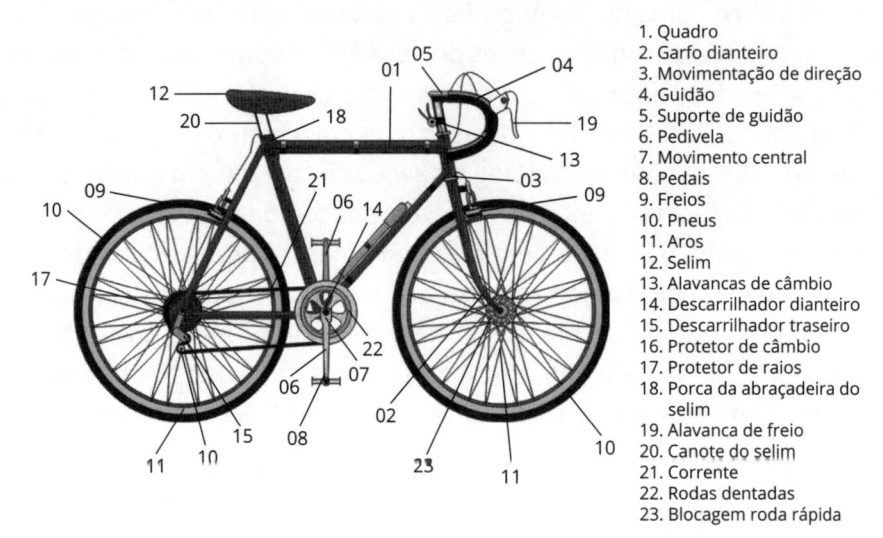

1. Quadro
2. Garfo dianteiro
3. Movimentação de direção
4. Guidão
5. Suporte de guidão
6. Pedivela
7. Movimento central
8. Pedais
9. Freios
10. Pneus
11. Aros
12. Selim
13. Alavancas de câmbio
14. Descarrilhador dianteiro
15. Descarrilhador traseiro
16. Protetor de câmbio
17. Protetor de raios
18. Porca da abraçadeira do selim
19. Alavanca de freio
20. Canote do selim
21. Corrente
22. Rodas dentadas
23. Blocagem roda rápida

Figura 2.7 – Estrutura analítica do produto bicicleta

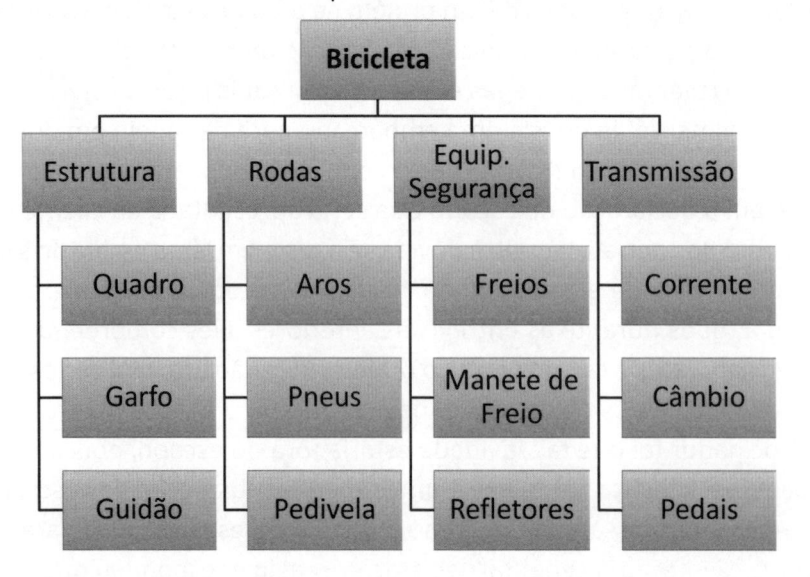

Bicicleta
- Estrutura
  - Quadro
  - Garfo
  - Guidão
- Rodas
  - Aros
  - Pneus
  - Pedivela
- Equip. Segurança
  - Freios
  - Manete de Freio
  - Refletores
- Transmissão
  - Corrente
  - Câmbio
  - Pedais

Fonte: Elaborada pelos autores.

Estrutura Analítica do Projeto (EAP)

A EAP é uma decomposição hierárquica do trabalho do projeto orientada às entregas do projeto. A EAP subdivide o trabalho do projeto em partes menores e mais facilmente gerenciáveis. É geralmente representada por um diagrama hierárquico semelhante a um organograma. Cada nível descendente da EAP representa uma definição cada vez mais detalhada do trabalho do projeto. É um dos documentos mais importantes da gestão do projeto, pois é uma poderosa ferramenta que auxilia na comunicação e controle do escopo. Enquanto os documentos anteriormente mencionados neste capítulo (a matriz de requisitos e a declaração de escopo) fornecem informações textuais e estruturadas sobre o escopo, a EAP é preferencialmente uma ferramenta de comunicação visual.

A EAP pode ser enriquecida com códigos de cores que representem o progresso de cada trabalho ou entrega do projeto e ainda com atributos tais como prazo, custos e recursos associados. O desenvolvimento de uma EAP pode levar de algumas horas a alguns dias, dependendo da complexidade do projeto e do número de pessoas envolvidas no processo.

Decomposição hierárquica

Um dos conceitos-chave na EAP é o de decomposição hierárquica. Para ilustrarmos esse conceito, vamos aplicá-lo numa situação bem palpável: a decomposição hierárquica de um produto físico. Para decompor um produto, normalmente focamos em suas funções ou partes físicas. A Figura 2.6 ilustra as partes físicas de uma bicicleta e a Figura 2.7, a decomposição hierárquica correspondente. Observe o diagrama resultante: ele contém dois níveis de decomposição do produto "Bicicleta". No 1º nível estão Estrutura, Rodas, Equipamentos de Segurança e Transmissão. No 2º nível, cada elemento do 1º nível é decomposto em partes adicionais.[2] Um 3º nível de decomposição poderia ser adicionado se necessário aumentar o nível de detalhe já encontrado no 2º nível. E assim por diante.

Mais níveis de decomposição poderiam ser aplicados se necessário. Se estivéssemos decompondo um avião em suas partes físicas, devido à questão da segurança e manutenção, a decomposição poderia descer até o nível de para-

---

[2] Por razões de clareza do diagrama, nem todas as partes de uma bicicleta estão representadas.

fusos e brocas! Isso geraria um diagrama com centenas de milhares de partes, o que só poderia ser gerenciado por um sistema de informação apropriado.

Figura 2.8 – Estrutura analítica de projeto para desenvolver uma bicicleta

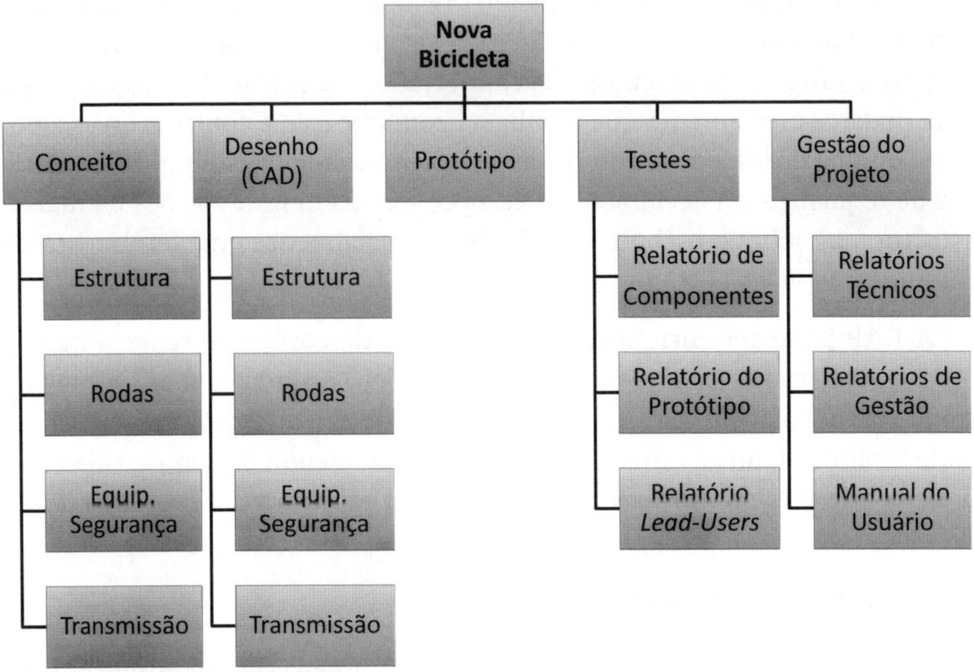

```
                                Nova
                              Bicicleta
    ┌───────────┬──────────────┬──────────┬───────────┬──────────────┐
  Conceito    Desenho       Protótipo   Testes    Gestão do
              (CAD)                                 Projeto
    │           │                         │           │
 Estrutura  Estrutura                Relatório de  Relatórios
                                     Componentes    Técnicos
    │           │                         │           │
  Rodas       Rodas                  Relatório do  Relatórios de
                                      Protótipo     Gestão
    │           │                         │           │
  Equip.     Equip.                   Relatório    Manual do
 Segurança  Segurança                Lead-Users     Usuário
    │           │
Transmissão Transmissão
```

Fonte: Elaborada pelos autores.

Decomposição do escopo do projeto

Seguindo raciocínio análogo ao da decomposição de um produto em suas partes, podemos criar a estrutura analítica do projeto (EAP). Observe que a pura decomposição do produto a ser criado no projeto não é suficiente para caracterizar todo o seu escopo. Há trabalho associado à criação desse produto.

O 1º nível de decomposição é importante, pois dita a forma como o restante da EAP estará organizado. Essa 1ª decomposição pode ser orientada a partes ou funções do produto final. Uma alternativa popular é decompor em fases do ciclo de vida do projeto.[3] Em seguida, no 2º nível em diante podemos ter diversos níveis de decomposição em entregas intermediárias e mais específicas. EAPs em geral têm pelo menos três níveis de decomposição para poderem gerar um nível de detalhe suficiente para a comunicação e controle do escopo. O nível mais baixo de decomposição da EAP é chamado de pacote de trabalho ou PT. O pacote de trabalho também é uma entrega, apenas menor e mais simples, algumas vezes apenas para uso interno no projeto como forma de constituir as entregas principais dos níveis superiores.

Exemplo de EAP

Consideremos agora um projeto para o desenvolvimento de uma nova bicicleta cuja EAP apresentamos na Figura 2.8. Temos um diagrama com apenas dois níveis de decomposição do projeto "Nova Bicicleta". No 1º nível optamos por subdividir o projeto nas fases do ciclo de vida do projeto: Conceito, Desenho, Protótipo, Testes. Observe que as partes físicas da bicicleta aparecem agora na EAP na posição vertical como componentes de 2º nível de decomposição.[4]

Observe elementos adicionais na EAP que vão além das partes físicas do produto. Há um trabalho de prototipagem, um trabalho de testar os componentes e a própria bicicleta, e ainda o trabalho de gestão do projeto, que, dentre outros relatórios, inclui a confecção do Manual do Usuário. Note que, embora a gestão do projeto não desenvolva diretamente nenhuma parte do produto "Bicicleta", é um trabalho essencial para que tal produto seja desenvolvido.[5]

Critérios de parada da decomposição

O problema de quando parar de decompor uma EAP é talvez a principal dúvida para quem utiliza essa ferramenta. Importante ressaltar desde já que

---

[3] Pode-se ainda optar por uma decomposição orientada a uma divisão geográfica ou departamental do projeto, caso seja importante destacar essa organização no gerenciamento do escopo do projeto.

[4] Omitimos nesta figura, por questões de clareza de visualização, o nível de decomposição adicional que poderia ser incluído, tal como, para a Estrutura: Quadro, Garfo e Guidão.

[5] Equipes experientes podem omitir o trabalho de gestão do projeto, por ficar subentendido e para que mais espaço seja disponibilizado no diagrama para os itens específicos do escopo do projeto.

o número de níveis de decomposição pode variar de uma parte para outra da EAP. Algumas características de um pacote de trabalho (PT) que sugerem o momento de parar a decomposição são:

- O PT permite um controle razoável de seu *status*: GP pode responder à pergunta "qual o progresso atual desse PT" com facilidade?

- Custo, recursos e prazo são estimáveis com razoável precisão: o GP deve ser capaz de estimar com razoável precisão a quantidade de recursos necessários, o prazo e o custo do PT.

- A duração do pacote de trabalho está dentro de limites razoáveis: o GP pode definir limites de tempo mínimo e máximo para um PT, por exemplo, entre 40 e 160 horas de trabalho.

- Há uma entrega associada ao PT: pode ser um relatório, uma aprovação formal, uma funcionalidade em um *software* ou um produto intermediário, que marca a conclusão do PT.

Os critérios acima não devem ser entendidos como regras rígidas, mas apenas como balizas que auxiliam o GP e a equipe no aprendizado da arte de desenvolver EAPs eficientes.

Sugestões para criar EAPs eficientes

A EAP é orientada a entregas, sendo, portanto, descrita por "nomes" das partes ou funcionalidades. Dessa forma, componentes de trabalho do projeto que sugerem ações devem ser representados pelas respectivas entregas. Por exemplo, em vez de "prototipagem", deve-se preferir "protótipo". Já em relação a "testes", devemos considerar "Relatório de Testes". Em qualquer caso utilize substantivos na EAP e evite utilizar verbos. Verbos serão utilizados para detalhar as atividades que constituem cada um dos pacotes de trabalho, pois sugerem ações para a conclusão do PT.

Deve-se evitar pensar a EAP como um cronograma, um erro comum quando se usa a decomposição de 1º nível de acordo com o ciclo de vida. Não há necessidade de considerar a sequência temporal e dependências entre elementos da EAP. Isso será feito no cronograma. Note que a EAP responde à pergunta "O QUE FAZER", enquanto o cronograma responde à pergunta "QUANDO FAZER".

Finalmente cuide para que na EAP todo o escopo do projeto seja capturado: verifique se ao "somar" as partes de baixo para cima você tem o "todo" do projeto. Nesse sentido, não é tão importante a forma como é orientada a divisão da EAP (se em partes do produto, ou ciclo de vida etc.) quanto à certeza de que todo o escopo do projeto em termos de entregas e o trabalho associado estão adequadamente capturados.

Exercícios e leituras complementares para este capítulo

Anexos: 4, 5, 6, 17 e 24

Anexo 7: documentos I, II e III

3

PLANEJAMENTO DO PRAZO E DO CUSTO

Introdução

Neste capítulo deseja-se harmonizar os objetivos de escopo, prazo e custo do projeto. Para isso precisamos de recursos, tais como recursos humanos, materiais e recursos financeiros. A sequência tradicional para essa harmonização é primeiro definir o escopo, em seguida parte-se para a estimativa do prazo necessário para execução do escopo definido, e, finalmente, o orçamento correspondente. Mas outras situações são possíveis: o objetivo mais restrito pode ser o prazo, e a partir do prazo é que se definem o escopo (o que dá para fazer nesse prazo) e o orçamento; ou ainda o orçamento pode ser predefinido sendo o escopo e o prazo definidos a partir daí.

Na prática, porém, a estimativa de prazo e custo em função dos recursos disponíveis será feita de forma interativa, com muitas idas e vindas, considerando diversos cenários de disponibilidade de pessoas, equipamentos, tempo, dinheiro e outras restrições. Por exemplo, em um projeto de um evento, no qual o prazo é predeterminado, avaliam-se e estimam-se as necessidades dos outros recursos, como pessoas e dinheiro, para que o evento possa ser realizado na data especificada. Ao final dessa etapa desejamos produzir dois artefatos fundamentais da gestão de projetos: o cronograma e o orçamento.

Parâmetros importantes no planejamento de recursos

São três os parâmetros fundamentais que nos auxiliam no detalhamento do cronograma e orçamento do projeto:

- **Esforço:** tempo necessário para concluir a atividade quando um recurso é empregado. Pode ser medido em horas, pressupondo um único recurso dedicado àquela tarefa. Pode-se também utilizar a unidade *homem-hora* para enfatizar que se pode dividir esse esforço entre vários recursos. Por exemplo: pintar o apartamento requer oito horas (com um pintor) ou oito homens-hora (com vários pintores). Ao utilizar a unidade homem-hora sugere-se que o trabalho pode ser dividido linearmente entre vários recursos e ser concluído em menor tempo: assim, as oito horas de esforço seriam concluídas na verdade em quatro horas de duração por dois pintores, ou ainda em duas horas de duração por quatro pintores.

- **Produtividade:** é a quantidade de esforço que um recurso pode concluir por unidade de tempo. Por exemplo: um pintor é capaz de pintar $5m^2$ de parede por hora.

- **Custo dos Recursos:** custo de emprego de um recurso por unidade de tempo, de espaço ou de volume de trabalho. Por exemplo, o valor da hora de um pintor experiente é de R$ 15,00.

Exercício simples

Um edifício de apartamentos em construção está iniciando a fase de acabamentos. Cada apartamento tem cerca de $200m^2$ de paredes a serem pintadas, incluindo o forro. A construtora dispõe de 4 pintores. O prédio é composto de 80 apartamentos. Qual o esforço total envolvido na pintura de todos os apartamentos? Qual o custo e duração da atividade da pintura de todos os apartamentos? Quantos dias úteis e dias corridos serão necessários para concluir a atividade? Suponha que o trabalho se inicie numa 2ª feira. Informações adicionais: produtividade estimada do pintor: $5m^2$ de parede por hora; custo por hora do pintor: R$ 15,00; calendário de disponibilidade do pintor: 5 dias úteis por semana (2ª a 6ª feira), 8 horas por dia.

O que é um cronograma

Um cronograma é um agendamento de atividades e, portanto, uma previsão do futuro. Também pode ser visto como a distribuição do escopo do projeto ao longo do tempo.[1] Ironicamente, a prática nos mostra que cronogramas quase sempre falham. Se for assim, por que é importante então ter um cronograma? Ainda que sujeito a falhas, o cronograma representa uma espécie de contrato entre as pessoas da equipe. A sua construção permite uma visualização mais concreta de que o trabalho de cada um faz parte de um todo. Isso provoca um efeito psicológico no qual *as atividades passam a existir*. E evidentemente que, com base no cronograma, podemos ter algum tipo de controle do progresso do trabalho, mesmo que imperfeito. Um cronograma é um excelente *termômetro* do projeto para o GP: atrasos detectados com frequência nas atividades do projeto indicam que há alguma falha de planejamento, como durações subestimadas, produtividade abaixo do esperado ou desmotivação.

> *Metáfora*
>
> Uma metáfora interessante de um cronograma é o traçado da trajetória de um barco em uma regata. Imagine que um barco deseja partir do ponto A e chegar ao ponto B. Estabelecem-se rotas e tempos para chegada em pontos intermediários. Mesmo que o barco se desvie da rota durante a regata (devido ao mau tempo, por exemplo), é possível tentar voltar à rota original ou até mesmo descobrir um novo caminho. Ainda assim, o navegador precisa de um ponto de referência para comparação de onde está e em quanto tempo deve chegar ao próximo ponto da rota.

Para definir o cronograma de um projeto devem-se seguir os seguintes processos de planejamento do tempo: identificar atividades; sequenciar atividades; estimar recursos e durações; e construir o cronograma.

Identificar e sequenciar atividades

Conforme mencionado, após a conclusão da EAP, os pacotes de trabalho serão decompostos em atividades que levem à sua conclusão. É importante que se observe o último nível da EAP, pois lá estarão os pacotes de trabalho. Identificadas essas atividades, elas deverão ser sequenciadas de forma lógi-

---

[1] Lembre que as atividades de um projeto são obtidas a partir da decomposição adicional dos pacotes de trabalho da EAP. Sempre que possível utilize verbos para caracterizar as atividades que constituem o cronograma.

ca, observando as dependências entre elas. Essa etapa consiste em avaliar dependências, definir a sequência de execução das atividades e construir o diagrama de rede de atividades.

Dependências entre atividades e restrições

É o reconhecimento de restrições na ordem de sequenciamento das atividades. Os principais tipos de dependências são:

- **Obrigatórias ou lógicas:** são baseadas no tipo de trabalho, em requisitos técnicos ou regulatórios. Por exemplo: a estrutura de um edifício obrigatoriamente deverá será iniciada somente após a conclusão das fundações.

- **Arbitrárias:** são baseadas nas melhores práticas. Por exemplo, deve-se concluir o manual de um sistema após a construção e teste do módulo principal.

- **Gerenciais ou de negócio:** são ligadas a decisões gerenciais ou regras de negócio. Por exemplo, o início da próxima fase do projeto depender da aprovação de um relatório técnico.

As dependências entre atividades serão utilizadas na composição do diagrama de rede de atividades, a seguir.

Diagrama de rede de atividades

A rede de atividades é uma representação gráfica do desenvolvimento lógico de um projeto ao longo do tempo. Considere o exemplo na Figura 3.1, na qual existem seis atividades organizadas de acordo com suas dependências: a atividade D tem como atividades predecessoras B e C; e como atividade sucessora, F. Existem vários métodos para elaborar esse diagrama, no entanto o mais utilizado é o *método do diagrama de precedência (MDP)*, em que as atividades são indicadas em nós (usualmente círculos ou retângulos) que são interconectados por setas que indicam o tipo de dependência entre elas.

Figura 3.1 – Exemplo de diagrama de rede de atividades

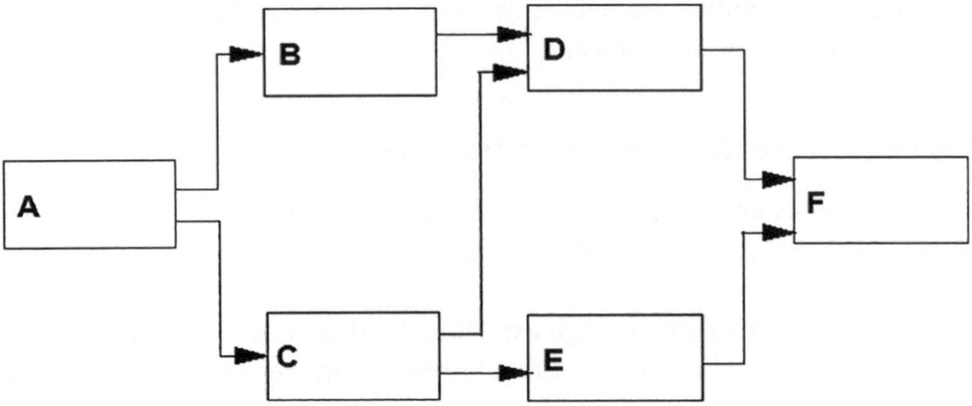

Fonte: Elaborada pelos autores.

No diagrama de redes acima, todas as dependências são do tipo FS (*finish-start* ou fim-início), ou seja, a atividade em análise deve acabar para que a seguinte possa começar.

> *Exemplos de dependências*
>
> A dependência do tipo FS (*finish-start*) é a mais comum em projetos, além de ser intuitiva. No entanto, há outras possibilidades de relação de dependência entre atividades. A utilização de outras dependências que não a FS poderá ser motivada por situações específicas de um projeto, e isso será ilustrado a seguir através de um exemplo.
>
> Seja um pacote de trabalho chamado "Cadastro de dados coletados no sistema informatizado", que é parte de um projeto de pesquisa de opinião. As seguintes atividades foram identificadas para completar o plano de trabalho:
>
> - Verificar consistência dos dados levantados.
> - Entrar dados no sistema informatizado.
>
> As seguintes ordens de execução dessas atividades podem ser propostas considerando diferentes tipos de dependências:

- FS (*finish-start* ou fim-início): assim que for concluído o levantamento dos dados, pode-se iniciar a verificação da consistência. Essa é a abordagem mais comum.

- SS (*start-start* ou início-início): assim que for iniciada a verificação da consistência, pode-se iniciar a entrada dos dados no sistema. Essa abordagem é usual quando se quer paralelizar atividades e acelerar o projeto.

- FF (*finish-finish* ou fim-fim): quando a verificação da consistência dos dados acabar, a entrada dos dados pode acabar.

- SF (*start-finish* ou início-fim): quando a entrada dos dados for iniciada, a verificação de consistência pode ser concluída.

Folgas em cronograma

Folga de tempo é um conceito importante na medida em que o tempo é um recurso não renovável. Folga é o tempo que uma atividade pode atrasar sem comprometer o prazo do projeto. Folgas surgem devido às diferenças de tempo de execução das atividades e suas dependências. O conceito ficará mais claro a seguir quando o cronograma for concluído. Há também folgas impostas: atrasos ou antecipações propositais, com base em dependências de datas ou limitações de recursos. As folgas impostas forçam que uma atividade inicie em datas específicas ou após uma duração predeterminada de tempo. Por exemplo: embora uma atividade de elaboração de relatório seja concluída, deve-se esperar o prazo definido em contrato de cinco dias úteis para avaliação e aprovação deste pelo cliente, antes que a atividade subsequente possa ser iniciada.

Datas e caminho crítico

Observando um diagrama de rede, identificamos uma ou mais atividades iniciais e uma ou mais atividades finais, que determinam o início e o fim do projeto. Na Figura 3.2, *A* é a atividade inicial e *F* a final. Observe que para sair de *A* e chegar a *F* existem vários possíveis caminhos. Nesse caso há os seguintes: *ABDF*, *ACEF* e *ACDF*. Esses caminhos são formados em função das dependências entre as atividades.

Figura 3.2 – Diagrama de rede com vários caminhos

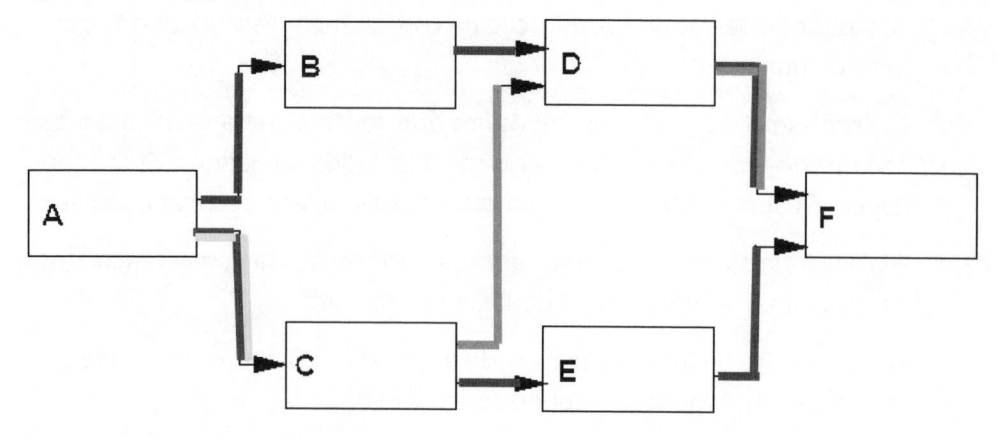

Fonte: Elaborada pelos autores.

Para representar datas em um diagrama (Figura 3.3), veremos o exemplo a seguir, com a seguinte legenda:

- ID: identificador da atividade (letras como A, B etc.).
- DUR: duração da atividade em unidades de tempo (de acordo com as estimativas feitas).
- FOLGA: folga da atividade, ou seja, o tempo que uma atividade poderá atrasar sem atrasar o projeto; essa folga será calculada, não é um dado; ver mais detalhes a seguir.
- PDI: primeira data de início da atividade (data de início mais cedo).
- PDT: primeira data de término da atividade (data de término mais cedo).
- UDI: última data de início da atividade (data de início mais tarde).
- UDT: última data de término da atividade (data de término mais tarde).

As datas de início e término mais cedo e mais tarde serão calculadas a seguir.

Cálculo de datas cedo e tarde

- Datas mais cedo: calcular da esquerda para a direita (do início para o fim); determinam início mais cedo (PDI) e término mais cedo (PDT) possíveis para a atividade. Fórmulas de cálculo:

    PDI da(s) atividade(s) inicial(is) = 1

    PDT (atividade atual) = PDI (atividade atual) + DUR − 1

    PDI (atividade sucessora) = máximo PDT (dentre as atividades antecessoras) + 1

- Datas mais tarde: calcular da direita para a esquerda (do fim para o início); determinam início mais tarde (UDI) e fim mais tarde (UDT) possíveis para a atividade. Fórmulas de cálculo:

    UDT de atividade final = PDT de atividade final

    UDI (atividade atual) = UDT (atividade atual) − DUR + 1

    UDT (atividade antecessora) = mínimo UDI (dentre as atividades sucessoras) − 1

Figura 3.3 – Nomenclatura para representação de datas no diagrama de rede

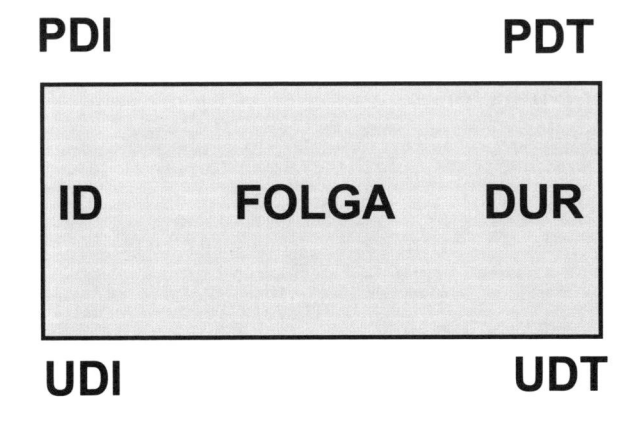

```
    PDI                        PDT
  ┌─────────────────────────────────┐
  │                                 │
  │   ID      FOLGA       DUR       │
  │                                 │
  └─────────────────────────────────┘
    UDI                        UDT
```

Fonte: Elaborada pelos autores.

Dica: caso haja mais de uma atividade final, utilize como UDT de atividade final o máximo PDT dentre todas as atividades finais, para todas as atividades finais.

Cálculo da folga: é a diferença entre a última e a primeira data de início ou de término (o resultado é o mesmo). Portanto, basta realizar a operação UDI–PDI ou UDT–PDT.

Caminho crítico: é o caminho mais longo dentre todos os possíveis no diagrama de rede; no caminho crítico a folga é zero em todas as atividades. O caminho crítico determina a duração do projeto. As atividades do caminho crítico não podem atrasar sob pena de atrasar todo o projeto. Por outro lado, as atividades em caminhos não críticos podem atrasar até o limite da sua folga, sem que a duração do projeto seja atrasada.

As indicações das datas mais cedo, datas mais tarde e folgas calculadas para cada atividade podem ser observadas na Figura 3.4. Observe o caminho crítico resultante, no qual todas as folgas são zero. Pode ser observado também, na Figura 3.5, a importância prática das datas mais cedo e mais tarde. O intervalo de tempo entre a primeira data de início e a última data de término representa a margem de manobra que o GP tem para administrar o prazo daquela atividade. No entanto, por precaução, deve-se ter mais atenção nas datas mais cedo para não consumir a folga das atividades desnecessariamente. A folga de uma atividade deve ser vista como uma reserva de segurança, e não como uma flexibilidade no prazo de execução. Por outro lado, as atividades no caminho crítico deverão ter seu prazo monitorado com a máxima atenção, visando não atrasar o projeto.

Figura 3.4 – Datas mais cedo (a), mais tarde (b) e caminho crítico (c) do exemplo da Figura 3.2

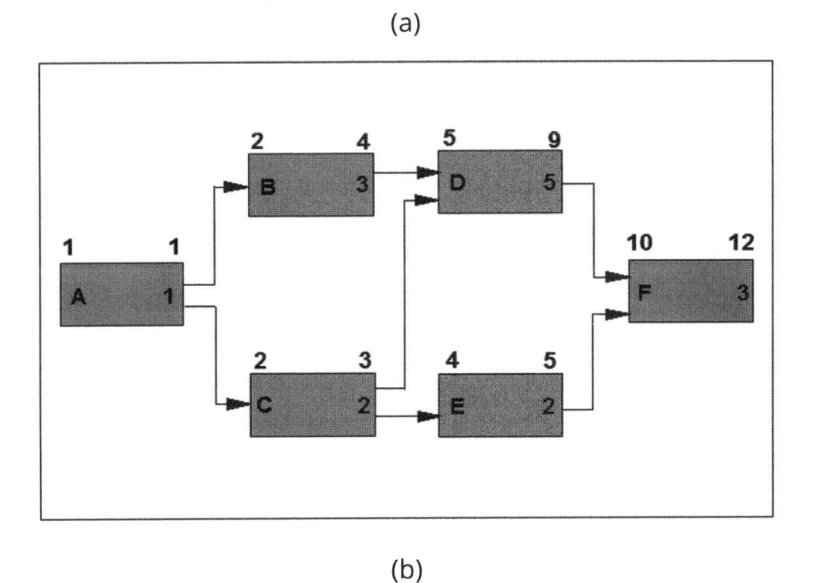

(a)

(b)

(c)

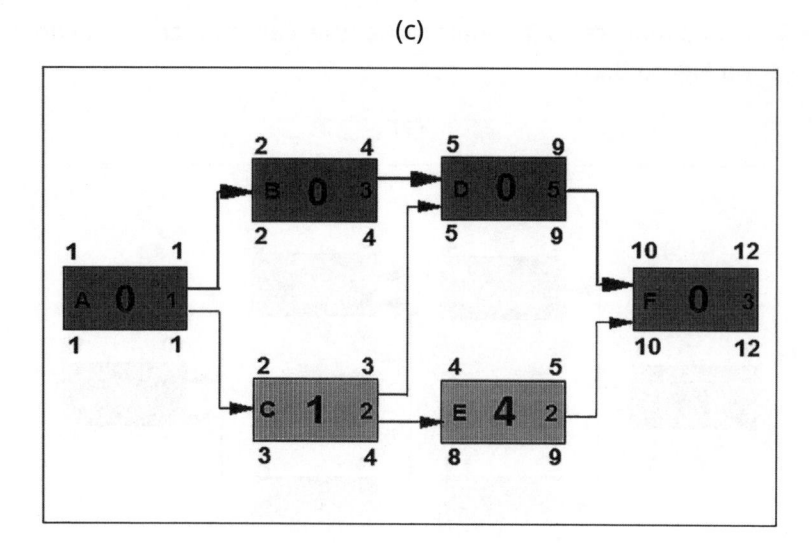

Fonte: Elaborada pelos autores.

Figura 3.5 – Intervalo de execução e folga da atividade C do exemplo da Figura 3.2

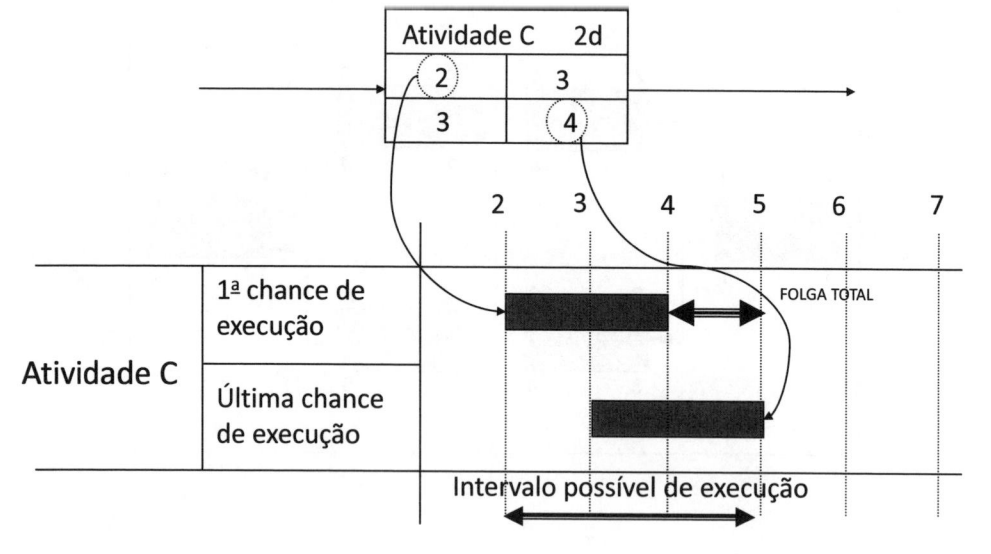

Fonte: Elaborada pelos autores.

Estimativa de recursos e duração das atividades

É o processo de avaliação do número de períodos de trabalho provavelmente necessários para completar as atividades identificadas. As durações das atividades são frequentemente difíceis de estimar devido aos vários fatores que podem influenciá-las, como habilidade e produtividade dos recursos. O primeiro passo é estimar a disponibilidade de recursos para executar as atividades.

Estimar a disponibilidade de recursos

Recursos significam todos os insumos necessários para finalizar uma atividade, incluindo pessoas. Para estimar a disponibilidade e necessidade de recursos para uma atividade, deve-se procurar responder às seguintes perguntas:

- Qual a quantidade desejada/factível de recursos a alocar em cada atividade?
- Que tipo de recursos são necessários para executar cada atividade?
- Qual a disponibilidade estimada/desejada de recursos para cada atividade?
- Qual a produtividade estimada de cada recurso em cada atividade?

Os recursos podem ser classificados quanto a habilidades, conhecimento e experiência, tendo sua produtividade e quantidade ajustadas de acordo com esses parâmetros. Sobre a quantidade de recursos a alocar, devem-se considerar restrições realistas de quanto recurso pode-se dispor, bem como restrições lógicas quanto a como organizar a execução da atividade com um número viável de recursos (limite de decomposição da atividade em partes independentes, assunto que trataremos a seguir).

A estimativa de recursos pode não ser precisa numa primeira interação. Se houver incerteza, deve-se considerar as informações disponíveis de momento, tais como a expectativa da disponibilidade de recursos para cada atividade e uma produtividade média esperada para cada tipo de recurso em cada atividade. Devem-se também utilizar técnicas de estimativa de duração das atividades, que são: estimativa por analogia; estimativa paramétrica e estimativa de três pontos. Vejamos alguns comentários sobre essas várias abordagens para estimação de tempo:

- *Estimativa análoga*: a estimativa por analogia, também conhecida como estimativa *top-down*, compara projetos, pacotes de trabalho e atividades similares. Significa usar a duração real de uma atividade anterior semelhante como base para a estimativa da duração de uma futura atividade do cronograma. É uma opção quando não há como ser mais preciso na estimativa ou faltam informações para calcular com mais precisão. Essa técnica aplica-se da mesma forma para a estimativa de custos. Geralmente é menos dispendiosa e consome menos tempo que outras técnicas, mas normalmente é também menos precisa.

- *Estimação paramétrica*: utiliza um modelo matemático que relaciona a duração com a quantidade de recursos, habilidades dos recursos, complexidade da atividade, dentre outros. Para o uso dessa técnica, fazem-se necessárias informações históricas de produtividade dos recursos humanos e de máquinas e equipamentos, podendo essas informações não serem, necessariamente, da mesma equipe ou fabricante daqueles que irão executar o projeto.

A mais simples estimativa paramétrica de duração considera uma estimativa do esforço necessário e divide-a pela produtividade estimada do recurso. A produtividade é um parâmetro cuja estimativa depende da área específica de aplicação.

No caso do exemplo da pintura do apartamento, a produtividade de um pintor pode ser estimada com relativa facilidade através de consulta a publicações especializadas da área de engenharia civil. Essas publicações realizam estudos estatísticos que permitem estimar com certa precisão trabalhos padronizados em obras de engenharia. Já em trabalhos criativos, intelectuais e que envolvam muita comunicação, é mais difícil estimar essa eficiência. Na criação de programas de computador, por exemplo, há métodos para estimar a complexidade das funções de um sistema ou programa de computador a ser desenvolvido. As empresas que trabalham nessa área desenvolvem escalas que relacionam a complexidade de atividades típicas com a quantidade de horas de esforço necessário para o desenvolvimento. Assim conseguem quantificar o número de programadores necessários à atividade para cumprir o prazo. Para esse tipo de trabalho, a experiência do GP e o seu conhecimento sobre o desempenho de pessoas específicas da equipe são essenciais para uma boa precisão das estimativas.

Estimativa de 3 pontos ou PERT (do inglês, *Program Evaluation and Review Technique*): trata-se de uma técnica antiga de estimar a duração de uma atividade baseada em opinião de especialistas. Nesse caso, considera-se que há uma incerteza probabilística na duração que, de acordo com a teoria original da técnica PERT, seguia uma distribuição de probabilidade do tipo Beta. Daí, fornecem-se três estimativas para a duração: uma pessimista, uma realista e uma otimista. A estimativa de duração adotada (E) é uma média ponderada desses valores. Tradicionalmente dão-se peso 4 para a estimativa realista e peso 1 para as estimativas pessimista e otimista. Atualmente a técnica PERT pode ser substituída por uma análise probabilística de risco (ver Capítulo 7). Mesmo assim, o método de realizar uma média ponderada entre as três estimativas, pessimista, realista e otimista, continua popular na ausência de informações mais precisas.

Desenvolvimento do cronograma

O cronograma procura identificar datas exatas para início e término do projeto e de cada atividade. Para determinar essas datas é necessário:

- revisar o calendário efetivo de disponibilidade de recursos (disponibilidade de um recurso humano, considerando, por exemplo, férias e licenças);
- refinar as estimativas de duração das atividades (se necessário);
- considerar o calendário geral de trabalho (dias úteis, feriados, horários de trabalho);
- considerar as dependências entre as atividades;
- atribuir datas específicas de início e término de cada atividade (atividade normalmente realizada com o apoio de uma ferramenta computacional especializada).

Sugere-se ainda definir marcos no cronograma. Marcos são eventos pontuais, que deverão ocorrer em datas específicas. Normalmente estão associados a entregas importantes do projeto, como conclusão de uma fase, por exemplo. Por serem eventos pontuais e bem-definidos, são fáceis de serem verificados, servindo assim como pontos de controle do cronograma. Perder (ou atrasar) um marco é sempre um sinal preocupante e requer atenção do

GP. Comumente os marcos são utilizados em relatórios gerenciais, uma vez que representam pontos importantes do projeto.

O cronograma resultante normalmente é apresentado na forma de um gráfico em barras horizontais, também chamado Gráfico de Gantt, que destaca a duração das atividades distribuídas no tempo. Algumas ferramentas computacionais de gestão de projetos apresentam em uma única visão integrada o diagrama de rede, o Gráfico de Gantt e o cronograma, na qual as dependências entre as atividades também são explicitadas, conforme pode ser visualizado na Figura 3.6.

Figura 3.6 – Exemplo de visualização integrada de um Gráfico de Gantt e diagrama de rede

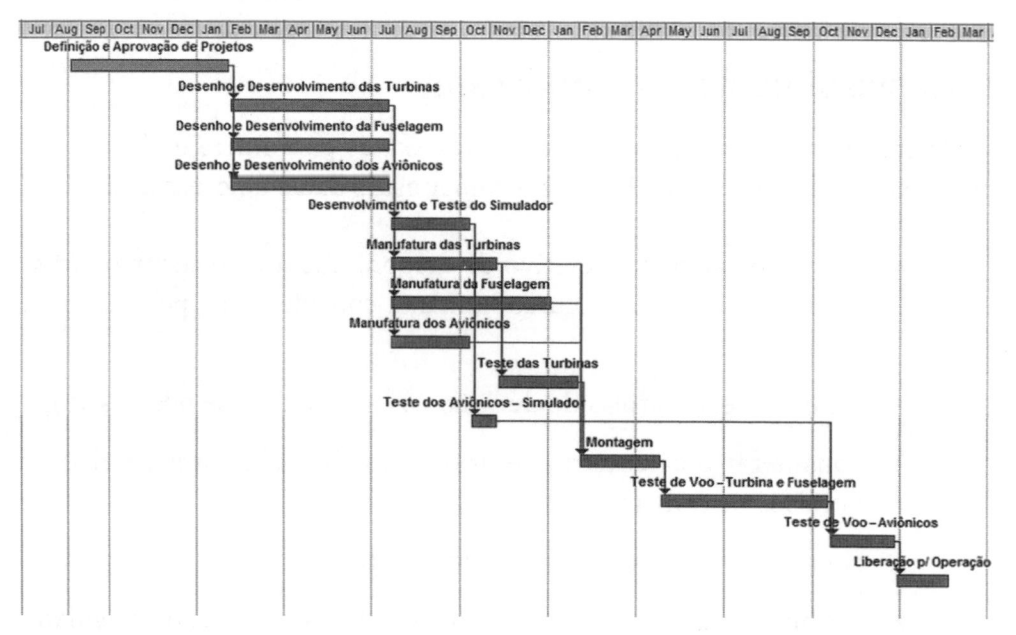

Fonte: Elaborada pelos autores.

Técnicas para remodelar o cronograma

Quando o cronograma resultante não é satisfatório, o gerente de projeto deve revisá-lo. Há duas situações principais que requerem essa remodelagem: (i) quando o prazo resultante no cronograma é muito longo, em que se tenta uma compressão; (ii) quando a quantidade de recursos necessários para cumprir o prazo não é realista, então deve-se tentar um nivelamento de recursos. Vejamos cada caso.

Compressão de cronograma

Se a duração do caminho crítico não for aceitável, o GP pode paralelizar atividades, substituindo dependências do tipo FS (fim-início) por SS (início--início). Essa é a forma mais imediata de reduzir a duração de um projeto, desde que a paralelização seja fisicamente possível. Essa forma de compressão, também chamada de caminho rápido, pode ser ainda realizada através de adiantamento de atividades, em que uma atividade inicia em alguma data de início antes do término da atividade posterior. Assim, somente uma parte das atividades é realizada em paralelo, o que pode reduzir riscos de retrabalho e possibilitar a realização da compressão. Outras alternativas para comprimir um cronograma são:

- aumentar produtividade: substituir um membro do time por outro mais experiente;
- priorizar o caminho crítico, adicionando ou movendo recursos para essas atividades.

Impactos e riscos envolvidos em remodelagem de cronogramas

Deve sempre questionar quais os impactos e/ou riscos envolvidos nas diferentes estratégias de compressão de cronograma. Em geral, a paralelização de atividades cuja execução preferencial seja sequenciada envolve algum aumento de risco (por exemplo, iniciar a confecção do manual do usuário antes de o sistema de *software* estar concluído; caso haja alguma alteração no sistema, poderá ser necessário retrabalho nas partes já escritas do manual).

A adição de recursos em geral implica aumento de custos (pelo menos no curto prazo), mas também pode trazer outros problemas, como não alcançar a meta de redução de prazo desejada devido a conflitos entre os membros da equipe e o novo componente.

> *Exercício mental – mover uma cadeira*
>
> Imagine uma atividade simples: mover uma cadeira, bastante pesada, que está nos fundos de uma sala grande, para fora, colocando-a no corredor. A porta da sala tem uma mola que fecha automaticamente a porta, sem que haja um prendedor. A porta é relativamente estreita e só permite, praticamente, a passagem da poltrona e de uma ou duas pessoas. Vamos estimar mentalmente o grau de dificuldade e o tempo de resolução dessa atividade com diferentes números de pessoas: com 1 pessoa apenas para realizar a atividade; depois avalie mentalmente como a atividade seria realizada com 2 pessoas, refletindo se haveria ganho no tempo de execução; repita o processo com 3 e 4 pessoas, imaginando também qual seria a atribuição de cada pessoa da equipe. E no caso de 5 pessoas, quais seriam as atribuições? Ainda haveria alguma redução na duração da atividade? Conclua sobre os custos e benefícios de agregar pessoas a uma equipe indefinidamente.

O que se pode concluir desse exercício é que há um limite além do qual uma atividade não é física ou logicamente divisível, a partir do qual a adição de mais recursos não reduz a duração de sua execução. Na verdade, a duração pode até mesmo aumentar, como resultado da necessidade de coordenar recursos supérfluos e que terão pouco ou nada a fazer no ambiente do projeto, prejudicando sua execução.

Nivelamento de recursos

Após a atribuição dos recursos estimados para as atividades, pode-se verificar que a estimativa de disponibilidade de recursos feita inicialmente não é realista, seja na quantidade ou na qualidade dos recursos desejados. Isso requer uma revisão do cronograma para que se façam os ajustes necessários. O nivelamento de recursos também pode ocorrer devido à subutilização de recursos em fases específicas do projeto, na qual alguns desses recursos podem ficar ociosos. Portanto, nivelamento de recursos corresponde a redistribuir recursos ao longo do tempo. É particularmente útil também quando há concentração de recursos em determinados períodos do projeto, requerendo um aumento repentino da equipe por pouco tempo. Essa situação pode não ser conveniente para a organização executora do projeto, que prefere uma alocação de pessoal ao time mais estável ao longo do tempo.

Vejamos um exemplo na Figura 3.7. A atividade requer 14 homens-período para sua conclusão ao longo de 6 períodos de tempo. Antes do nivelamento, uma suposição otimista da disponibilidade de recursos humanos apontou uma concentração de até 5 recursos no período 3 nessa atividade. No refinamento do cronograma verificou-se que somente 3 recursos no máximo poderiam ser disponibilizados para essa atividade em qualquer tempo. Com isso foi necessário redistribuir o esforço no tempo para concluir a atividade. A duração total passou de 5 para 6 períodos, enquanto o esforço total empregado na atividade permaneceu constante.

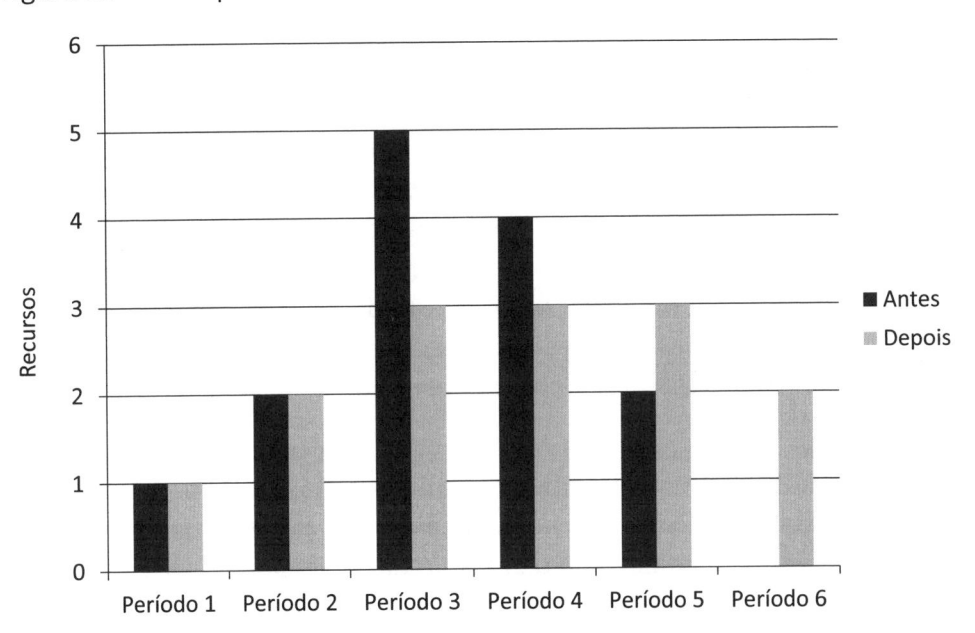

Figura 3.7 – Exemplo de nivelamento de recursos

Fonte: Elaborada pelos autores.

Exercício de nivelamento de recursos

Revisitando o exercício "Pintura do apartamento", sabendo agora que: de 2ª a 4ª feira há disponibilidade de 3 pintores; nas 5ªˢ feiras há 2 pintores disponíveis; e nas 6ªˢ feiras há apenas 1 pintor disponível por meio dia (4 horas). Qual a duração total da atividade em dias úteis?

Reserva gerencial de prazo

O gerente de projeto deve criar uma reserva gerencial de prazo. Tal reserva pode ser pensada como sendo uma atividade fictícia no final do projeto. Essa reserva deve ser explicitamente gerenciada pelo GP como forma de controlar o risco de estouro do cronograma do projeto. A reserva gerencial de prazo será mais bem abordada quando discutirmos a gestão de riscos do projeto. Assim como no caso das folgas das atividades individuais, a reserva gerencial de prazo não deve ser considerada como "um prazo extra", mas sim como um mecanismo de gerenciamento de risco. A proporção da reserva gerencial de prazo em relação à duração prevista do projeto depende das práticas de mercado e da tolerância do cliente e do patrocinador do projeto.

Planejamento de custos

Gerir custos é, em muitas circunstâncias, a mais importante atividade de gestão em um projeto, pois o custo é, em geral, o principal objetivo de gestão que não deve ser violado. Isso se dá porque a maior parte dos contratos de projetos são de preço fixo, em que o risco assumido é pelo prestador do serviço (fornecedor ou organização executora do projeto). Além disso, é no resultado financeiro que reside, geralmente, o critério de sucesso mais visível de um projeto, influenciando também o resultado do ciclo de vida futuro do produto gerado.

O orçamento de um projeto pode envolver custos como aquisição e/ou aluguel de máquinas e equipamentos, de materiais, de serviços de terceiros, de mão de obra, de locomoção e de estadia de profissionais, de licenças de *softwares*, aluguéis e/ou depreciação de espaços físicos, despesas financeiras (juros, tarifas bancárias), dentre outros.

Para preparar o orçamento de um projeto, o GP necessita de estimativas de custo. Essas estimativas, na fase de iniciação, são chamadas de "estimativas de ordem de grandeza" e podem variar bastante, até mesmo em 50% para mais ou menos em torno do valor real. Ao final da fase de planejamento espera-se um grau de precisão maior, por exemplo, em torno de 10% do valor real. A estimativa de custos das atividades do cronograma (e, por consequência, dos pacotes de trabalho da EAP) envolve o desenvolvimento de uma aproximação dos custos a partir dos recursos necessários para terminar cada atividade.

Em algumas áreas de aplicação, existem diretrizes para definir como essas estimativas são realizadas e qual o grau de exatidão esperado. Por exemplo, alguns governos estaduais e municipais no Brasil publicam na Internet preços de referência médios para os diversos serviços e insumos que costumam contratar, uma informação valiosa e conveniente para potenciais fornecedores e participantes de licitações. Em algumas situações, a função de precisar estimativas pode ser delegada a uma outra pessoa responsável pela análise de custos. A estimativa de custos inclui a identificação e a consideração de diversas alternativas de custos, entremeando-se, dessa forma, com os demais aspectos relevantes do projeto: escopo, prazo e qualidade.

Finalmente, cabe observar que, dependendo da organização, o GP poderá ter maior ou menor autoridade para planejar e controlar o orçamento. Em muitas situações, o patrocinador e o cliente serão responsáveis pela aprovação do orçamento.

Tipos de custos e abordagens de estimativas

Os custos em um projeto podem ser classificados como:

- Custos variáveis: custos que podem mudar com a quantidade produzida ou usada. Por exemplo: custo de insumos de produção.

- Custos fixos: não mudam (diretamente) com a quantidade produzida ou usada. Por exemplo: aluguel do escritório.

- Custos diretos: custos que são diretamente atribuídos ao trabalho do projeto. Exemplo: viagens, salário da equipe e outros custos e materiais usados especificamente no projeto.

- Custos indiretos: custos que incorrem em benefício de um ou mais projetos em uma organização que realiza múltiplos projetos ou tem diversos departamentos (organizações projetizadas ou matriciais, por exemplo). Exemplo: materiais de consumo, serviços de limpeza do escritório, manutenção do departamento de contabilidade da empresa. Muitas organizações adotam a prática de estabelecer um valor percentual sobre o custo direto do projeto para cobrir os custos indiretos.

As abordagens para estimativa de custos são similares às que já mencionamos para a estimação de duração das atividades, ou seja, estimativa por analogia (compara projetos, pacotes de trabalho ou atividades similares), análise paramétrica (utiliza modelo matemático relacionando variáveis que influenciam o custo), estimativa por custos unitários (ou *bottom-up*, em que se compõe o custo total a partir do custo unitário individual de cada atividade, recurso, insumo) e estimativa de três pontos (quando há incerteza sobre os custos).

Uma forma alternativa de estimar custos é a tomada ou pesquisa de preços, especialmente útil para atividades terceirizadas do projeto, ou para a aquisição de componentes, materiais e equipamentos específicos de terceiros.

Dos diversos métodos citados, a estimativa *bottom-up* é a mais precisa, pois envolve estimar custos dos componentes mais simples (os pacotes de trabalho, por exemplo) para depois obter a estimativa de custo total. Embora mais complexo, esse método gera integração na equipe ao envolver-se com os detalhes do projeto e gera um orçamento que é base para monitoramento, controle e desempenho do projeto. Nesse sentido, gasta-se mais tempo para formar a estimativa, já que está baseado na análise detalhada do projeto. Isso requer que o projeto seja detalhado e entendido antes de começar a estimativa, necessitando de tempo da equipe para decompô-lo em partes menores, em outras palavras, necessita da construção prévia da EAP.

Vale ressaltar que, em geral, o processo de estimar custos unitários está menos sujeito a imprecisões que o de estimar as durações de tempo. O valor da hora de um programador, por exemplo, pode ser diretamente negociado com ele durante a fase de iniciação ou planejamento. Outros preços de materiais e equipamentos podem ser pesquisados na Internet ou em bases de dados de custos. Já a estimativa das durações das atividades depende de uma prévia avaliação do esforço envolvido nela e da produtividade dos recursos empregados. Esses parâmetros podem ser mais difíceis de estimar, especialmente em equipes imaturas ou em trabalhos de natureza intelectual.

Precisão das estimativa de custos e relação com riscos

Retomando o conceito de elaboração progressiva, é normal que as estimativas de custos evoluam em precisão conforme o projeto progride, ou, pelo menos, conforme se passa da fase de iniciação para a fase de planejamento mais detalhado. É normal que uma estimativa inicial e grosseira de custo seja refinada e eventualmente se torne definitiva. Para lidar com as incertezas nos custos, sugere-se a criação de uma reserva gerencial de orçamento, conceito semelhante à reserva gerencial de prazo mencionada anteriormente. Essa reserva, bem como os demais riscos aos quais o projeto esteja exposto, serão abordados de forma mais explícita no estudo do gerenciamento de riscos. Para o momento, é importante informar que, para efeitos de confecção das estimativas iniciais de custo, o GP deve procurar definir o nível de variação de custo tolerado pelas principais partes interessadas. Essa informação deve ser utilizada no processo de elaboração progressiva do orçamento, devendo manter as partes interessadas informadas a respeito do risco financeiro a que o projeto está submetido.[2]

Finalmente, definidos o orçamento e o cronograma, podemos "conectá-los" para gerar o cronograma de desembolso financeiro, conforme ilustrado na Figura 3.8, em que se mostra o desembolso mensal e o acumulado até o final do projeto. Observa-se que, a partir da análise do cronograma de desembolso, pode ocorrer o mesmo problema do nivelamento de recursos humanos: o cliente ou patrocinador pode não dispor do fluxo de caixa resultante e o plano do projeto ter que ser revisto (por exemplo, aumentando o prazo para diluir os custos ao longo do tempo).

---

[2] Informar as partes interessadas sobre o grau de variação das estimativas de custos envolvidas é uma postura que consideramos profissional e recomendada. No entanto, pode não ser conveniente em todos os casos, por exemplo, com clientes externos em contratos de preço fixo. Por outro lado, essa transparência dos números pode e deve ser discutida com o patrocinador e mesmo com clientes que tenham abertura e maturidade para tal.

Figura 3.8 – Cronograma de desembolso do projeto

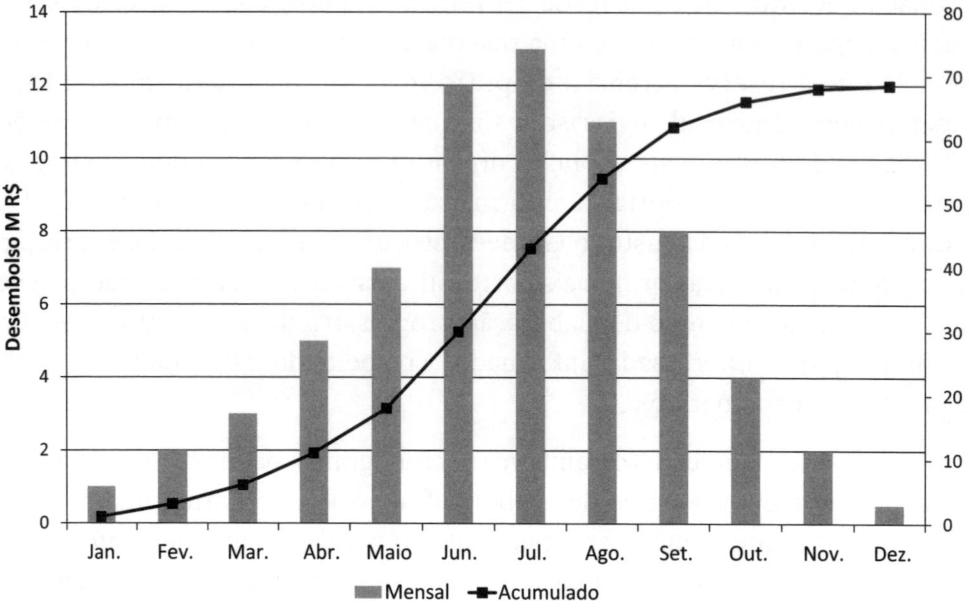

Fonte: Elaborada pelos autores.

Exercícios e leituras complementares para este capítulo

Anexos: 7 (documentos VII, VIII e IX), 8 e 9

4

EXECUTANDO E CONTROLANDO O PROJETO

Introdução

As fases do CVGP de execução e controle do projeto acontecem simultaneamente. A execução do projeto consiste de processos que têm por objetivo completar o trabalho do projeto de acordo com as especificações definidas. Esses processos envolvem coordenar pessoas, recursos, além de integrar e executar as atividades do projeto. A fase de controle do projeto contém processos que têm por objetivo acompanhar, rever e atuar no progresso e desempenho do projeto, garantindo que seus objetivos sejam alcançados. As principais ações do GP durante as fases de execução e controle são:

- desenvolver e gerenciar o trabalho do projeto de maneira integrada, bem como as pessoas envolvidas;
- controlar as mudanças do projeto;
- recomendar ações preventivas para antecipação de problemas;
- garantir que somente mudanças aprovadas sejam implementadas no projeto.

Durante as fases de execução e controle do projeto, o GP realiza, na prática, a chamada *Gestão Integrada do Projeto*. Trata-se de um conjunto de processos que conduz o trabalho do projeto e o controla visando garantir seus objetivos. Um aspecto muito importante na gestão integrada é o controle de mudanças que podem afetar o planejamento original do projeto. A gestão integrada representa um conjunto de processos em que o projeto é visto de forma completa, em todos os seus aspectos. À parte do gerenciamento das pessoas (que será tratado no próximo capítulo), os principais processos presentes na fase de execução e controle do projeto são:

- gerenciar a execução do projeto e de suas atividades, visando completá-lo e criar as entregas;
- monitorar o trabalho do projeto através do acompanhamento e avaliação, através de relatórios de *status*, medições do progresso e previsões. Esses relatórios fornecem informações sobre o desempenho do projeto com relação a escopo, cronograma, custo, qualidade, comunicações, riscos, aquisições e participação das partes interessadas;
- controlar o trabalho do projeto através de ações corretivas a partir das observações monitoradas;
- fazer a avaliação e registro de mudanças propostas ou necessárias à continuidade do projeto.

O GP deve estar atento às mudanças propostas ao projeto e realizar somente aquelas que são benéficas e acordadas entre as partes interessadas. O gerente de projeto deve evitar tomar decisões sobre mudanças no projeto de forma isolada, devendo consultar as partes interessadas sempre que a mudança represente alterações em objetivos do projeto e da gestão do projeto, nos seus requisitos, ou viole alguma restrição.

Em alguns projetos é formado um *comitê de controle de mudanças*, definido ainda na fase de planejamento. As mudanças devem ser sempre aprovadas por esse comitê. Em qualquer caso, mesmo em projetos mais simples, recomenda-se que as mudanças aprovadas sejam documentadas com análise de impacto sobre o prazo, custo, qualidade e riscos.

O termo *comitê de controle de mudanças* pode sugerir algo complexo e formal. De fato, para projetos complexos ou de grande porte, o comitê de controle de mudanças pode ser formalizado em contrato, no qual as decisões são tomadas até por maioria de votos! No entanto, para os projetos pequenos e corriqueiros, esse comitê nada mais é que o próprio time do projeto, junto do GP, e, possivelmente, de um patrocinador e de um representante do cliente.

O mais relevante é que mudanças nunca devem ser tratadas informalmente ou arbitrariamente. Deve haver algum tipo de documentação e aprovação, por mais simples que seja o processo (até mesmo o arquivamento de um *e-mail* aprovando a mudança por parte do cliente já é suficiente em projetos mais simples). O objetivo é sempre certificar-se de que os impactos no planejamento original do projeto foram avaliados e informados a todas as partes interessadas relevantes. Em seguida, os documentos de planejamento do projeto (EAP, orçamento, cronograma) são atualizados conforme a necessidade.

Para fazer o controle de mudanças no projeto sugere-se coletar pelo menos as seguintes informações: tipo de mudança, descrição da mudança (de/para), justificativa (para a mudança proposta), impactos previstos em: custo, prazo, escopo, qualidade, riscos; quem solicita, quem aprova; prazo para avaliar e para implementar.

Processos de escopo nas fases de execução e controle

O gerente de projeto tem duas tarefas principais com relação ao escopo do projeto durante a fase de execução e controle:

Controlar o escopo: preocupa-se com o acompanhamento do progresso e controle de alterações no escopo original, implementando solicitações de mudança, para gerar um novo escopo. É através desse mecanismo que alterações na EAP e em contratos formais do projeto são realizadas.

Verificar o escopo: preocupa-se com a aceitação formal, pelo cliente, das entregas do projeto. Inclui também a certificação por parte do GP de que o escopo contratado foi de fato implementado. Essa verificação pode ser feita com auxílio da EAP. A verificação só estará completa, no entanto, com a aceitação formal do cliente das entregas e produtos do projeto.

A verificação do escopo está fortemente relacionada com o controle de qualidade, embora não sejam a mesma coisa. O controle de qualidade envolve a aderência a especificações e padrões de desempenho e deve ser feito internamente, antes de o produto ser apresentado ao cliente. O controle de qualidade tem como base a matriz de requisitos do produto do projeto.

O controle do escopo é por demais importante e representa a essência da recomendação de avaliar impactos em prazo, custo, qualidade e riscos. Por exemplo, a solicitação, por parte do cliente, de adições ao escopo original do produto ou do projeto deve passar por um processo de avaliação de impactos antes de sua aprovação. Alterações de escopo do projeto também podem surgir por demanda interna da própria equipe, quando discute alternativas diferentes de soluções técnicas para o projeto.

Algumas ações que envolvem o controle do escopo são:

- descrição dos processos de gerenciamento do escopo: descreve e formaliza para a equipe os procedimentos que serão seguidos para o controle do escopo;

- priorização das mudanças de escopo: procura estabelecer regras de prioridade e quais ações deverão ser tomadas para cada mudança solicitada. Define, por exemplo, se mudanças com impacto em custo ou prazo são tratadas pela equipe ou têm que ser discutidas com o patrocinador; outro exemplo é em que condições mudanças solicitadas pelo cliente serão aceitas automaticamente ou terão que ser avaliadas pelo patrocinador;

- frequência de avaliação do escopo do projeto: define qual a frequência de reuniões e/ou pontos no tempo para a reavaliação do escopo do projeto.

As ações acima também podem ser adaptadas para o controle de mudanças em outros objetivos de projeto tais como custo e prazo.

Controle do prazo

O controle do prazo do projeto é um *termômetro* da situação do projeto. A partir do cronograma do projeto, o GP irá monitorar o progresso das atividades *versus* as datas previstas para as respectivas conclusões, observando também o cumprimento dos marcos. As atividades no caminho crítico merecem atenção especial, pois um atraso nessas atividades se traduz em atraso para o projeto como um todo. As demais atividades possuem alguma folga que deve ser monitorada, pois um atraso que ultrapasse o limite da folga irá, igualmente, provocar um atraso global no projeto, tornando-se, assim, parte do caminho crítico.

É importante o uso de um *software* para acompanhamento e controle do cronograma. Ele viabilizará o registro da atualização do *status* das atividades junto à equipe. O gerente de projeto deve tomar atitudes preventivas e corretivas, diante da análise do cronograma. A remodelagem do cronograma (nivelamento de recursos, compressão, adição de recursos) pode ser usada em muitas situações diante de um atraso, no sentido de recuperar o ritmo normal da atividade do projeto.

As principais ferramentas de controle de cronograma são:

- Gráfico de Gantt: usa barras distribuídas no tempo para informar a duração das atividades. As barras podem conter a proporção concluída da atividade.

- Controle de progresso de atividades: utilizado em conjunto com o gráfico de Gantt (ver Figura 4.1), se for possível estimar exatamente o progresso. Por exemplo, 40 casas concluídas em um conjunto residencial de 100 casas representam obviamente um progresso de 40%. Se não for possível estimar com precisão o progresso, podem-se usar métricas percentuais aproximadas. Alguns padrões de percentuais aproximados de conclusão são: 0–50–100%; 0–25–50–75–100%; 0–20–80–100%. Quanto mais níveis, mais preciso será o controle, mas deve-se evitar uma precisão irreal que os colaboradores do projeto não consigam precisar. Alternativamente, em equipes mais experientes, o gerente pode perguntar diretamente à equipe quanto tempo falta para concluir cada atividade. As estimativas de progresso das atividades são agregadas ao nível de pacotes de trabalho e daí permitem estimar o progresso do projeto como um todo (abordagem *bottom-up*).

A facilidade de estimar o progresso das atividades varia de acordo com o tipo de projeto. Em um projeto de desenvolvimento de *software*, pode ser difícil ser muito preciso quanto ao progresso de uma atividade. Se houver real dificuldade em medir esse progresso, pode-se adotar uma métrica de medição de progresso mais conservadora como 0% (não iniciada), 20% (em andamento) e 100% (concluída).

Figura 4.1 – Gráfico de Gantt modificado para controle do cronograma

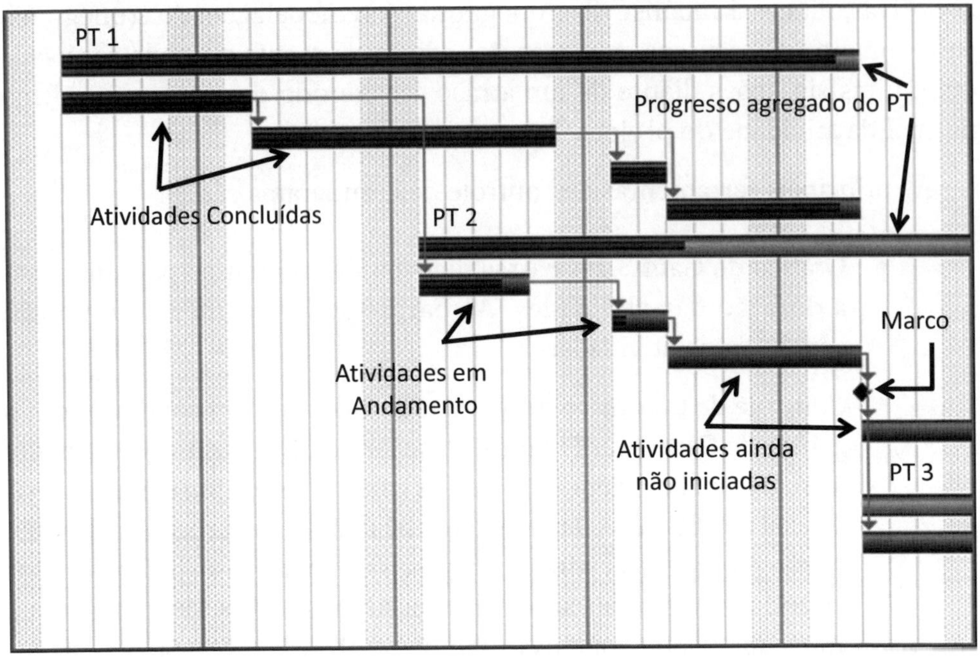

Fonte: Elaborada pelos autores.

Controle de custo

Controlar os custos do projeto é o processo de monitorar o *status* dos dispêndios do projeto, para atualizar e controlar o seu orçamento, através de ações preventivas e corretivas. O controle de custo do projeto é um dos principais fatores na avaliação do sucesso do projeto. Variações de ±5% em relação aos valores previstos são, em geral, aceitáveis sem que isso dispare um processo de alteração formal do orçamento. Mas isso também depende do custo total do projeto, do grau de incerteza envolvido e da tolerância a riscos das partes interessadas. Nem sempre o gerente de projeto tem autoridade direta sobre o orçamento, embora deva ter controle sobre ele. Em outras palavras, o GP deve ter *voz* mesmo que não tenha *voto* a respeito do orçamento e deve indicar suas preferências de decisões a quem eventualmente tenha tal autoridade.

Análise do valor agregado

Ferramentas de análise do valor agregado (AVA) são muito úteis no acompanhamento integrado do escopo, custo e prazo do projeto. É uma das principais ferramentas de controle e permite ao gerente de projeto ter uma visão da completude do projeto, em relação ao custo, escopo e tempo. Os princípios da AVA podem ser aplicados a qualquer projeto, e em qualquer nível (atividade e pacote de trabalho). As principais grandezas e fórmulas envolvidas no AVA são:

VP = valor orçado do trabalho planejado

CR = custo real do trabalho realizado

VA = valor orçado do trabalho realizado (valor agregado)

VC = variação de custo = VA − CR

IDC = índice de desempenho de custo = VA/CR

VT = variação do prazo (tempo) = VA − VP

IDP = índice de desempenho do prazo = VA/VP

Importante aqui diferenciar o trabalho *planejado* versus *realizado*. A AVA está baseada no plano original e em vigor do projeto. Portanto, pressupõe que há metas a cumprir. Essa meta é o trabalho planejado em um dado momento do tempo (numa data específica). Para poder incluir o escopo na análise AVA é necessário representar medições de escopo em medições de recursos financeiros. Em outras palavras, precisamos medir o trabalho realizado e levantar o custo efetivo desse trabalho. Esse é o CR (custo real). Em seguida computamos o custo orçado, de acordo com o orçamento em vigor, do trabalho planejado para ser concluído até aquela data. Isso é o VP (valor planejado). Finalmente computamos o custo orçado, de acordo com o orçamento em vigor, do trabalho efetivamente concluído até aquela data. Esse é o VA (valor agregado).

A comparação dessas três grandezas permite-nos conclusões interessantes (ver Figura 4.2). A variação de custo (VC = VA − CR) compara o custo orçado contra o custo real do trabalho realizado, nos dando uma indicação se o orçamento do projeto está sendo seguido. A variação de prazo (VT = VA − VP) compara o custo orçado do trabalho real *versus* o custo planejado. Dessa forma, podemos comparar o escopo realizado *versus* planejado e concluir sobre o progresso do projeto no tempo. A Figura 4.2 ilustra a situação de um projeto em que tanto VC quanto VT são negativos. Ou seja, no caso da VC, o custo real é maior que o custo planejado do trabalho realizado; no caso da VT, o escopo realizado é menor que o planejado. O projeto está com estouro de prazo e de custo. As setas horizontais na Figura 4.2 indicam que o custo real na data atual estava planejado para ocorrer em uma data futura, enquanto o valor agregado (equivalente ao escopo efetivamente realizado) estava planejado para ocorrer em uma data anterior à atual.

Essas mesmas grandezas podem ser expressas em termos de índices normalizados. Dessa forma, uma VC negativa se traduz num IDC (índice de desempenho de custo) menor que um. E da mesma forma uma VT negativa se traduz em um IDP (índice de desempenho do prazo) menor que um. Se VC ou VT forem positivas (IDC e IDP maiores que um), temos uma situação favorável de custo ou prazo respectivamente (projeto abaixo do orçado ou à frente do cronograma previsto). A utilização dos índices é interessante para comparar projetos com orçamentos diferentes e para dar uma ideia de proporção no cumprimento de metas de custo, prazo e escopo.

Figura 4.2 – Conceitos em análise do valor agregado

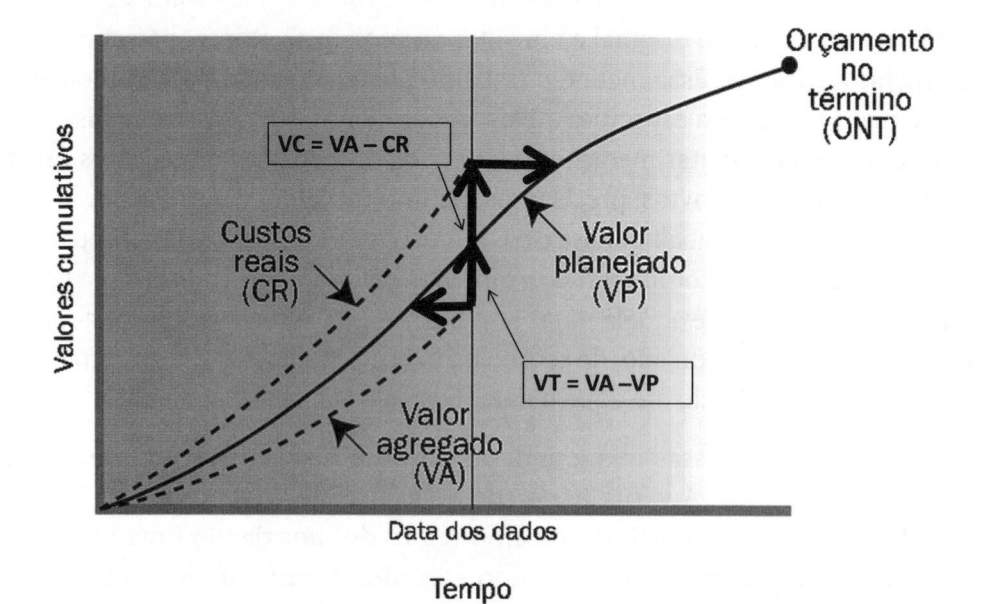

Fonte: Adaptada da bibliografia 28.

Controle de projeto usando AVA – exemplo

- Projeto: construção de um conjunto habitacional com 100 casas populares, cada uma orçada em R$ 10.000,00.

- Orçamento Total (ONT): R$ 1.000.000,00.

- Cronograma: 10 casas por mês, totalizando 10 meses de projeto até a conclusão.

- Os valores iniciais de IDC e IDP foram arbitrados em 1,0, sugerindo que o projeto se inicia com a expectativa de cumprir os objetivos de custo e prazo (índices = 1,0).

Pode-se observar na Figura 4.3 uma simulação da evolução desse projeto nos meses 4, 8 e 10. O percentual de progresso é medido em termos do número de casas concluídas (do total de 100 casas previstas). O valor planejado original segue o ritmo constante da conclusão de 10 casas por mês. Pode-se observar como o progresso efetivo se traduz em valor agregado e como se compara com os custos reais e valor planejado. A Figura 4.3 também apresenta a evolução dos índices de desempenho (IDC e IDP) no tempo. Dependendo da combinação de IDC e IDP, temos a possibilidade de classificar o projeto em 4 quadrantes (ver Figura 4.4). A situação mais favorável é IDC>1 e IDP>1 quando o projeto está abaixo do custo e à frente do cronograma. A pior é IDC<1 e IDP<1, que é justamente a situação contrária. Os outros 2 quadrantes apresentam situações intermediárias. No exemplo acima, observa-se que o desempenho de prazo do projeto se deteriorou, mas depois foi recuperado para níveis aceitáveis, enquanto o desempenho de custo se manteve deteriorado até o final do projeto.

Figura 4.3 – Exemplo de aplicação de AVA

(a)
Exemplo controle de custo

- Situação ao final do mês 4

VP	% Progr.	VA	CR	VC	IDC	VT	IDP
400	30	300	390	−90	0,77	−100	0,75

- Situação ao final do mês 8

VP	% Progr.	VA	CR	VC	IDC	VT	IDP
800	75	750	950	−200	0,79	−50	0,93

- Situação ao final do mês 10

VP	% Progr.	VA	CR	VC	IDC	VT	IDP
1.000	98	980	1.350	−370	0,72	−20	0,98

(b)
Evolução dos índices de desempenho

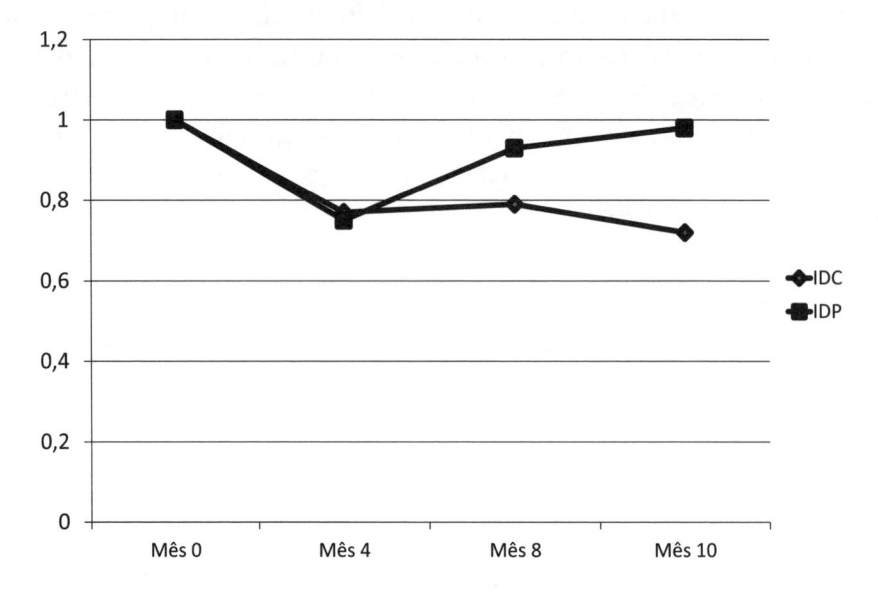

Fonte: Elaborada pelos autores.

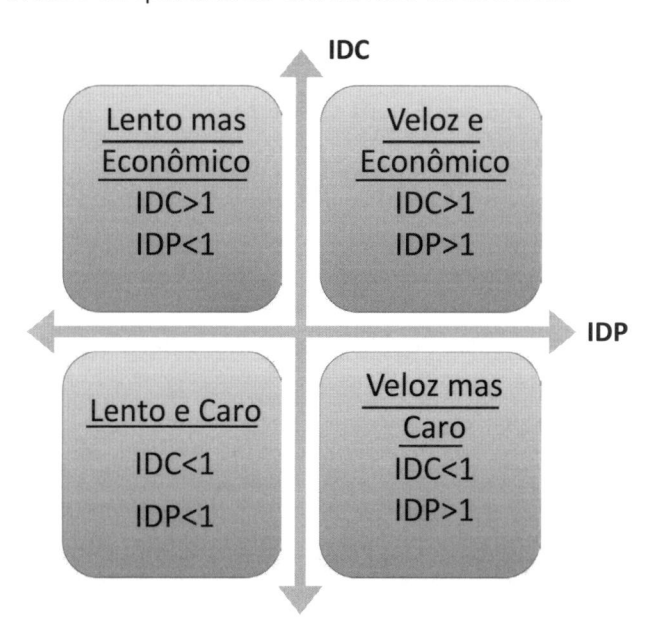

Figura 4.4 – Gráfico de quadrantes em termos de IDC e IDP

```
                        IDC
                         ▲
      ┌──────────┐     ┌──────────┐
      │ Lento mas│     │  Veloz e │
      │ Econômico│     │ Econômico│
      │  IDC>1   │     │   IDC>1  │
      │  IDP<1   │     │   IDP>1  │
      └──────────┘     └──────────┘
   ◄─────────────────────────────────► IDP
      ┌──────────┐     ┌──────────┐
      │ Lento e  │     │ Veloz mas│
      │  Caro    │     │   Caro   │
      │  IDC<1   │     │   IDC<1  │
      │  IDP<1   │     │   IDP>1  │
      └──────────┘     └──────────┘
                         ▼
```

Fonte: Elaborada pelos autores.

Estimativas de custo final baseadas em AVA

A pergunta que sempre se faz ao controlar um orçamento é: qual a previsão de custo total atualizada do projeto? Para responder a essa pergunta, considere as seguintes grandezas (ver também Figura 4.5):

- ONT = orçamento no término no planejamento original (VP acumulado total; é o custo total planejado original).

- EPC = estimativa para completar (o que ainda falta para concluir o projeto).

- ENT = estimativa no término = CR + EPC (é a nova estimativa de custo total atualizada).

Observe que o CR é um custo já incorrido e irrecuperável. Quanto ao cálculo do EPC, há diferentes alternativas. A primeira delas é avaliar detalhadamente os custos das atividades e pacotes de trabalho em andamento e ainda não iniciados. Equivale a fazer uma estimativa *bottom-up* de custos do que ainda falta fazer no projeto.

Uma segunda opção é partir do valor agregado que falta para concluir o projeto (ONT − VA) e dividir esse valor pelo IDC estimado ao final do projeto, ou seja: EPC = (ONT − VA)/IDC. Pode-se assumir, por exemplo, que o IDC atual vai se manter, no que pode ser considerada uma estimativa pessimista se IDC < 1. Esse tipo de estimativa é simples de obter e permite perceber os impactos nos custos se nada for feito para melhorar o desempenho de custos do projeto.[1]

Figura 4.5 – Relação entre custo real (CR), estimativa para completar (EPC) e estimativa no término (ENT)

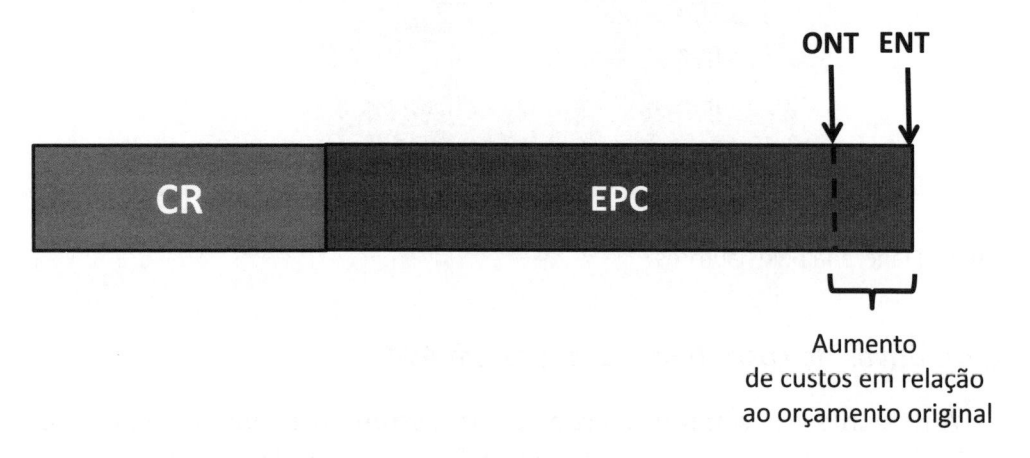

Fonte: Elaborada pelos autores.

Considerações sobre a aplicabilidade da AVA

Possivelmente em projetos muito curtos ou de pequeno porte, a aplicação da AVA seja difícil ou custosa, devido à necessidade de obter as métricas de progresso de escopo, custo e prazo. O GP deve avaliar em cada caso o custo e o benefício de aplicar esta e qualquer outra ferramenta ou técnica gerencial, de forma que os benefícios auferidos superem os custos e o esforço de aplicação da ferramenta ou técnica. Aliás, essa é uma recomendação geral que se aplica à gestão do projeto como um todo.

---

[1] Observa-se que se for feita uma revisão oficial do ONT, ele deve ser formalizado e substituir o ONT anterior em todas as fórmulas e gráficos.

Outro desafio da aplicação da AVA é a conversão de escopo realizado em valor agregado. No exemplo dado, e no caso de projetos de construção e outros em que recursos físicos são manipulados, a medição do escopo é tangível e se traduz de forma mais direta em valor agregado a partir do orçamento original do projeto.

Em projetos que envolvem criatividade e esforço intelectual, como, por exemplo, na criação de programas de computador, essa tradução pode ser um pouco mais difícil, à primeira vista. Mas há soluções possíveis. Por exemplo, em um projeto de desenvolvimento de um sistema de informação, poder-se-ia atribuir pontos às diversas funções a serem implantadas no sistema. Essas pontuações estão, por sua vez, associadas a uma estimativa de esforço e, portanto, de horas trabalhadas pelos programadores. Por fim, as horas trabalhadas seriam convertidas em valor agregado de acordo com o valor de hora praticado no orçamento do projeto. Equipes experientes em desenvolvimento de *software* conseguem aprimorar esse método ao longo do tempo e conseguem razoável precisão na estimativas, de esforço e prazo, assim como em métricas de progresso que permitam realizar a AVA.

Exercícios e leituras complementares para este capítulo

Anexo 10

5

GESTÃO DE PESSOAS E DO AMBIENTE

Introdução

A principal tarefa do GP com relação a pessoas é liderar e interagir com o time do projeto. Essa será uma das suas tarefas mais constantes, juntamente com as atividades de gestão das comunicações. Além disso, a interação com as demais partes interessadas do projeto pode ser decisiva para seu sucesso. Cada vez mais a gestão de pessoas envolvidas com o projeto é reconhecida como um fator crucial para o sucesso do projeto.

Os processos relacionados com a gestão das pessoas do projeto são: (1) planejar a gestão de pessoas; (2) montar a equipe do projeto; (3) desenvolver a equipe do projeto; (4) gerenciar a equipe do projeto; e (5) gerenciar o relacionamento com as partes interessadas.

É importante relembrar que o próprio gerente de projeto deve apresentar ou buscar desenvolver suas competências interpessoais (os chamados *soft skills*), conforme discutido no Capítulo 1 e no Anexo 1.

Planejamento da gestão de pessoas

As pessoas que formam a equipe de um projeto são, sem dúvida, os seus mais importantes recursos.[1] Projetos são em essência empreendimentos

---

[1] Muito se discute se é adequado referir-se a pessoas como "recursos". Há os que defendem que o termo "recurso" seria pejorativo e reducionista. Embora prefiramos chamar pessoas

humanos e o "fator RH" é crítico para o sucesso de qualquer projeto. Neste momento, nos ateremos aos aspectos de planejamento da administração de pessoas, que foca, principalmente, a organização das responsabilidades e relações hierárquicas do projeto.

As atividades do projeto podem ser designadas para pessoas ou grupos. Essas pessoas ou grupos podem ser internos ou externos à organização que executa o projeto. Para fazer essas atribuições de responsabilidades, tanto o GP como o patrocinador (e mesmo o cliente em algumas situações) devem expressar sua visão sobre o formato e composição da equipe, tanto quantitativamente quanto qualitativamente (competências), antes mesmo de atribuir nomes de pessoas específicas a essas posições.

Ao se questionar sobre o perfil das pessoas que devem compor uma equipe de projeto, o GP pode considerar inicialmente os seguintes fatores:

- custo em função da experiência e competência;
- custo em função de acordos coletivos de trabalho e outras leis trabalhistas;
- estrutura organizacional da organização executora do projeto (cargos, estrutura funcional etc.);
- preferências do próprio GP (ou patrocinador, ou cliente) em função de experiências prévias, relacionamento profissional ou indicações de pessoas de sua preferência, desde que devidamente justificadas;
- necessidade e disponibilidade de dedicação de tempo integral ou parcial de cada pessoa e posição;
- competências técnicas e interpessoais e outras habilidades específicas requeridas.

Um plano de gerenciamento de pessoas em projetos pode e deve ser elaborado antes de alocar ou contratar pessoas específicas para a equipe. Esse plano deve tornar claros alguns aspectos quanto à gestão das pessoas e deve conter:

---

de pessoas, não deixamos de reconhecer que uma pessoa também é um recurso. O cuidado que se deve ter é não tratar pessoas como meros recursos, exatamente o tema deste capítulo.

- Para cada papel na equipe deve definir seu título ou função; nível de autoridade ou hierarquia; responsabilidade(s) no projeto e competência(s) esperada(s).

- Formato dos processos de recrutamento e critérios de seleção (se for o caso de contratar profissionais externos ou de seleção interna de colaboradores da empresa).

- Plano de cargos e salários, que pode estar relacionado com as atribuições de função, autoridade, responsabilidade e competência definidas anteriormente; ou relacionado a um plano organizacional preestabelecido; aqui também é importante que estejam claros os critérios de promoção entre níveis hierárquicos.

- Tabela de horários, critérios para trabalho em hora extra, critérios para liberação e folgas.

- Critérios para fornecimento de treinamentos e apoio em educação continuada.

- Critérios para reconhecimento e premiações de metas alcançadas.

Um exemplo típico de documento resultante do planejamento de pessoas é um organograma com as funções e relações hierárquicas entre as pessoas do projeto. Outro documento típico são tabelas indicando esse mapeamento de funções e responsabilidades no projeto. Um exemplo desse tipo de tabela (ou matriz) é mostrada na Tabela 5.1, indicando funções de responsabilidade na execução (R), relações que indicam necessidade de autorização (A), de ser informado (I) ou de ser consultado (C); de ser participante (P) ou de não participar (NP). Podem ser listados pacotes de trabalho, entregas ou atividades para mapear o envolvimento das pessoas.

Tabela 5.1 – Matriz de assinalamento de responsabilidades

Pacote de Trabalho	Victor	Darlan	Charles	Daniel	Lívia
Pesquisa Bibliográfica	P	R	A	P	NP
Prova de Conceito	P	R	A	P	NP
Simulação Computacional	P	P	A	R	NP
Protótipo Funcional	P	P	A	R	NP
Relatório Técnico	P	I	I	R	NP
Relatório Financeiro	C	C	C	C	R

Fonte: Elaborada pelos autores.

Exemplo

Em um projeto na área de tecnologia da informação, optou-se por desmembrar a gestão do projeto em dois papéis complementares: a gestão administrativa e a liderança técnica. Os profissionais indicados para os dois papéis tinham níveis hierárquicos equivalentes na visão do patrocinador do projeto e tinham igual remuneração. Esse tipo de abordagem é muito útil quando o gerente de projetos tem pouca experiência na área técnica do projeto em situações de projetos técnicos altamente especializados. Nesse caso, pode-se recrutar um especialista técnico (com pouca ou nenhuma experiência gerencial anterior) para a liderança técnica do projeto. A premissa básica para o sucesso desse tipo de arranjo é que haja uma comunicação constante e bom relacionamento entre o gerente administrativo e o líder técnico. No projeto em questão essas condições estavam presentes, pois os profissionais já se conheciam e trabalhavam juntos há bastante tempo. No entanto, aproximadamente na metade do prazo do projeto o gerente administrativo precisou se afastar de suas atribuições por motivos de força maior. Foi recrutado no mercado um novo gerente administrativo. Diante do risco de não haver o mesmo entrosamento entre o novo gerente e o líder técnico, o patrocinador demandou que ambos desenvolvessem uma matriz RACI para que ficassem formaliza-

> das as atribuições de responsabilidade de execução, consulta, informação e autorização esperadas de cada um deles em relação às entregas do projeto.

Montar a equipe do projeto

A montagem da equipe do projeto é o processo de confirmar e assegurar a disponibilidade das pessoas adequadas ao time do projeto. O gerente de projeto deve negociar e influenciar para conseguir, em quantidade e qualidade, as pessoas adequadas às necessidades do projeto.

Para tanto, o gerente de projeto pode usar os seus poderes, tais como recompensas, *expertise* e referência, sendo uma boa rede de relacionamentos de fundamental importância nesse processo. O primeiro passo nesse sentido é pensar nos perfis de competências necessários ao projeto e então encaixar as pessoas adequadas, conforme definido anteriormente no plano de gerenciamento de pessoas.

Em organizações que desenvolvem múltiplos projetos, é natural que haja uma disputa pelas pessoas mais competentes. Nesse tipo de ambiente, cabe ao GP motivar os colaboradores mais capacitados a trabalhar no seu projeto. O primeiro passo, naturalmente, é conhecer onde estão os melhores profissionais. Novamente uma boa rede de relacionamentos é fundamental nesse processo, até porque nem sempre os bons profissionais estão bem alocados, isto é, satisfeitos com suas atribuições atuais. Essa "disputa" pode ser entre projetos ou entre departamentos de uma mesma organização.

O GP deve então se perguntar: por que as pessoas trabalhariam em sua equipe? Dentre as principais razões, destacamos:

- Pelo seu poder (real ou imaginário), pois as pessoas seguem profissionais de sucesso, por entenderem que é mais fácil ter sucesso próximo a elas.

- Devido ao projeto em si ter grande chance de sucesso ou visibilidade ou oferecer oportunidade de aprendizado.

- Por indicação de outras pessoas já envolvidas na equipe ou que já trabalharam com aquele gerente de projeto.

- Devido ao histórico de integridade e profissionalismo do gerente de projeto.

Por fim, vale ressaltar que em muitas situações o GP pode não ter controle pleno sobre os membros da equipe selecionados para o seu projeto. Nesse caso, a capacidade de liderança deverá ser utilizada para motivar e extrair o melhor desempenho da equipe.

Na impossibilidade de encontrar pessoas dentro da organização executora, o GP pode solicitar ao patrocinador a contratação de um profissional externo, conforme as políticas de recrutamento definidas no plano de gestão de pessoas.

Atributos humanos desejáveis para os colaboradores da equipe

Discutiremos aqui quais seriam os atributos, ou qualidades, desejados para um bom colaborador em um time de projeto. Normalmente existe uma tendência a focar-se na *competência técnica* e na *experiência* como principais atributos, e sem dúvida essas são qualidades essenciais e desejáveis. Mas para além disso, considerando a natureza do trabalho do projeto, essencialmente colaborativo, e a dimensão humana envolvida, devemos levar em consideração outros atributos, tais como:

- Abertura para a crítica e para a participação no trabalho em equipe.
- Ter foco nos resultados e objetivos e a energia necessária para buscá-los.
- Apresentar inteligência emocional, isto é, habilidade de identificar, avaliar e controlar suas próprias emoções, assim como identificar as emoções das outras pessoas que fazem parte da sua equipe.
- Integridade, que significa consistência em seus valores e posições. Subentende honestidade e submissão à verdade; é o oposto de hipocrisia.
- Lealdade à equipe e aos objetivos do projeto.

Esses valores e atributos no seu conjunto constroem uma relação de confiança na equipe, que é um fator importante para o sucesso do projeto. O GP deve buscar essas qualidades em seus colaboradores, sabendo, porém, que dificilmente as encontrará todas em uma única pessoa. Outra característica relevante para um membro de equipe é seu *potencial*. O potencial se coloca em oposição à experiência. É uma avaliação necessária quando da contratação de jovens profissionais: será ele(a) capaz de aprender rápido, se engajar bem na equipe, e em pouco tempo estar em um nível de desempenho similar aos mais experientes ? Além disso, a posição que ele irá ocupar conta com outros profissionais na equipe mais experientes que podem servir de modelo e apoio nesse processo de aprendizagem? A escolha do jovem menos experiente não se justifica, porém, em posições gerenciais e de maior responsabilidade, nas quais o custo dos seus erros pode ser fatal para o projeto e muito prejudicial para a organização.

> *Como o Google seleciona profissionais*
>
> O gigante da Internet é sempre considerado uma das melhores empresas para se trabalhar. Em uma entrevista recente, um dos vice-presidentes da empresa disse que no passado a empresa selecionava principalmente egressos das melhores universidades americanas, as da chamada Ivy League. Mais recentemente, a empresa ampliou seu processo seletivo para considerar alunos oriundos de escolas menos famosas. O desempenho acadêmico na universidade continua importante na seleção, mas é um indicador limitado a respeito do desempenho profissional a médio e longo prazos. O executivo apontou as quatro características que o Google busca em seus colaboradores: capacidade de resolver problemas, liderança, adequação à cultura da empresa e humildade intelectual. O executivo disse ainda que não há necessidade de colocar muitas informações no currículo: "basta descrever o melhor trabalho que você já fez".

Perfis comportamentais

É importante que o gerente de projetos observe traços gerais do perfil comportamental de cada membro de sua equipe. O assunto da psicologia organizacional é vasto e o seu aprofundamento está fora do escopo deste livro. No entanto, considerando alguns aspectos dominantes do comportamento de cada pessoa, é possível fazer uma análise que, embora simplificada, é útil para conduzir as ações do GP nesse terreno.

Considere inicialmente a matriz de comportamentos dominantes ilustrados na Figura 5.1,[2] que combina características de traços colaborativos e

---

[2] Qualquer modelagem do comportamento humano através de matrizes como essa é inerentemente limitada e serve apenas como referencial para a estruturação do pensamento do

competitivos das pessoas. Nesse caso, podemos observar o perfil que resulta de cada combinação.

Figura 5.1 – Perfis comportamentais

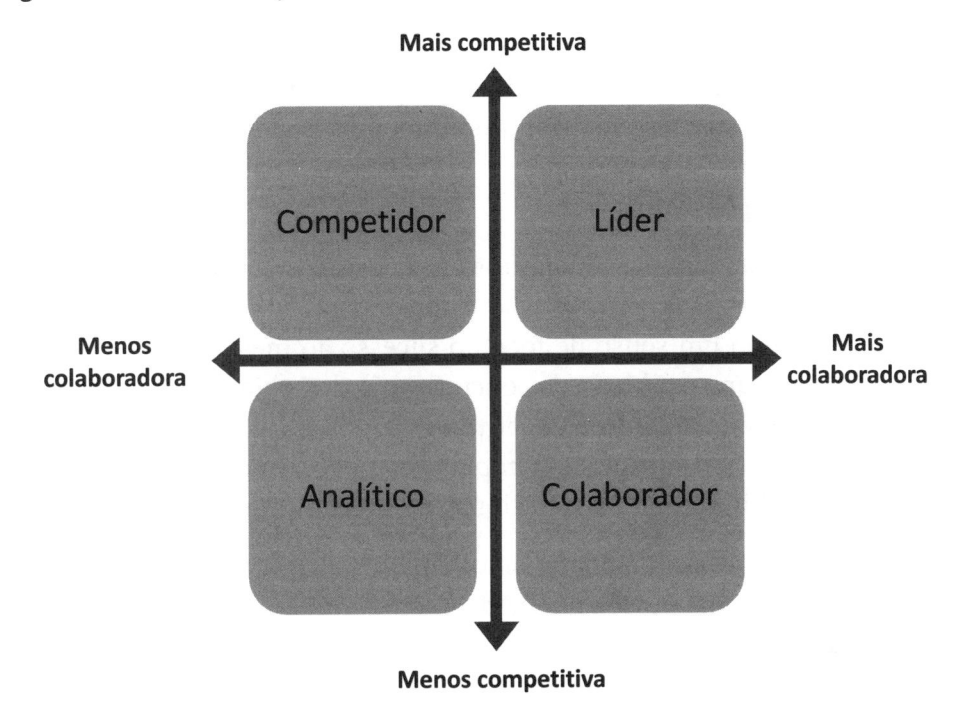

```
                    Mais competitiva
                          ▲
            ┌─────────────┼─────────────┐
            │ Competidor  │    Líder    │
            │             │             │
  Menos     │             │             │   Mais
colaboradora◄─────────────┼─────────────►colaboradora
            │             │             │
            │  Analítico  │ Colaborador │
            └─────────────┼─────────────┘
                          ▼
                   Menos competitiva
```

Fonte: Elaborada pelos autores.

O perfil competitivo corresponde a um comportamento que busca seu próprio sucesso, com pouca inclinação para compartilhá-lo com seus colegas. A pessoa competitiva deseja que o sucesso seja alcançado devido a sua contribuição única ou majoritária. Como pontos positivos pode-se citar seu foco em resultados e disposição para aceitar desafios.

Num outro extremo, o colaborador coloca como seu maior interesse o sucesso do grupo, podendo compartilhar amplamente com este quaisquer conhecimentos e competências que julgue importantes para esse desenvolvimento.

---

gestor, informando-o sobre eixos de comportamento que podem se manifestar em determinadas situações.

Relaciona-se com facilidade e apresenta boas habilidades de comunicação e relacionamento. Como ponto negativo, pode ter pouco foco em resultados, sendo os relacionamentos o seu interesse maior.

Já o perfil analítico é mais conservador e tende a seguir regras e normas existentes, sendo temeroso para sair dos limites impostos. Pode apresentar tendência à introversão. Esse perfil pode ser bastante útil para um colaborador com capacidades intelectuais superiores, capaz de analisar dados, detectar incoerências, planejar e sistematizar procedimentos e pensar soluções. Precisa de condução de um GP experiente para que suas contribuições apareçam e sejam apreciadas pelo grupo.

O perfil de líder combina os aspectos mais positivos dos perfis competitivo e colaborador. É a pessoa com motivação competitiva suficiente para "puxar" o grupo, mantendo um senso de foco no sucesso ao mesmo tempo em que inclui todos do grupo em busca da concretização dos objetivos do projeto. O líder tem um direcionamento competitivo, mas o faz em relação a seus próprios limites e costuma dirigir esse impulso competitivo para fora da equipe. Também tem facilidade para se relacionar e se comunicar com o grupo.

Observa-se que, idealmente, teríamos em uma equipe uma mistura desses perfis. Até mesmo uma pessoa orientada à competição, se bem liderada, pode ser útil ao projeto, pois agrega ao grupo uma postura orientada a resultados. Ao GP cabe observar o perfil predominante de cada pessoa da sua equipe e verificar se há esse balanceamento. Uma equipe muito orientada à competição não forma um time que colabora ou convive de forma harmoniosa em direção ao sucesso do projeto. Da mesma forma, se temos somente elementos extremamente colaborativos, mas com pouco impulso competitivo, podemos perder o foco e ter um grupo de amigos trabalhando juntos, mas que não alcançam o sucesso. Ao GP também cabe extrair o melhor de elementos analíticos e colaborativos (ambos têm menor impulso competitivo e precisam de foco e direção) e moderar o ímpeto de um competidor (que deve ser lembrado da necessidade de colaborar). Eventualmente, com um pouco de paciência, alguns perfis podem ser modelados, dotando a equipe de um perfil conjunto equilibrado.

Desenvolver a equipe do projeto

É o processo de melhoria das competências, da interação e de todo o ambiente da equipe do projeto para aumentar seu desempenho. O gerente de projeto deve conhecer detalhadamente as competências (técnicas e interpessoais) de cada membro da equipe e identificar as necessidades de orientação e aconselhamento. Da mesma forma, a partir desse conhecimento pode utilizar abordagens de liderança e gestão que garantam um alto grau de motivação para que a equipe alcance o sucesso do projeto.

Maturidade da equipe

Um aspecto decisivo em um projeto é o relacionamento do gerente de projeto com os demais membros da equipe. Se considerarmos que o GP deve ser exemplo de dedicação e competência em um projeto, é de se esperar também que ele seja um dos membros mais maduros da equipe. Nesse sentido, Tuckman faz uma abordagem do comportamento da equipe em relação à maturidade dos membros do time. Ele considera que uma equipe passe por cinco fases de maturidade em um projeto:

- Fase 1 – Formação: os membros não se conhecem e por isso mantêm um relacionamento distante, em que os papéis não são claramente definidos. A equipe mostra disposição e positividade, evitando, assim, conflitos. O desempenho nessa fase é baixo, mas tem uma tendência de crescimento.

- Fase 2 – Conflito: com os membros mais à vontade, inicia-se uma fase de busca de aceitação e prestígio, que pode gerar conflitos na equipe. A equipe deve passar rapidamente por essa fase, uma vez que existe uma tendência de queda de desempenho.

- Fase 3 – Normalização: agora o trabalho em equipe vai se tornando normal e os papéis internos são mais claros, favorecendo a troca de ajuda entre os membros. O desempenho nessa fase é ascendente e a passagem à fase seguinte é muito rápida.

- Fase 4 – Desempenho: aqui o nível de maturidade é alto e a confiança mútua e sincera entre os membros é o aspecto mais marcante. Os membros são motivados e comumente cooperam entre si para solucionar os problemas.

- Fase 5 – Terminação: significa a separação da equipe e ruptura das relações de confiança, normalmente ocorrendo ao final do projeto.

Os resultados são contabilizados, bem como os pontos positivos e negativos da jornada que foi o projeto.

É importante salientar que essa sequência de fases pode acontecer mais de uma vez em um projeto, como, por exemplo, quando da entrada de um novo membro em uma equipe que já se encontrava em uma fase de normalização ou desempenho.

Liderança situacional

A teoria da liderança situacional, conforme introduzida por Hersey e Blanchard, sugere que o líder deve adequar o seu estilo de liderança aos níveis de maturidade de cada membro da equipe, usando, assim, estilos diferentes durante o projeto, à medida que os níveis de maturidade se alteram. Considerando ambos os lados da equipe, líder e liderados, para que o desempenho da equipe seja máximo, eles devem estar em total consonância.

Em relação ao nível de maturidade da equipe, devemos considerar dois aspectos: a maturidade de trabalho e a maturidade psicológica. A maturidade de trabalho demonstra o nível de conhecimento técnico de cada pessoa ou a sua capacidade para executar ou não uma determinada atividade. Já a maturidade psicológica demonstra a motivação que uma pessoa tem para executar determinada atividade ou ação, estando muito ligada ao lado psicológico, como empolgação e autoconfiança para transpor desafios. Cruzando esses dois aspectos, chegamos à matriz de maturidade dos liderados, conforme a Figura 5.2, com quatro níveis de maturidade.

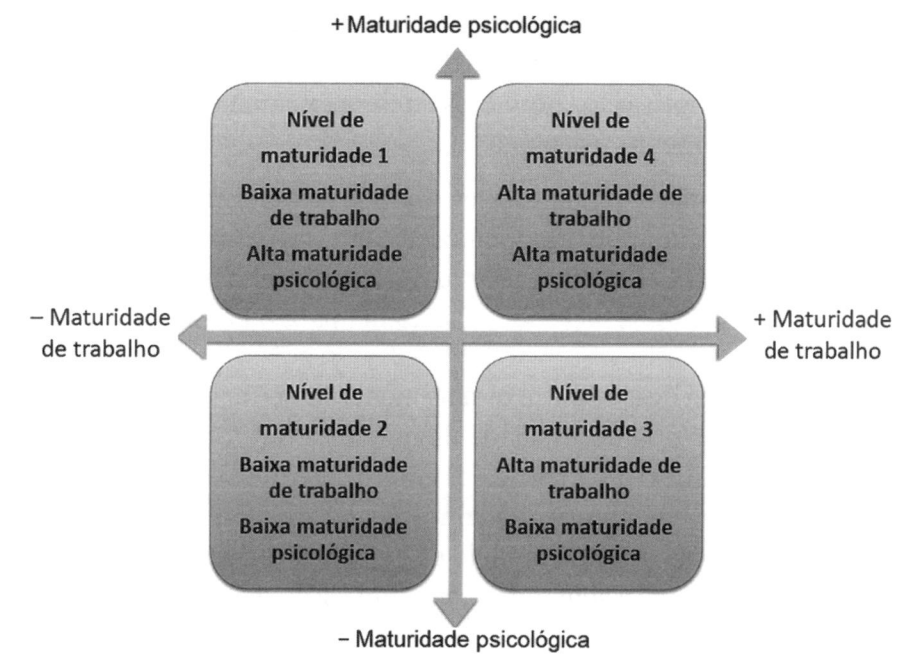

Figura 5.2 – Matriz de maturidade dos liderados

+Maturidade psicológica

Nível de maturidade 1 Baixa maturidade de trabalho Alta maturidade psicológica	**Nível de maturidade 4** Alta maturidade de trabalho Alta maturidade psicológica
Nível de maturidade 2 Baixa maturidade de trabalho Baixa maturidade psicológica	**Nível de maturidade 3** Alta maturidade de trabalho Baixa maturidade psicológica

– Maturidade de trabalho ← → + Maturidade de trabalho

– Maturidade psicológica

Fonte: Adaptada da bibliografia 50.

Na dimensão do líder, avaliam-se dois aspectos: a disponibilidade do líder na área técnica e na área psicológica. O aspecto do comportamento na área técnica revela o quanto o líder irá se empenhar em orientar tecnicamente o liderado, apoiando-o na execução de uma atividade. Já na parte psicológica, diz respeito a quanto o líder irá apoiar o liderado para trabalhar a sua parte emocional, com motivação e autoconfiança. Considerando essas duas dimensões define-se o estilo do líder:

- Estilo 1 – Direcionamento: nesse estilo de liderança o líder foca na orientação dos liderados para execução de atividades e alcance de metas. Entende-se que o nível de motivação é alto, pois a atividade está iniciando, mas o nível técnico é ainda baixo.

- Estilo 2 – Treinamento e orientação: nesse estilo de liderança o líder foca no direcionamento dos liderados para executar as atividades e alcançar as metas, mas também no apoio socioemocional, pois o líder entende que o liderado ainda tem uma capacidade técnica baixa e precisa de mais motivação.

- Estilo 3 – Apoio e suporte da equipe: esse estilo foca mais no apoio socioemocional dos liderados, uma vez que o líder entende que estes já possuem um bom preparo na parte técnica, porém necessitam de mais motivação. Aqui cessa o direcionamento técnico e entra o direcionamento psicológico.

- Estilo 4 – Delegação: esse estilo foca na delegação das atividades, uma vez que o liderado já possui uma capacidade técnica alta e a motivação é plena no projeto. Assim, o líder assume uma postura de delegação, fornecendo autonomia para o liderado.

Visualizando uma ligação entre os dois modelos, de Tuckman e de liderança situacional, percebe-se a necessidade de mudança do líder em cada fase do projeto, sugerindo que o líder adote posturas diferentes de acordo com a fase em que se encontra sua equipe. Podemos visualizar, conforme apresentado na Figura 5.3, como as fases do modelo de Tuckman relacionam-se aos níveis de maturidade da equipe e sugerem, assim, um estilo de liderança situacional para cada fase.

Figura 5.3 – Liderança situacional em cada fase de maturidade dos liderados.

	+ Maturidade psicológica		
Fase: Formação Ação: Direção	**Nível de maturidade 1** Baixa maturidade de trabalho Alta maturidade psicológica	**Nível de maturidade 4** Alta maturidade de trabalho Alta maturidade psicológica	Fase: Alta *performance* Ação: Delegação
− Maturidade de trabalho ←			→ + Maturidade de trabalho
Fase: Conflito Ação: Treinamento	**Nível de maturidade 2** Baixa maturidade de trabalho Baixa maturidade psicológica	**Nível de maturidade 3** Alta maturidade de trabalho Baixa maturidade psicológica	Fase: Normalização Ação: Apoio
	− Maturidade psicológica		

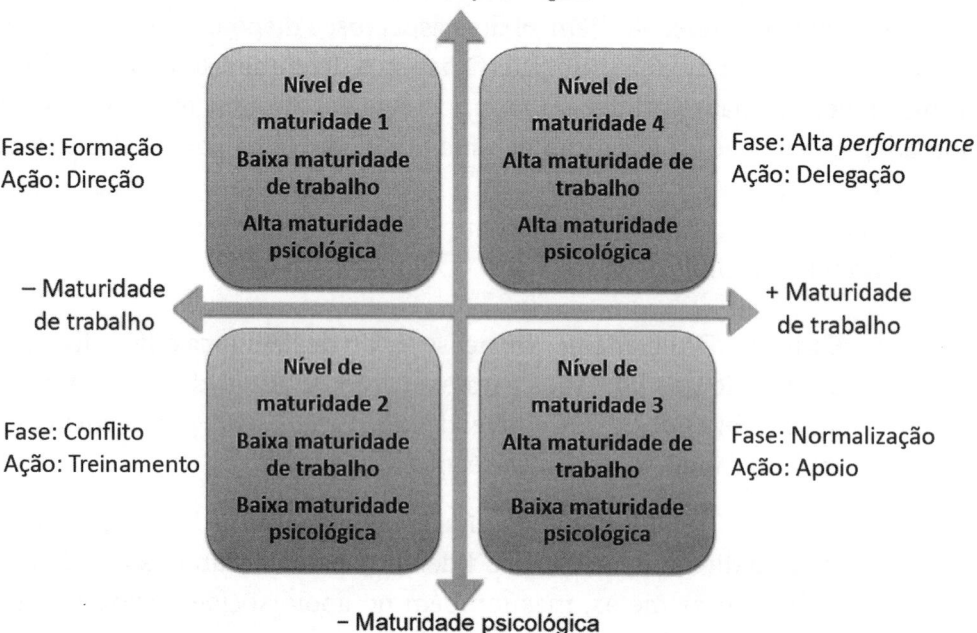

Fonte: Adaptada da bibliografia 50.

Motivar a equipe do projeto

Se as pessoas de um projeto são o mais importante recurso de que dispõe o GP para executá-lo, de nada valerão se não estiverem devidamente engajadas com as metas do projeto. Por outro lado, a motivação para o trabalho é um fenômeno complexo e em muitos aspectos pessoal, relacionado aos seus impulsos e desejos mais primitivos. Nenhuma das teorias da motivação existentes explica, individualmente, por completo esse fenômeno. Cada teoria explica, portanto, uma parte do fenômeno da motivação, ou, colocando de outra forma, permite observar a motivação por um determinado ângulo. O tema de motivação de pessoas é vasto e nos caberá apresentar apenas alguns conceitos fundamentais e teorias principais.

Como ponto de partida podemos pensar que existem fatores que motivam para o trabalho e fatores que desmotivam. E, ainda, que haja fatores que motivam porque sugerem uma recompensa ou prêmio, enquanto há outros que motivam a partir do medo e da punição. Essas abordagens de motivação também se relacionam com o nível de autoridade e de poder conferido ao GP pela organização que executa o projeto. Um GP com alto nível de poder, incluindo, por exemplo, o de distribuir recompensas (bônus por desempenho e/ou resultados, por exemplo) e punições (corte de bônus, ou mesmo uma demissão), poderá, em tese, exercer com mais facilidade sua capacidade de motivar a equipe. Caso o GP não possua tais atribuições, terá que se utilizar de outras competências, como a capacidade de influenciar pessoas com mais poder que ele(a). Ou ainda, através de sua empatia e capacidade de liderança, criar um nível de motivação na sua equipe equivalente ou mesmo superior àquele advindo do simples exercício do poder.

Teorias clássicas de motivação

O psicólogo Abraham Maslow desenvolveu uma hierarquia das necessidades que o ser humano busca satisfazer. Essas necessidades se apresentam em forma de uma pirâmide. Podemos interpretar a pirâmide da seguinte forma: um ser humano tende a satisfazer suas necessidades primárias (mais baixas na pirâmide), antes de buscar as necessidades do nível mais alto. Por exemplo, uma pessoa não procura ter satisfeitas suas necessidades de segurança (por exemplo, evitar os perigos do ambiente) se não tem cobertas suas necessidades fisiológicas, como comida, bebida e ar. Os degraus da pirâmide de Maslow vão da base para o cume:

- *Necessidades fisiológicas*: as necessidades fisiológicas são satisfeitas mediante comida, bebidas, refúgio, ar fresco, uma temperatura apropriada.

- *Necessidades de segurança*: vão da simples necessidade de sentir-se seguro dentro de uma casa a formas mais elaboradas de segurança, como um emprego estável, um plano de saúde ou um seguro de vida; é a busca por proteção, estabilidade e continuidade.

- *Necessidades sociais*: incluem o sentimento de pertença a uma família e grupo, inclusive o profissional; é o sentimento de ser querido e sentir-se útil para a sociedade. Inclui a necessidade de amor, carinho e amizade.

- *Necessidades de estima*: referem-se à valorização de si mesmo outorgada por outras pessoas. Envolvem reconhecimento por parte dos outros de que seu trabalho, valores e comportamento são aceitos e, mais que isso, são valorizados e imitados.

- *Necessidade de autorrealização*: é a necessidade instintiva de um ser humano de dar o máximo de si, de realizar suas habilidades únicas. Maslow o descreve desta forma: "Um músico deve fazer música, um pintor, pintar, um poeta, escrever, se quer estar em paz consigo mesmo. Um homem (ou mulher) deve ser o que pode chegar a ser. Enquanto as anteriores necessidades podem ser completamente satisfeitas, esta necessidade é uma força impelente contínua."

A teoria X e Y de McGregor é bastante simples e diz que há dois tipos de pessoas: as pessoas do tipo X, que precisam de um estímulo externo para se motivarem e funcionam à base da abordagem "comando e controle". Já as pessoas do tipo Y são automotivadas e não precisam de cobranças constantes para desenvolverem bem o seu trabalho. Segundo essa teoria, pessoas do tipo X não gostam do trabalho e o evitam; precisam ser forçadas, controladas e dirigidas; preferem ser dirigidas e têm pouca ambição; buscam apenas segurança. Já para pessoas do tipo Y, o dispêndio de esforço no trabalho é algo natural; o controle externo e a ameaça não são meios adequados de obter desempenho; valorizam a liberdade de dirigir seu próprio trabalho a partir de metas estabelecidas e buscam a responsabilidade.

A teoria de Herzberg está baseada em dois grupos de fatores: os fatores que agradam (são os motivadores) e os que desagradam (chamados fatores de higiene). Os fatores de higiene são aqueles que são necessários para evitar a insatisfação no ambiente de trabalho, mas, por outro lado, não são suficientes para provocar satisfação. Para motivar um funcionário, não basta, para Herzberg, que os fatores de insatisfação estejam ausentes. Pelo contrário, os fatores de satisfação devem estar presentes.

Exemplos de fatores de higiene (desmotivam se ausentes): políticas da empresa (tais como a relativa a horários, faltas, flexibilidade de turnos), condições físicas do ambiente de trabalho, aspectos éticos e culturais no relacionamento com outros colegas de trabalho, segurança física e salário. Exemplos de fatores motivacionais (aumentam a motivação se presentes): oportunidades de ascensão na carreira; oportunidades de desenvolvimento profissional; responsabilidade; reconhecimento; premiações e bônus.

> *Um milionário no McDonald's*
>
> Luke Pittard, um morador da cidade de Cardiff, capital do País de Gales, na Grã-Bretanha, acertou os números da loteria e ganhou 1,3 milhão de libras. Após receber o prêmio, Luke deixou seu emprego numa lanchonete do McDonald's e partiu para uma viagem de lua de mel nas Ilhas Canárias. Em seguida comprou uma casa. Depois disso, começou a ficar cansado de não fazer nada. Ao mesmo tempo, aumentava a saudade dos antigos colegas. Tomou, então, uma inusitada decisão: voltou ao seu emprego na lanchonete. Assim, a cidade de Cardiff provavelmente é a única no mundo em que você tem chance de ser atendido por um milionário num McDonald's.

Outros fatores motivacionais

As três teorias clássicas apresentadas acima foram desenvolvidas logo após a Segunda Guerra Mundial, em que o ambiente organizacional ainda se caracterizava fortemente por uma hierarquia rígida. Conforme o ambiente organizacional tem se modificado nas últimas décadas, especialmente com a crescente valorização do trabalho intelectual, criativo, colaborativo e inovador, outras teorias foram propostas ou reconhecidas como necessárias para ampliar nossa compreensão do tema. Teorias mais recentes têm levantado outros fatores motivacionais mais relevantes para as organizações do século XXI, tais como:

- Motivação por realização, poder e filiação: esses fatores guardam certa relação com a pirâmide de Maslow; mas atualmente compreende-se que as pessoas podem ter um desejo predominante dentre estas três categorias:
    - Realização: pessoas que se motivam quando colocam objetivos para si e conseguem superá-los.
    - Poder: pessoas que se motivam ao estarem próximas ou no centro das decisões.
    - Filiação: pessoas que se motivam quando se sentem reconhecidas e necessárias em um grupo.
- Alinhamento entre objetivos pessoais e profissionais, tais como a perspectiva de aprendizado no trabalho, realização de cursos, viagens que permitam ampliar a cultura e ampliação de rede de contatos profissionais e sociais.
- Perspectiva de crescimento profissional e promoção na organização em função dos resultados do projeto.
- Percepção de tratamento justo e políticas organizacionais que favoreçam oportunidades igualitárias.

A lição sugerida para a gestão de projetos é que o GP tenha ciência desses fatores de motivação e possa, utilizando-se das diversas teorias, criar um conjunto de práticas e estratégias que motivem a sua equipe.

Gerenciar a equipe do projeto

É o processo de acompanhar o desempenho dos membros da equipe do projeto, fornecendo *feedback*, resolvendo conflitos e gerenciando mudanças para otimizar o desempenho do projeto. O gerente de projeto deve acompanhar pessoalmente o desempenho de cada membro da equipe, através de um plano de ação e de *feedbacks* periódicos.

Feedback

Feedback é uma técnica de gerenciamento de equipe na qual o GP busca reforçar desempenho ou atitudes adequados e corrigir desempenho ou atitudes inadequados. O *feedback* eficaz envolve manter a sintonia de cada liderado com os objetivos do projeto; reforçar comportamentos desejáveis através de reconhecimento; redirecionar comportamentos indesejáveis através de advertências. O *feedback* existe para evitar comentários indiretos e fofocas, que nada constroem. O GP deve estar atento a realizá-lo no momento e local oportunos. Via de regra, reconhecimentos e reprimendas devem ser feitos privadamente. O objetivo do *feedback* é reconhecer acertos e sugerir caminhos para melhoria, contando com a compreensão e disposição do avaliado para que se motive a superar-se e crescer.

Isso não quer dizer, porém, que o GP deva acomodar um mau desempenho. Partindo do princípio de que a avaliação de mau desempenho corresponda à realidade, o GP deve chamar essa pessoa para uma reunião individual e demonstrar sua insatisfação. Nessas situações devem-se evitar comunicações por *e-mail* ou telefone, tanto quanto possível. A pessoa em questão, por sua vez, deve demonstrar estar solidária com o GP em face das consequências negativas para o projeto. A pessoa deve ainda reconhecer sua parcela de responsabilidade e demonstrar disposição clara de melhorar seu desempenho de imediato. Se essa mesma pessoa apresenta repetidamente um mau desempenho, o GP deve então tomar uma medida mais enérgica. Isso significa que o *feedback* fornecido não está resultando em melhoria de desempenho. Pode ocorrer que a pessoa em questão não esteja suficientemente comprometida com o projeto, ou, ainda, que a pessoa não tenha as habilidades necessárias para a função que esteja desempenhando.

Dependendo do grau de autoridade do GP, a solução mais comum nesses casos é "escalar" o problema: levar a situação para uma gerência superior ou para o patrocinador do projeto, instâncias com autoridade para tomar decisões mais drásticas. O GP deve deixar clara sua insatisfação e sugerir encaminhamentos tais como licença, remoção, capacitação, substituição ou demissão da pessoa em questão. O escalão superior irá avaliar qual a melhor solução levando em conta aspectos organizacionais mais amplos.

Conflitos em projetos

O gerente de projeto deve sempre estar atento aos conflitos existentes dentro e fora da equipe. Muitas vezes eles nos apontam problemas importantes a serem resolvidos. Um gerente que tem atitudes positivas quanto à resolução de conflitos busca construir uma relação de confiança com as partes interessadas do projeto. Outra atitude que deve ser enfatizada é a de resolver definitivamente os conflitos, evitando, sempre que possível, fugir deles.

Os principais fatores de conflitos em projeto são: cronograma, prioridades do projeto, recursos, opiniões técnicas, procedimentos administrativos, custo e comportamento. Nem todo conflito é deletério para o projeto. Há o conflito positivo (em favor do projeto e de seu sucesso) e o destrutivo (a despeito do sucesso do projeto).

O conflito sobre comportamento pode se dar em termos de temperamento ou de caráter. No primeiro caso trata-se de um choque entre estilos ou "jeitos de ser". As partes em conflito podem ter as melhores intenções e ainda assim se desentenderem quanto aos meios e modos de atingir objetivos e conviver. Um conflito de caráter pode ser mais difícil de administrar, pois pressupõe julgamentos éticos e morais sobre as atitudes das partes.

Uma situação de conflito no ambiente de trabalho pode ser compreendida a partir de dois eixos e cinco categorias, conforme ilustra a Figura 5.4. O eixo da assertividade representa o quanto as partes se impõem moralmente e conceitualmente uma sobre a outra. Em outras palavras, é o quanto as partes desejam afirmar de suas verdades e convencer a outra parte de sua superioridade. O eixo da cooperação refere-se à disposição das partes em ceder ou repensar e em buscar uma solução para o conflito. As categorias resultantes são:

- Acomodação – uma das partes abre mão de sua posição e se submete à outra. Essa abordagem é eficaz quando a outra parte é o perito, ou tem uma solução melhor, ou é hierarquicamente superior. Ele também pode ser eficaz para preservar as futuras relações com a outra parte. É também uma forma de relação "ganha-perde".

- Evitar ou Retirada – na prática significa "empurrar para debaixo do tapete" o conflito até onde for possível. O problema e o conflito ficam latentes, e pode-se esperar que novas circunstâncias e situações ponham fim ao conflito sem que as partes tenham que enfrentá-lo. Pode ser útil quando o assunto é trivial ou o enfrentamento da questão seria explosivo ou muito custoso emocionalmente. Pode ser também uma estratégia para ganhar tempo enquanto se buscam alternativas.

- Colaboração – há um interesse genuíno para alcançar uma solução que satisfaça as duas partes. Busca-se um paradigma "ganha-ganha". Requer disposição e abertura, às vezes empatia e confiança pessoal entre as partes. Pode ser necessário reformular a própria noção de vitória no conflito. Essa resolução de conflito tende a ter os melhores resultados para o projeto.
- Competir – essa é a abordagem "ganha-perde". Você age de uma forma muito assertiva para atingir seus objetivos, sem procurar cooperar com a outra parte, e isso pode ser feito às custas da outra parte. É uma imposição de uma parte sobre a outra, custe o que custar. Essa abordagem pode ser apropriada para situações de emergência quando o tempo é a essência, ou quando você precisa de uma ação rápida e decisiva e as pessoas estão conscientes de apoiar a abordagem.
- Comprometimento – esse é o cenário de "perde-perde", em que nenhuma das partes realmente consegue o que quer. Isso requer um nível moderado de assertividade e cooperação. Pode ser apropriado para situações em que você precisa de uma solução temporária, ou em que ambos os lados têm objetivos igualmente importantes. Deve-se avaliar quando o compromisso é de fato a melhor solução e o quanto um esforço adicional poderia levar à colaboração entre as partes e conduzir a uma situação do tipo "ganha-ganha".

Figura 5.4 – Matriz para resolução de conflitos

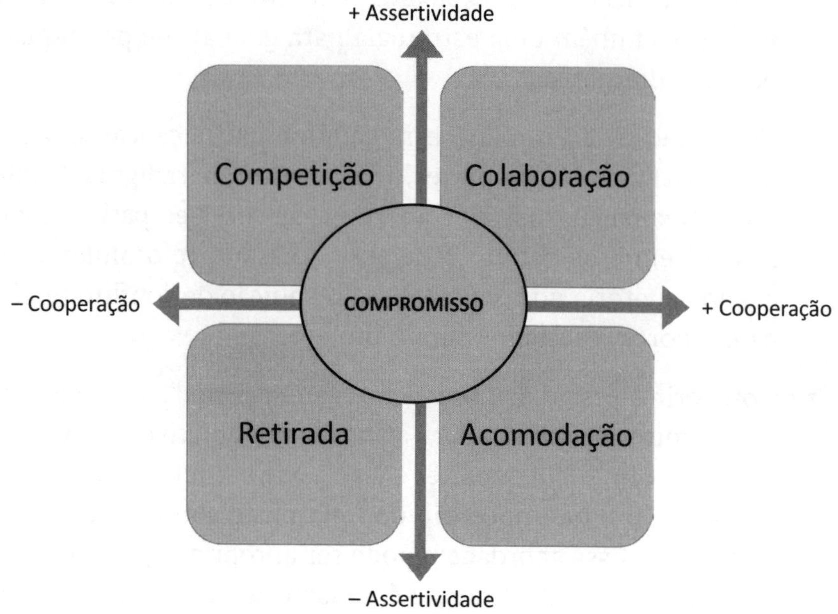

```
                    + Assertividade
                          ↑
            ┌─────────┐ ┌─────────┐
            │Competição│ │Colaboração│
            └─────────┘ └─────────┘
– Cooperação ←──── COMPROMISSO ────→ + Cooperação
            ┌─────────┐ ┌─────────┐
            │ Retirada │ │Acomodação│
            └─────────┘ └─────────┘
                          ↓
                    – Assertividade
```

Fonte: Elaborada pelos autores.

Gerenciamento das partes interessadas

Identificar quem são as pessoas ou organizações que influenciam o projeto é um dos primeiros processos da gestão do projeto, fazendo parte da fase de iniciação do CVGP (ciclo de vida do gerenciamento do projeto). Aqui é relevante identificar os interesses, nível de envolvimento e possíveis impactos da ação de cada parte interessada relevantes sobre o projeto. Conhecer quem são as partes interessadas e traçar um plano para trabalhar a sua participação no projeto norteia outras atividades importantes, como planejamento de riscos e o planejamento do escopo.

Gerenciar expectativas das partes interessadas

Durante a execução do projeto, o ambiente e o contexto podem sofrer mudanças. É a habilidade do gerente de projetos de estar atento e perceber essas mudanças que o permite, a partir daí, fazer uma análise e verificar se é possível um equilíbrio entre escopo, custo, prazo e qualidade, sendo possível, assim, realizar a mudança. Um dos fortes indicativos de necessidade, de mudança por busca de novos objetivos são as partes interessadas do projeto. Monitorá-las corretamente é prever e antecipar-se a futuros problemas. Em outras palavras, o GP deve sempre se perguntar, em vista das expectativas das partes interessadas, se o seu projeto está gerando valor para o cliente e para o patrocinador.

Análise das partes interessadas

De maneira resumida, podemos estabelecer dois passos importantes no processo: identificar e analisar as partes interessadas. O primeiro deles é o processo de identificação de informações básicas sobre as partes interessadas, tais como seus interesses e expectativas a respeito do projeto. Após isso, devemos documentar o potencial impacto (nível de influência) de cada parte interessada do projeto e definir qual ação por parte do GP será tomada para cada um deles. Para usarmos essa ferramenta devemos identificar as partes interessadas e posicioná-las em uma das quatro categorias a seguir:

Monitorar: nesse quadrante teremos as partes interessadas que são muito influentes no projeto e já estão bastante envolvidas. A ação recomendada é de MONITORAR para que continuem assim. Isso não quer dizer que não seja necessário esforço do GP para manter essa situação favorável. Um exemplo típico aqui seria um patrocinador ou um cliente que requer atenção continuada.

Envolver: aqui teremos as partes interessadas que têm uma grande importância no projeto, mas que estão pouco envolvidas. A ação recomendada é ENVOLVER, ou seja, buscar aumentar a participação dessas partes interessadas, que são de grande importância para o projeto. Seria o caso de envolver um patrocinador ou um cliente importantes para o projeto, mas que não se mostram participativos. Requer uma atuação intensa do GP para modificar essa situação.

Reduzir: nesse quadrante temos as partes interessadas que não são de extrema importância no projeto, mas que estão fortemente envolvidas. Esse fato pode gerar, por exemplo, ruídos na comunicação do projeto, e, ainda, a inclusão de requisitos que não estão alinhados aos objetivos ou, até mesmo, a inversão de prioridades. Essas pessoas possivelmente não têm a compreensão completa dos objetivos do projeto ou podem ter interesses escondidos. A ação recomendada é REDUZIR o envolvimento dessas pessoas ou organizações.

Manter: são as partes interessadas sem muita influência e que estão com envolvimento pequeno ou moderado, o que é desejável no projeto. Portanto, a ação recomendada é de MANTER, para que elas permaneçam assim.

Análise Poder versus Interesse

Outra análise que se pode fazer sobre as partes interessadas é a do tipo Poder *versus* Interesse ou, analogamente, análise das atitudes das partes interessadas. Nesse caso o GP deve estar atento às partes interessadas com interesse ou atitude negativa (contrário ou resistente) aos objetivos do projeto e que tenham poder (voz ativa) para influenciar negativamente os rumos dele. É preciso considerar a possibilidade de uma parte interessada, e até mesmo de um membro da equipe do projeto, estar envolvida com este contra a sua vontade, ter interesses contrariados se o projeto alcançar sucesso, ou ainda estar com problemas pessoais que o levam a se revoltar contra tudo e todos. O GP deve usar suas habilidades de negociação e persuasão para que as partes interessadas nessa situação passem a um estado de interesse e atitude positivos; ou, na pior das hipóteses, que adotem uma postura mais passiva (não ajudar, mas também não atrapalhar).

Exercícios e leituras complementares para este capítulo

Anexos: 1, 2, 7 (documento X) e 11

6

GERÊNCIAS TRANSVERSAIS: QUALIDADE, COMUNICAÇÕES E AQUISIÇÕES

Introdução

As áreas-foco de gestão das pessoas e ambiente, qualidade, comunicações e aquisições buscam garantir suporte, eficiência e produtividade para a equipe, para o GP e para a organização executora do projeto, para que alcancem com maior chance de sucesso os objetivos da gestão do projeto em termos de escopo, prazo, custo e qualidade. A essas quatro áreas-foco nós chamamos de gerências transversais. Neste capítulo trataremos de três delas: qualidade, comunicações e aquisições, nessa ordem.

Gestão da qualidade

A gestão da qualidade do projeto inclui todas as atividades da organização executora que determinam as responsabilidades, os objetivos e as políticas de qualidade, de modo que o projeto atenda às necessidades que motivaram sua realização. Os processos de gerenciamento da qualidade do projeto são: (i) *planejamento da qualidade*; (ii) *realizar a garantia da qualidade*; (iii) *realizar o controle da qualidade*.

O não atendimento dos requisitos de qualidade em qualquer dimensão pode trazer sérias consequências negativas para algumas ou todas as partes interessadas no projeto. Por exemplo, atender às necessidades do cliente sobrecarregando a equipe do projeto pode trazer consequências negativas na forma de esgotamento dos funcionários, erros sem motivo aparente ou retrabalho. E, ainda, atender aos objetivos de cronograma do projeto, apressando as inspeções de qualidade planejadas, pode trazer consequências negativas quando os erros não são detectados.

A gestão da qualidade, de todas as gerências específicas, talvez seja aquela que mais utilize processos já existentes no ambiente do projeto, sendo esses processos, em sua maioria, advindos de normas e sistemas de qualidade já consagrados no mercado, como ISO 9000, 5S e CMMI, dentre outras. No entanto, mesmo com a existência dessas normas e de outros processos internos da empresa, é de responsabilidade da equipe do projeto manter a qualidade planejada e necessária ao projeto.

O conceito moderno de qualidade tem foco no atendimento às necessidades do cliente. Para isso, devem estar inclusas as atividades de identificação dos padrões de qualidade exigidos no projeto e para a garantia de alcance desses padrões. Na visão moderna de qualidade, o atingimento dos requisitos é essencial. As consequências de não atender aos requisitos podem ser observadas durante o projeto ou até depois de sua conclusão. Muitas vezes, requisitos de qualidade não cumpridos impactam o produto gerado pelo projeto após a sua entrega ao cliente. Uma falha de projeto em uma aeronave pode gerar sérias consequências, de impacto imensurável, por longos períodos de tempo até ser descoberta. No entanto, ao atender aos requisitos do produto, pressupõem-se ética e responsabilidade profissional. Assim, atender a esses requisitos sobrecarregando a equipe do projeto ou apressando inspeções de qualidade podem gerar outros erros até mais graves.

Conceitos-chave em qualidade

Os conceitos-chave em qualidade apontam principalmente para o cumprimento dos requisitos do produto, na exata proporção em que eles foram planejados. Exceder esses requisitos pode desviar a atenção e os recursos do projeto para uma direção indesejada.

Alguns conceitos-chave em qualidade de projeto:

- Atenção aos requisitos do produto como base para a gestão da qualidade.

- O cliente deve esperar e receber exatamente o que foi especificado – nada mais, nada menos.

- Exceder os requisitos especificados é uma perda de tempo e dinheiro, sem agregar valor ao projeto.
- A exigência por níveis mais altos de qualidade é dirigida pelos clientes.

O entendimento das necessidades de qualidade em um projeto direciona a maioria das outras gerências do projeto, como escopo, tempo, custo, aquisições, dentre outras. É importante que a equipe perceba se o projeto irá demandar altos padrões de qualidade já no seu início, pois importantes ações precisam ser tomadas, no que tange a outras definições e ações de outras gerências complementares. Podemos citar diminuições bruscas de tempo e custo em processos fabris. Projetos com níveis tecnológicos elevados ou novas tecnologias também são indicativos de exigência de altos padrões de qualidade. Desenvolver produtos em um tempo muito curto ou utilizar materiais e processos em seu limite também indicam a exigência de altos padrões de qualidade.

A qualidade pode vir do aumento da atenção com os requisitos, como também pode advir da prevenção de erros. Essa mesma qualidade também pode ser medida pela quantidade de defeitos encontrados nos artefatos gerados no projeto. Ou ainda podemos medir a qualidade pelo custo da não conformidade, ou seja, quanto mais gastamos para corrigir os erros do projeto, menor o nível de qualidade dele.

Gestão da qualidade

O estudo do gerenciamento da qualidade complementa o gerenciamento de projetos. Ambos têm objetivos comuns. Dentre eles podemos citar alguns dos mais importantes:

- Satisfação do cliente: o produto gerado deve estar em plena condição de uso pelo cliente. Atender aos requisitos e não estar pronto para o cliente usar não significa qualidade. Isso justifica a importância do planejamento da qualidade no projeto e da atenção na identificação dos requisitos e das necessidades de qualidade do projeto, junto às *partes interessadas*.

- Prevenção sobre inspeção: prevenir tem menor custo que inspecionar, embora só prevenção não resolva. A inspeção também é fundamental. No entanto, a principal atividade deve ser a prevenção, através de processos de garantia de qualidade.

- Melhoria contínua: em todas as normas e procedimentos de qualidade procura observar-se a melhoria contínua, em que se aprende com os erros anteriores.

Planejamento da qualidade

O planejamento da qualidade envolve a identificação dos padrões de qualidade relevantes para o projeto e a determinação de como satisfazê-los. Mudanças necessárias no produto para atender aos padrões de qualidade identificados podem exigir ajustes nos custos ou no cronograma ou a qualidade desejada do produto pode exigir uma análise de risco detalhada.

O processo "Planejar a Qualidade" é o responsável por identificar quais padrões de qualidade são relevantes para o projeto. Esse plano identifica passos de como esses padrões serão determinados na execução do projeto, sendo fundamental sua execução no início da fase de planejamento, pois têm influência em várias outras áreas específicas do projeto, sobretudo na definição do escopo e consequentemente no dimensionamento de atividades e recursos. A partir de mudanças e percepções durante o planejamento da qualidade, alguns ajustes podem ser necessários no cronograma do projeto ou ainda nas aquisições ou gerência de riscos do projeto.

Ferramentas e técnicas

Frequentemente, em conceitos de qualidade, nos referimos à análise de custo-benefício. O custo de produção de um artefato envolve também os custos de retrabalho. Portanto, devemos minimizar esse custo através de um bom planejamento e de ações adequadas de processos de garantia da qualidade, em vez de termos maiores custos com atividades de retrabalho.

- *Análise de custo-benefício*: o planejamento da qualidade deve considerar o equilíbrio entre custo e benefício. O principal benefício de atender aos requisitos de qualidade é o menor retrabalho. O principal custo de atender aos requisitos de qualidade é a despesa associada às atividades de gerenciamento da qualidade do projeto.

- *Normas e padrões*: padrões são orientações não obrigatórias, mas que normalmente é conveniente usá-las; geralmente são definidas por organizações e comitês. Normas são obrigatórias e quase sempre impostas por governos ou instituições. No planejamento da qualidade, devemos identificar quais normas e padrões são necessários no projeto. Devemos lembrar que os padrões não são obrigatórios, mas têm função orientadora, portanto são de extremo benefício para o projeto e devem, quando possível, ser adotados. Por outro lado, as normas são obrigatórias e normalmente têm função de regulação.

- *Custo da qualidade*: deve ser avaliado para assegurar que o produto ou serviço atenda às expectativas das *partes interessadas*. Refere-se a custos de produção do produto/serviço de acordo com os padrões de qualidade. Os principais tipos são:
    - Custos de prevenção: são todos os custos incorridos para evitar que falhas aconteçam.
    - Custos de avaliação: são os custos necessários para avaliar a qualidade do produto pela primeira vez e, assim, detectar falhas e inconsistências antes que o produto seja posto no mercado.
    - Falhas internas: os custos das falhas internas são todos aqueles incorridos devido a algum erro do processo produtivo, seja ele falha humana ou falha mecânica.
    - Falhas externas: os custos de falhas externas são aqueles decorrentes de falhas no produto ou serviço quando estes se encontram no mercado e/ou são adquiridos pelo consumidor final.

- *Principais estudiosos da qualidade e respectivas teses*: alguns estudiosos da qualidade nos dão diferentes definições de qualidade, que se complementam para o atingimento da satisfação do cliente e do pleno atendimento aos requisitos do projeto. Crosby, Juran e Deming nos oferecem ótimas reflexões para melhor entendermos o verdadeiro papel da qualidade dentro do projeto. Segundo Crosby, devemos evitar ao máximo o custo do retrabalho e caminhar na direção do "zero defeitos". Juran preza pela adequação ao uso, atendendo sempre aos requisitos do projeto. Deming chama a atenção para a participação da gerência nas exigências de qualidade do projeto.

- Philip B. Crosby: fazer certo desde o início. Os custos da qualidade aumentam pela necessidade do retrabalho. Conhecido como "zero defeitos".
- Joseph M. Juran: adequação ao uso. A qualidade deve atender ou exceder às expectativas das *partes interessadas*.
- W. Edwards Deming: 85% do custo da qualidade é um problema de gerenciamento. Quem executa não adivinha a qualidade do projeto.

- *Benchmarking*: uma ferramenta muito importante no processo de "Planejar a Qualidade" é o *benchmarking*. Essa técnica consiste na comparação de suas práticas às de outros projetos e organizações, com a finalidade de gerar ideias e estabelecer métricas de comparação e desempenho. Essa prática é vista como um processo de busca de melhores práticas e é amplamente praticada por empresas que buscam excelência em seus processos.

- *Diagrama de causa e efeito (Figura 6.1)*: representa graficamente as causas de um fenômeno. É um instrumento muito usado para estudar fatores que determinam resultados que desejamos obter (processo, desempenho, oportunidade) e as causas de problemas que precisamos evitar (defeitos, falhas, variabilidade). Algumas sugestões para a utilização dessa ferramenta:

    - Defina o problema que você pretende investigar de forma precisa, evitando termos abstratos e ideias muito genéricas.
    - Identifique as causas do problema sob investigação em reuniões ou em sessões de *brainstorming*.
    - Resuma sugestões em poucas palavras.
    - Concentre-se nas causas passíveis de serem sanadas. Afinal, se as causas de um problema não podem ser removidas, o diagrama de causa e efeito será simples exercício intelectual, sem qualquer aplicação prática.

- Listas de verificação: são ferramentas que auxiliam na coleta de informações e dados, num formato fácil e sistemático, para compilação e análise. Para usar a lista de verificação com eficácia, é importante que se tenha uma compreensão clara do objetivo da coleta de dados e dos resultados finais que dela podem se originar. É comum ao final de um projeto uma lista de verificação tornar-se uma ferramenta que poderá ser usada em projetos futuros, compondo assim o processo de lições aprendidas. Essas listas, geralmente, são úteis para identificar a localização, causa de defeitos e as razões para a não conformidade.

Figura 6.1 – Diagrama de causa e efeito

CAUSA   EFEITO

Fonte: Elaborada pelos autores.

Garantia e controle da qualidade
Garantia da qualidade

"Executar a Garantia da Qualidade" é o processo de auditar os requisitos e resultados de qualidade do projeto para garantir os padrões de qualidade e definições operacionais necessárias ao nível de qualidade do projeto. Uma das principais atividades é a auditoria, que tem por objetivo verificar a execução dos processos e não tem função de punição, mas sim de verificação e orientação na execução dos processos. Suas principais ferramentas são as auditorias de qualidade e análise dos processos envolvidos no controle de qualidade. As saídas são ações corretivas nos processos de controle de qualidade e solicitações de mudanças em tais processos.

Controle da qualidade

O processo de "Executar o Controle da Qualidade" monitora diretamente a qualidade dos produtos gerados no projeto, a fim de avaliar o desempenho e recomendar mudanças necessárias. Uma das principais atividades é a inspeção, que tem por objetivo medir e avaliar a qualidade observada e a partir daí sugerir mudanças para alcançar os níveis de qualidade desejados. Para tal, utilizam-se ferramentas como os diagramas de causa e efeito e o diagrama de Pareto (ver a seguir), que auxiliam na identificação de causas de problemas que geram baixa qualidade. As saídas são ações corretivas nos processos geradores dos produtos do projeto.

Diagrama de Pareto

No fim do século XIX, o economista sociopolítico Vilfredo Pareto observou que havia uma distribuição desigual de riqueza e poder na população. Ele calculou matematicamente que 80% da riqueza estava em mãos de 20% da população. No contexto da gestão da qualidade, o diagrama de Pareto é um recurso gráfico utilizado para estabelecer uma ordenação nas causas de defeitos que devem ser sanados. Sua aplicação em gestão de qualidade deve-se ao pensador sobre qualidade J. M. Juran: poucas causas levam à maioria das perdas, ou seja, "poucas são vitais, a maioria é trivial". O diagrama de Pareto (Figura 6.2) torna visivelmente clara a relação ação/benefício, ou seja, prioriza a ação que trará o maior impacto. Ele consiste num gráfico de barras que ordena as frequências das ocorrências da maior para a menor e permite a localização de problemas vitais e a eliminação de perdas.

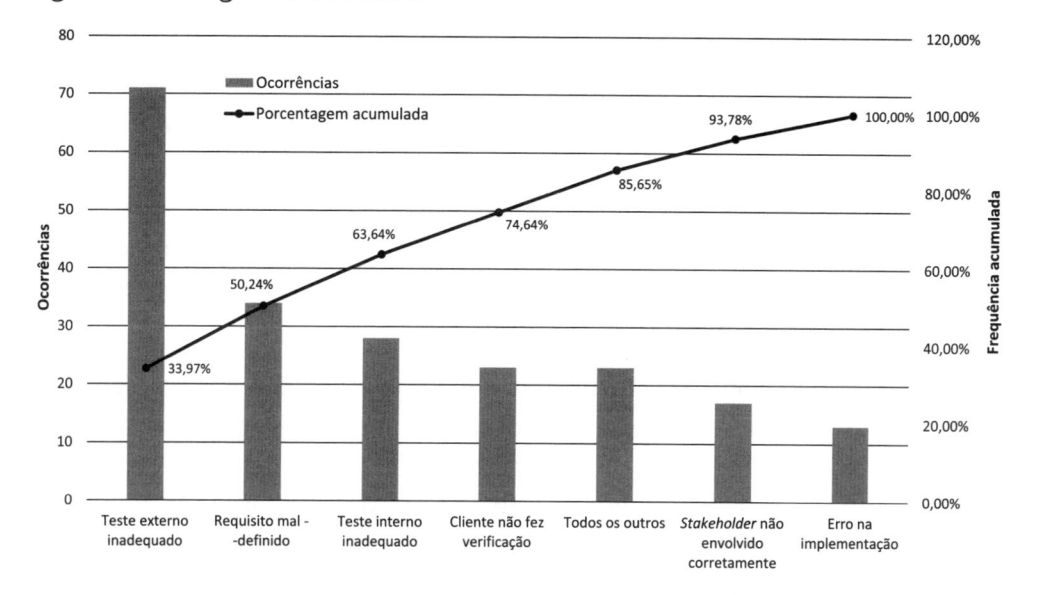

Figura 6.2 – Diagrama de Pareto

[Gráfico de Pareto com os seguintes dados:
- Teste externo inadequado: ~70 ocorrências, 33,97%
- Requisito mal-definido: ~34 ocorrências, 50,24%
- Teste interno inadequado: ~28 ocorrências, 63,64%
- Cliente não fez verificação: ~23 ocorrências, 74,64%
- Todos os outros: ~23 ocorrências, 85,65%
- Stakeholder não envolvido corretamente: ~17 ocorrências, 93,78%
- Erro na implementação: ~13 ocorrências, 100,00%]

Fonte: Elaborada pelos autores.

Considerações sobre percepção da qualidade

Controle e garantia de qualidade têm custos associados e, portanto, é de esperar que produtos que apresentem padrões superiores de qualidade sejam mais caros que aqueles que não apresentam. De maneira geral, como consumidores, procuramos avaliar o custo-benefício ao adquirirmos produtos e serviços, e um dos fatores que costumamos considerar é a qualidade. Aceitamos pagar mais caro por produtos os quais julgamos terem qualidade superior, ou, no pior dos casos, consideramos justo o preço cobrado nesses produtos. Outro fator que pode ser "trocado" por um ganho ou perda de qualidade é o prazo de entrega, quando, por exemplo, há necessidade urgente de um produto ou serviço, podendo-se adquirir um produto inferior que dispõe de pronta entrega.

Por outro lado, nem sempre é fácil avaliar objetivamente a qualidade de um produto ou serviço. Mesmo quando um produto é fabricado seguindo uma determinada norma (ISO 9000, por exemplo), muitas vezes o que a norma garante é uma certa estabilidade do processo de produção ou de oferta do serviço. Em outros casos, regulamentos garantem padrões mínimos de desempenho, como no caso da exigência recente no Brasil de que todos os automóveis novos tenham *air bags* e freios do tipo *ABS*. A essa qualidade, que pode ser medida no atendimento a requisitos objetivos, normas e padrões, podemos denominar de qualidade técnica.

Há um outro aspecto da qualidade que é de ordem mais subjetiva e que integra diversos fatores, tais como expectativas, preço, serviços agregados, experiências anteriores e comparação com produtos ou serviços similares. Podemos falar aqui de qualidade da experiência total. Esta será a opinião formada pelo consumidor ao considerar todos os fatores que envolvem a experiência de usar um produto ou serviço.

Voltando ao exemplo do automóvel, o usuário irá definir sua opinião final sobre a qualidade do carro em função não somente de requisitos técnicos que o automóvel atenda, tais como a potência do motor. Já no *test-drive* uma série de impressões mais subjetivas e interpretações sensoriais farão grande diferença na decisão de compra. A ergonomia do automóvel em geral é um desses aspectos, assim como o *design*. Frases como "o banco abraça bem o motorista" ou "o *design* do automóvel é agressivo" são exemplos de uma avaliação desse tipo. Outros aspectos como o nível de serviço e atendimento da rede de assistência técnica do veículo irão compor essa qualidade de experiência total. Nota-se, portanto, que, modernamente, a disciplina da qualidade em muito se relaciona com a disciplina de marketing.

Gestão das comunicações

A atividade de gerenciamento das comunicações é umas das que devem consumir o maior tempo do gerente de projetos, seja comunicando-se com a equipe ou com as demais partes interessadas. Essa gerência tem a função de estabelecer forma e tempo de atividades que garantam uma comunicação eficiente no projeto. Essas informações devem ser geradas, coletadas, documentadas, armazenadas e distribuídas no momento certo e para as pessoas certas, fazendo, assim, a comunicação ocorrer eficientemente no projeto. Com isso, busca-se promover, continuadamente, o entendimento comum sobre os objetivos e sobre o progresso do projeto. Além disso, a forma como essas comunicações serão realizadas será de extrema importância. A gestão das comunicações fornece as ligações críticas entre pessoas e informações que são necessárias para o sucesso do projeto.

Modelos e meios de comunicação

Antes de iniciarmos a discussão sobre os processos do gerenciamento das comunicações é importante discutirmos um modelo teórico de comunicação. Conforme podemos observar na Figura 6.3, a comunicação é composta de cinco partes, sendo elas: o emissor, o receptor, a mensagem, o meio e o *feedback*. Muitas vezes, nas atividades de comunicação, não percebemos essas partes e, no caso de alguma delas não ser contemplada, a comunicação não será eficiente. Gostaríamos de destacar a importância do *feedback*. Muitas vezes o emissor não solicita esse *feedback* e a mensagem não é bem compreendida pelo receptor e, assim, a comunicação não é bem-sucedida. Esse *feedback* deve ser solicitado pelo emissor ou até mesmo emitido pelo receptor sem a necessidade de solicitação do emissor.

Figura 6.3 – Modelo de comunicação

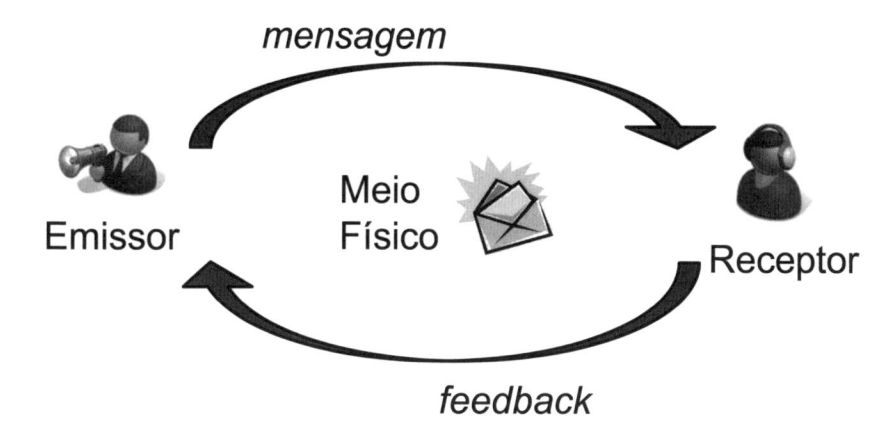

Fonte: Elaborada pelos autores.

A Figura 6.4 retrata o mesmo modelo da Figura 6.3, exceto pelo fato de que nesse modelo temos presente o ruído. O ruído é alguma perturbação no meio que prejudica o envio ou a recepção da mensagem. Muitas vezes, em atividades do projeto, percebemos vários ruídos nas comunicações do projeto. Esse ruído pode ser, numa forma mais direta, um barulho que não permita que as pessoas escutem o que você esteja falando numa reunião. Outras vezes se apresenta como um momento ou local inadequado para tratar algum assunto, gerando, assim, uma barreira de comunicação ao emissor. O gerente de projeto deve perceber esses ruídos e tentar evitá-los, a fim de ter uma comunicação eficiente.

Algumas outras percepções devem ser observadas nas comunicações do projeto. A escolha dos meios, por exemplo, que podem ser orais ou escritos, formais ou informais. Imagine uma situação em que seja necessária uma solicitação de mudança no projeto. Certamente você deverá optar por reportar-se de forma escrita, garantindo, assim, o registro dessas alterações. Já na forma de discussão dessa alteração, podemos optar pela forma oral para, quando decidido, documentarmos e usar então o meio escrito. O estilo da redação em um *e-mail* deve ser bem escolhido (formal ou informal), pois pode ser mal interpretado, funcionando, assim, como uma barreira à comunicação pretendida. De uma maneira geral, deve-se usar, na comunicação escrita, linguagem clara e direta (preferencialmente voz ativa), evitando frases indiretas e palavras de duplo sentido.

Figura 6.4 – Modelo de comunicação incluindo o ruído

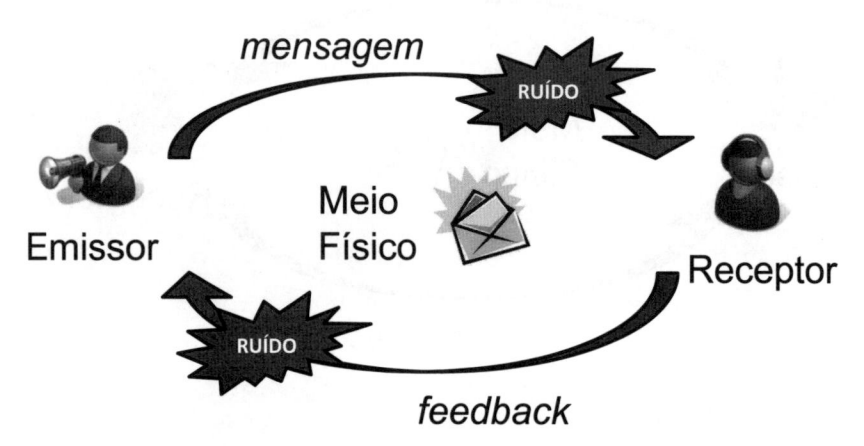

Fonte: Elaborada pelos autores.

O estilo de comunicação formal impõe regras e formalismos. Um exemplo de comunicação oral e formal é uma apresentação diante de uma plateia. Da mesma forma, um relatório gerencial tem aspectos formais e uma linguagem apropriada, sendo um exemplo de uma comunicação escrita e formal. Um almoço entre o GP e sua equipe onde se discutam alguns aspectos do projeto é um exemplo de comunicação oral e informal. Um memorando interno, escrito a mão pelo GP para um membro específico da equipe, parabenizando-o por um bom resultado alcançado, é um exemplo de comunicação escrita informal.

Alguns estudos sugerem que praticamente metade da comunicação entre pessoas se dá de forma não verbal (por exemplo, através de gestos). A comunicação visual, ou seja, a maneira como nos vestimos, os nossos gestos e inclusive nossas expressões faciais, têm um importante papel nas comunicações. Além disso, a altura e o tom de voz já carregam consigo parte do que você quer dizer. Enfim, para termos uma comunicação eficiente, enquanto emissor ou receptor, devemos observar alguns dos fatos aqui discutidos e com relevância para o *feedback* nas mensagens. Emissor e receptor devem, via de regra, confirmar se o que foi enviado foi corretamente compreendido.

Um outro aspecto a ser considerado é o uso efetivo do canal de comunicação, que deve ser corretamente escolhido, seja pelo GP ou por qualquer membro da equipe. Imagine, por exemplo, uma lista de discussão por *e-mail* de um projeto. Não é adequado que membros enviem mensagens relativas a outros assuntos, pois podemos considerar que esse canal de comunicação está "sujo", uma vez que mensagens de várias naturezas trafegam todas juntas, o que pode contribuir para uma ineficiência na atenção que os membros devam dar a uma mensagem recebida.

Outras dimensões da comunicação incluem: se a comunicação é interna (para a equipe, patrocinador ou cliente) ou externa (outros projetos, mídia, público em geral); se vertical (acima ou abaixo na cadeia hierárquica da organização) ou horizontal (com colegas de mesmo nível hierárquico); ou ainda se oficial (constante no plano de comunicações do projeto) ou não oficial (comunicações confidenciais ou informais/eventuais).

Planejamento das comunicações

O processo de planejar as comunicações tem como principal objetivo elaborar um plano de gerenciamentos das comunicações, que deverá conter as necessidades de informações e comunicações do projeto, bem como detalhamento e frequência com que essas comunicações serão realizadas. Esse documento irá nortear todas as ações de comunicação, como, por exemplo, tipos e frequência de emissão de relatórios, datas e tipos de reuniões que serão realizadas e quem serão os responsáveis por cada comunicação do projeto.

As perguntas básicas para guiar o desenho do plano de gerenciamento das comunicações (PGC) são:

- Que tipo de informação?
- Para quem?
- Quando ou qual a periodicidade?
- Como se pode confirmar recebimento e entendimento?

Para gerar o PGC devemos analisar a complexidade dos requisitos das comunicações em cada projeto e o uso adequado da tecnologia das comunicações, que leva em consideração aspectos de custos e viabilidade.

Ao analisar os requisitos das comunicações do projeto, o gerente de projeto deve considerar qual o número de canais de comunicações potenciais existe no projeto e a partir daí elaborar uma estratégia de estabelecimento de ações e responsáveis por cada comunicação realizada no projeto. A fórmula que calcula o número de canais de comunicação de um projeto N_C é:

$$N_C = N \times (N - 1) / 2$$

Em que N é o número de partes que se comunicam (membros da equipe e partes interessadas). O número de canais é um indicativo da complexidade das comunicações em um projeto. Uma estratégia sugerida é diminuir o número de canais de comunicação não oficiais, ou seja, estabelecer canais formais de comunicação dentro do ambiente de projeto e com formas e prazos para que esses canais executem as comunicações do projeto. Por outro lado, não é razoável supor que o gerente de projeto seja capaz de controlar todos os canais de comunicação de um projeto, especialmente os informais. Mas, na medida em que os canais formais de comunicação são bem estabelecidos e mantidos, a comunicação informal perde força.

Por exemplo, na Figura 6.5 observa-se a aplicação dessa fórmula para um time de projeto composto pelo gerente mais seis membros da equipe, resultando em N = 7. Em um time com sete membros, caso não estabeleçamos responsáveis oficiais pelas comunicações do projeto, teremos 56 canais, que, se não forem corretamente gerenciados, poderão ter comunicações não oficiais no projeto, que podem gerar mensagens incorretas, podendo levar o projeto a um caos. Portanto, uma estratégia que se sugere é a diminuição desses canais informais, através do estabelecimento de canais oficiais de comunicação do projeto, devidamente aprovados e documentados no plano de comunicação do projeto.

Figura 6.5 – Canais de comunicação em um projeto

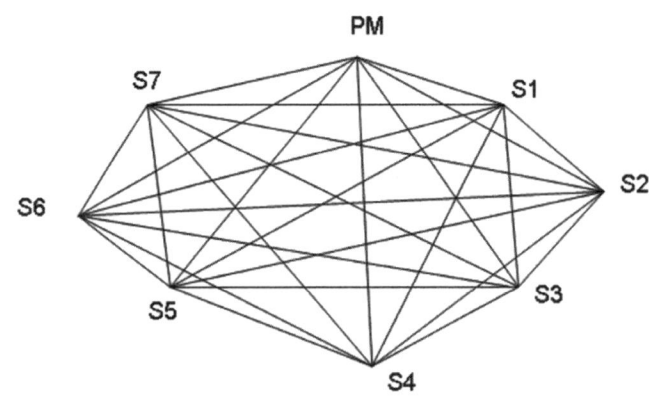

- Gerente + 7 membros no time = 56 potenciais canais de comunicação!

Fonte: Elaborada pelos autores.

Outro aspecto relevante no planejamento das comunicações é conhecer a tecnologia das comunicações, que norteia esse planejamento. Por exemplo, conhecer com qual urgência um tipo de comunicação direciona o estabelecimento de prazos e frequência de determinada comunicação. Deve-se telefonar ou enviar um *e-mail*? Conhecer qual a disponibilidade de uma tecnologia de comunicação, como, por exemplo, custo e disponibilidade, permite a realização de reuniões via videoconferência. Outras informações, como nível de formação das pessoas, estabelecem critérios para os formatos e tipos de reuniões a serem realizadas. A duração e o ambiente de projeto também contribuem para tomadas de decisões importantes quanto ao plano de comunicações do projeto: se o projeto tem uma equipe distribuída geograficamente, as necessidades e meios de comunicações serão bastante diferentes de uma equipe que trabalha junta no mesmo ambiente físico.

Diferentes situações de projetos podem requerer soluções bastante diversificadas de comunicação. Uma coisa é um projeto relativamente pequeno com cinco ou seis membros localizados na mesma sala. Outra coisa é um projeto com 60 colaboradores espalhados em quatro sedes geograficamente distribuídas. O GP do projeto no 2º caso terá que ser muito mais detalhista e cauteloso com o plano de gerenciamento das comunicações e com as tecnologias envolvidas para implementá-lo.

Modalidades de comunicação

Ao planejar as comunicações do projeto, o GP deve atentar para as diferentes modalidades de comunicação. De uma maneira geral, as comunicações podem ser organizadas nas seguintes modalidades:

- Interativa: envolve pessoas comunicando-se em tempo real; exemplos incluem reuniões, apresentações, *workshops*, conversações, telefonemas, conferências, mas também *chats* e outras formas em que a resposta da outra parte é praticamente instantânea.

- Não interativa ativa: as informações são enviadas por uma parte à outra, mas a resposta não é garantida. Exemplos incluem cartas e correspondências em geral, *e-mails*, mensagens de texto ou de voz.

- Não interativa passiva: as informações são armazenadas em determinado local e dependem da iniciativa da outra parte para recuperá-las. Exemplos incluem arquivos físicos, repositórios de arquivos de PCs, *websites*, *blogs* e Intranets.

Plano de gerenciamento das comunicações

Os requisitos em um plano de comunicação são as descrições das necessidades de comunicações de um projeto, como quais as principais reuniões ou quais relatórios serão necessários. Se possível, devemos documentar também quais informações deverão ser comunicadas, bem como o formato e nível de detalhes. Um documento de exemplo, demonstrando o nível de detalhamento, também pode ser usado. No plano também devem constar quais os responsáveis por todas as informações e quem irá recebê-las, além de qual canal de comunicação será utilizado. Devemos também documentar qual a frequência de cada comunicação, como reuniões técnicas semanais, reuniões mensais com o patrocinador do projeto, relatórios bimestrais, dentre outros. Devemos também estabelecer prazos e nomes para aumentar o nível da cadeia gerencial, no caso de problemas não estarem sendo resolvidos no nível hierárquico mais baixo. Essas ações são chamadas de "escalar o problema" e elas devem estar bem documentadas para evitar mal-entendidos, como a quebra de hierarquia nos escalões do projeto. Um método para atualização e revisão do plano das comunicações é também necessário, a fim de que sejam revistos ações e requisitos. No Anexo 12 desta obra consta um exemplo de plano de comunicação que pode ser usado e adaptado em situações reais de projeto.

Executando as comunicações: reuniões de projetos

Na execução das comunicações de um projeto, uma das principais atividades são as reuniões de projeto. A reunião de *kick-off* marca o início do projeto ou de fases. Essa reunião visa informar às *partes interessadas* o início oficial do projeto. Muitas vezes tem um tom celebrativo, de congregação e integração da nova equipe que se forma.

As reuniões gerenciais buscam manter o foco e a direção aos objetivos do projeto, bem como a motivação da equipe e o engajamento das partes interessadas. Podem ser chamadas mais especificamente de diversos termos. As reuniões de acompanhamento visam à monitoração, por parte do gerente, das atividades do projeto. Nessa reunião também são repassadas informações de interesse geral e mensagens de lições aprendidas. Reuniões de *status* ou de progresso podem focar mais especificamente em indicadores sobre a situação gerencial do projeto, o cumprimento de marcos, índices de desempenho de custo e prazo, previsões, assim como deliberar sobre riscos e propostas de mudanças. Reuniões gerenciais também podem ser convocadas para a aprovação formal de uma mudança importante no plano original do projeto. As reuniões técnicas, que normalmente não ocorrem com todos os membros do projeto, têm o objetivo de tratar assuntos de cunho técnico mais aprofundado, levando à participação específica de pessoas mais importantes para cada assunto.

A reunião toma um tempo coletivo dos participantes e, portanto, deve ser produtiva. Para que tenhamos uma reunião produtiva, torna-se fundamental o preparo dela. Devemos imaginar sempre três momentos em uma reunião: o antes, o durante e o depois. O antes faz parte do preparo: marcar com as pessoas corretas e com a antecedência adequada cada reunião, preparar e divulgar uma pauta e aprontar os meios da reunião, como reserva de sala, preparar documentos, material de áudio e vídeo, dentre outros. Não é nada interessante chegar a uma reunião e encontrar todos esperando por um projetor ou por um *notebook* para iniciá-la. O durante diz respeito à condução da reunião. O gerente deve ter habilidade de conduzir os pontos de pauta na sequência correta e de maneira produtiva, evitando discussões irrelevantes que em nada contribuirão para o momento. O depois da reunião diz respeito à documentação, através de uma ata, e ao acompanhamento, por parte do GP, das ações definidas na reunião.

Um dos fatos que mais desmotivam a comunicação em um projeto é a falta de uma sala de reunião apropriada para a gestão do projeto. A Figura 6.6 apresenta a sala de reunião ideal, onde temos um exemplo de uma *Sala de Guerra*, onde todos os aparatos necessários à comunicação são utilizados. Procure inspirar-se nessa figura e crie uma sala de guerra para o seu projeto!

Figura 6.6 – Sala de guerra para reuniões em projetos

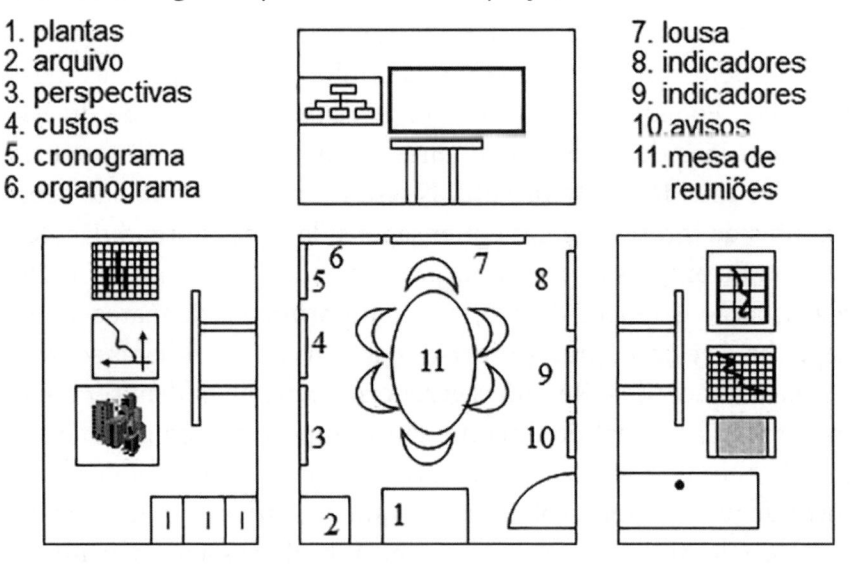

1. plantas
2. arquivo
3. perspectivas
4. custos
5. cronograma
6. organograma
7. lousa
8. indicadores
9. indicadores
10. avisos
11. mesa de reuniões

Fonte: Adaptada da bibliografia 49.

Uma modalidade moderna de reunião são as chamadas reuniões diárias. É uma tendência em projetos com escopo dinâmico (por exemplo, projetos de desenvolvimento de *software*). Trata-se de um encontro diário da equipe no início do dia, encontro esse rápido (por exemplo, 15 minutos) e focado. Busca-se revisar as expectativas de progresso de curto prazo e principais obstáculos a ele. Podem-se discutir até mesmo as metas daquele dia específico, apenas. Algumas pessoas advogam que essa reunião seja feita de pé, para garantir foco e evitar conversas desnecessárias.

Reportar o desempenho

O gerente de projeto deve sempre reportar o desempenho do projeto às partes interessadas (notadamente o patrocinador). Aqui se enquadram os relatórios de progresso, *status* e previsões do projeto. Nesse processo o gerente deve coletar e distribuir as informações de maneira correta, incluindo o progresso e as previsões do projeto. Essas coletas devem ser periódicas e com base em análise das linhas de base de tempo e custo, dando um melhor entendimento do progresso do projeto. Métricas de controle e monitoramento, tais como a análise de valor agregado, podem e devem ser incluídas nos relatórios do projeto.

Habilidades para comunicações

Um gerente de projeto deve ser uma escuta ativa e vencer a resistência a mudanças, encarando-as de maneira consciente, fazendo sempre uma análise de impacto para absorvê-la ou não no ambiente do projeto, e tendo em vista a satisfação das partes interessadas, em particular o cliente do projeto. Em resumo, as principais habilidades gerais de comunicação relevantes em um projeto são:

- Ouvir e perguntar.
- Promover o aumento do conhecimento na equipe.
- Conhecer e promover a utilização de ferramentas eletrônicas de comunicação, inclusive sítios na Internet, redes sociais, programas de *chat* e de comunicação por áudio e videoconferência.
- Identificar e avaliar as necessidades de comunicação de partes interessadas específicas e relevantes.
- Garantir a distribuição de informações para a compreensão geral do projeto junto às partes interessadas.
- Capacidade de promoção de mudanças e da superação de resistências.
- Habilidades de apresentação visual de informações e resultados.

- Habilidades de fala em público e oratória.
- Habilidades de redação geral e técnica.

Gestão das aquisições

A gestão das aquisições inclui os processos de aquisição de todos os artefatos que são do projeto, mas que têm origem externa. Esse processo envolve compras, gestão de contratos e locações que serão realizadas no projeto. Esse processo é bastante ligado aos processos de escopo e de qualidade, pois, mesmo sendo realizado por uma equipe externa ao projeto, ainda faz parte do escopo. Outra gerência que tem forte relacionamento com as aquisições é a gerência de riscos, pois sempre que se adquire algum artefato do projeto se transfere o risco para uma terceira parte, no entanto, ainda resta um risco residual relativo a essa transferência (por exemplo, o não cumprimento do prazo, qualidade abaixo do esperado).

O gerenciamento das aquisições inclui os processos para comprar ou adquirir produtos, serviços ou resultados externos à equipe do projeto e necessários para realizar o trabalho do projeto. É também parte das aquisições a gestão contratual formal de qualquer contrato relativo à aquisição de qualquer artefato do projeto. Os processos de aquisição devem ser executados o mais cedo possível, uma vez que as aquisições do projeto têm desdobramentos em vários outros processos de planejamento do projeto, como escopo, qualidade e riscos.

Vamos organizar a gestão das aquisições em quatro processos, a saber: (i) preparar contratos e propostas; (ii) selecionar fornecedores; (iii) administrar o fornecimento; (iv) encerramento administrativo. Esses quatro processos seguem uma ordem lógica. Uma etapa de planejamento das aquisições deve ser realizada para decidir o que vai ser efetivamente adquirido, bem como a forma como essas aquisições serão realizadas. Ao final de cada fase ou ao final do projeto, devem-se encerrar as aquisições, encerrando os contratos realizados.

Planejamento das aquisições

Planejar as aquisições envolve principalmente identificar quais as necessidades do projeto podem ser mais bem atendidas pela compra ou aquisição de produtos ou serviços de fora da organização do projeto, bem como a identificação de quais as necessidades devem ser realizadas pela equipe do projeto.

Esse processo envolve a consideração de como adquirir, o que e quanto se deve adquirir e em que momento do projeto. Algumas decisões resultantes desse planejamento incluem, dentre outras:

- Que tipos de contratos serão usados?
- Se houver necessidade de estimativas independentes como critério de avaliação, quem irá prepará-las e quando?
- Se a organização executora tem um departamento de compras, que ações pode a equipe de projeto tomar por contra própria?
- Caso haja necessidade de documentos padronizados para o processo de aquisição, onde eles podem ser encontrados?
- Como os diversos fornecedores serão administrados?
- Como as aquisições serão coordenadas com outros aspectos do projeto, tais como cronogramas e relatórios de desempenho?
- Quais os critérios de seleção dos fornecedores?
- Se haverá exigência de contratos e planos de trabalho e respectivos formatos e mecanismos de aprovação.

Análise do fazer ou comprar

Uma das principais decisões do processo de Planejar as aquisições é a decisão de fazer ou comprar, ou seja, se a equipe irá produzir internamente o artefato ou irá adquiri-lo externamente ao projeto. Pode ser uma decisão difícil e cada caso deve ser cuidadosamente analisado. As restrições do orçamento do projeto são consideradas nas decisões de fazer ou comprar. A análise inclui os custos diretos e indiretos. Por exemplo, o lado de compra da análise inclui os custos reais desembolsados para comprar o produto e também os custos indiretos de gerenciamento do processo de compra.

Em uma análise de fazer ou comprar, se for necessário tomar uma decisão de compra, ela também refletirá a perspectiva da organização da equipe do projeto, além das necessidades imediatas deste. Por exemplo, comprar um item (qualquer coisa desde um guindaste de construção até um computador pessoal) em vez de alugar ou fazer *leasing* pode ser ou não econômico do ponto de vista do projeto. No entanto, se a organização da equipe do projeto tiver uma necessidade contínua do item, a parte do custo de compra alocado para o projeto poderia ser menor que o custo do aluguel. A alocação dos custos poderia se basear em uma análise do custo compartilhado do equipamento por vários projetos dentro de uma mesma organização.

Seguem alguns critérios que devem orientar a decisão de fazer ou adquirir externamente um componente de trabalho do projeto:

Fazer	Comprar
- Facilidade de integração com as operações de rotina	- Fornecimento especializado (falta de competência interna)
- Utilização de capacidade ociosa	- Pequenos volumes
- Controle direto	- Capacidade limitada
- Falta de fornecedores confiáveis	- Ampliar leque de fornecedores
- Uso de mão de obra disponível	
- Sigilo	

Tipos de contratos

Ainda no planejamento das aquisições, os tipos de contratos que serão usados em cada compra devem ser especificados, compondo, assim, um planejamento de aquisições. Dentre os tipos de contratos existentes, o contrato de custo fixo é um tipo de contrato que envolve um preço total fixo para um produto bem definido. Os contratos de preço fixo podem também incluir incentivos para que determinados objetivos do projeto, como metas de cronograma, sejam atingidos ou superados. A forma mais simples de um contrato de preço fixo é um pedido de compra. São também tipos de contrato de preço fixo:

1. Contrato de preço fixo garantido (PFG): um tipo de contrato de preço fixo em que o comprador paga ao fornecedor um valor determinado (conforme definido pelo contrato), independentemente dos custos do fornecedor.

2. Contrato de preço fixo com remuneração de incentivo (PFRI): um tipo de contrato de preço fixo em que o comprador paga ao fornecedor um valor determinado (conforme definido pelo contrato) e pelo qual o fornecedor poderá ganhar um valor adicional se cumprir determinadas metas (de prazo, por exemplo).

Contratos de custos reembolsáveis

Um tipo de contrato que envolve o pagamento (reembolso) pelo comprador para o fornecedor pelos custos reais do fornecedor acrescidos de uma remuneração que normalmente representa o lucro do fornecedor. Os custos geralmente são classificados como custos diretos ou indiretos. Custos diretos são custos incorridos para o benefício exclusivo do projeto, como os salários da equipe que trabalha em período integral para o projeto. Custos indiretos, também chamados de *overhead*, custos gerais ou custos administrativos, são os custos alocados para o projeto pela organização executora como um custo de realização do negócio, como os salários dos gerentes indiretamente envolvidos no projeto e o custo dos serviços públicos de eletricidade do escritório. Geralmente, os custos indiretos são calculados como um percentual dos custos diretos.

Os contratos de custos reembolsáveis frequentemente incluem cláusulas de incentivo em que, se o fornecedor atingir ou superar os objetivos selecionados para o projeto, como metas de cronograma ou custo total, receberá do comprador um incentivo ou pagamento de bônus. São tipos de contrato de custo reembolsável:

1. Contrato de custo mais remuneração fixa (CMRF): um tipo de contrato de custos reembolsáveis em que o comprador reembolsa o fornecedor pelos custos permitidos (definidos pelo contrato) ao fornecedor acrescidos de um valor fixo de lucro (remuneração).

2. Contrato de custo mais remuneração de incentivo (CMRI): um tipo de contrato de custos reembolsáveis em que o comprador reembolsa o fornecedor pelos custos permitidos (definidos pelo contrato) ao fornecedor. O fornecedor terá direito a seu lucro se atender aos critérios de desempenho definidos.

Vantagens e desvantagens

Contrato de custo fixo (ou empreitada):

Vantagens	Desvantagens
Conhecer o custo final	Conhecimento detalhado do que vai ser feito
Facilitar o acompanhamento	Maior tempo de preparação do "projeto"
Incentivar o término no menor custo	Redução do número de propostas devido ao alto custo de preparação e ao alto risco

Contrato de custos reembolsáveis:

Vantagens	Desvantagens
Flexibilidade para o contratante	Não há garantia do custo final
Minimiza o lucro do contratado	Não há incentivo para acabar no prazo
Minimiza negociações e custo de detalhamento de especificações	Sujeito a muitas alterações
Permite início rápido	

Procedimentos para obtenção de propostas

Um procedimento para seleção e contratação de fornecedores deve ser bem definido, ainda no planejamento das aquisições, para que sirva de base de orientação da equipe, quando na execução das aquisições. Devem ser definidos quais os procedimentos serão utilizados para solicitar as cotações e propostas, tomadas de preço e carta-convite, concorrência pública ou licitação. É importante atentar para aspectos legislativos, principalmente em projetos em que verbas provenientes de órgãos públicos sejam utilizadas. No Brasil, a Lei nº 8.666/93 é a lei que estabelece normas gerais sobre licitações e contratos administrativos pertinentes a obras, serviços (inclusive de publicidade), compras, alienações e locações no âmbito dos Poderes da União, dos Estados, do Distrito Federal e dos Municípios e deve ser usada quando for obrigatória.

São as seguintes as alternativas para obtenção de propostas de preços:

- Solicitação de cotações e propostas.
- Tomadas de preço e cartas-convite.
- Concorrência pública.
- Licitação.
- Divulgação de oportunidades e busca de fornecedores: anúncios, Internet, editais etc. (atentar para legislação pertinente).

Critérios para seleção de fornecedores:

- Preço.
- Garantias.
- Riscos.
- Entendimento das necessidades.
- Capacidade técnica (ex.: atestados de execução).
- Capacidade administrativa (equipe, organograma).
- Atestados de qualidade ou certificações (ex.: ISO 900X).
- Capacidade financeira: carta de fiança, balanço contábil.
- Direitos de propriedade dos resultados, inclusive intelectual.
- Cláusulas de vigência e datas de entrega.
- Cláusulas de rescisão e penalidades (modalidade do contrato).

Esses critérios podem ser classificados assim:

- Os critérios de habilitação destinam-se à avaliação dos licitantes sob os aspectos de capacidade jurídica, técnica e econômico-financeira, de regularidade fiscal e de regularidade quanto às restrições ao trabalho infantil. O não atendimento aos critérios exigidos de habilitação implica a inabilitação.

- Os critérios técnicos destinam-se à avaliação técnica das propostas dos licitantes, sendo essencial que exista demonstração do nexo entre a exigência ou a valoração estabelecida e o benefício que se pretende obter da contratação. São fixados parâmetros técnicos mínimos a serem exigidos, sem os quais qualquer proposta é considerada desclassificada. Nas licitações do tipo "técnica e preço" e "melhor técnica" devem-se, adicionalmente, estabelecer escalas de valoração dos parâmetros técnicos (para valores melhores que o mínimo exigido) que permitam avaliar a vantagem estritamente técnica de cada proposta.

- O critério de aceitabilidade destina-se à verificação da compatibilidade dos preços ofertados com o praticado no respectivo mercado.

- O critério de julgamento das propostas (tipo de licitação) destina-se à avaliação global das propostas dos licitantes para escolha daquela mais vantajosa, entre as propostas dos proponentes habilitados e classificadas pelo atendimento às exigências técnicas mínimas, seja considerando somente o aspecto do preço (tipo "menor preço"), seja considerando conjuntamente os aspectos técnicos e de preço (tipos "técnica e preço" e "melhor técnica").

Exercícios e leituras complementares para este capítulo

Anexos: 7 (documentos IV e V), 12, 13 e 14

7

GESTÃO DOS RISCOS

Introdução

Por definição, um projeto busca gerar um resultado, produto ou serviço exclusivo. Há algo de inédito em todo projeto, seja no produto que se deseja desenvolver, na solução empregada, ou simplesmente no contexto no qual o projeto é executado (equipe, cliente, condições de mercado). Nesse sentido, todo projeto é marcado pela incerteza, em maior ou menor grau. Projeto sem incerteza e risco existe apenas em tese. Conviver eficientemente com os riscos de um projeto é uma competência que cresce em importância para os GPs.

Mas, antes, cabe a pergunta: o que é risco? Risco de projeto é um evento ou condição incerta que, se ocorrer, terá um efeito positivo ou negativo sobre pelo menos um objetivo do projeto, como prazo, custo, escopo ou qualidade.

O risco do projeto se origina da incerteza que está presente em todos os projetos e pode ser classificado, de forma bem geral, em riscos conhecidos e desconhecidos. Os riscos conhecidos são aqueles que foram identificados e analisados e, assim, podem ser gerenciados explicitamente. Os riscos desconhecidos não podem ser gerenciados de forma proativa, embora haja maneiras de nos prepararmos também para eles.

Embora risco e incerteza estejam relacionados, não são a mesma coisa. Risco é todo tipo de incerteza com impactos mensuráveis ou perceptíveis sobre o projeto.

> **Exemplo**
>
> "Há uma chance razoável que o poço de petróleo proposto esteja seco, e nesse caso incorreremos em prejuízo de R$ 12 milhões em custos de perfuração."
>
> Nessa sentença, temos, na primeira parte, a descrição da probabilidade ou chance de um evento incerto (a existência ou não de petróleo no poço). Na segunda parte, temos a informação sobre as consequências ou impactos caso essa incerteza se confirme (prejuízo de 12 milhões). O risco é descrito por completo com as duas partes da sentença.

Isso posto, podemos propor uma definição de gerenciamento de riscos:

Gerenciar riscos é estruturar a incerteza inerente a qualquer projeto em partes identificadas, que possam ser analisadas e monitoradas, para que respostas adequadas sejam definidas e executadas.

No gerenciamento de riscos, portanto, tenta-se levantar, previamente à fase de execução do projeto, riscos relevantes que possam causar dificuldade ao projeto. Esses riscos identificados serão objeto de uma análise mais profunda. Há que se reconhecer também que somos incapazes de identificar *todos* os riscos possíveis. Haverá sempre riscos desconhecidos cujo tratamento toma outro caminho baseado em reservas, tema que exploraremos mais à frente.

Modernamente, a palavra *risco* também é associada a oportunidade, tendo, portanto, conotação também positiva. Embora culturalmente associemos risco a perigo, catástrofe ou outro resultado indesejável, devemos definir risco, formalmente, como também incluindo ganhos e benefícios tangíveis inesperados ou incertos. De toda forma, com o objetivo de tornar a exposição do assunto mais clara, iremos adotar a conotação negativa de risco na sequência do texto, salvo quando explicitado em contrário. Oportunamente discorreremos sobre os riscos positivos, completando a exposição mais ampla desse conceito.

Outra definição, obtida do Padrão de Gerenciamento de Riscos do PMI (*Project Management Institute*), e que inclui de forma mais explícita os riscos positivos, nos informa que gerência de risco é: *o conjunto de processos cujo objetivo é reduzir a probabilidade e impacto de eventos negativos para o projeto, bem como aumentar a probabilidade e impacto de eventos positivos. Objetiva identificar e priorizar riscos antes de suas ocorrências, provendo planos de ação para os gerentes.*

> *Exemplo*
>
> Considere uma situação de um *buffet* para festas ao ar livre na cidade de Fortaleza. Nesse caso, há uma incerteza a respeito do clima com possibilidade de chuva ou sol. Um cliente do *buffet* reserva uma festa de casamento para o dia 13 de outubro. O contrato estipula que se chover no dia da festa, ela será cancelada. O *buffet* está lotado para o resto do ano, de forma que, na prática, a festa não poderá ser remarcada. Estatisticamente, de acordo com registros históricos, a probabilidade de chuva nesse dia é 15%, de acordo com uma agência de previsão meteorológica. Se chover, o prejuízo financeiro do cliente é de R$ 25.000,00. Além disso, há prejuízos subjetivos difíceis de mensurar, como a frustração do cliente e de seus familiares. Diante desse risco, o cliente entra em contato com uma empresa que instala toldos temporários ao custo de R$ 5.000,00. A empresa fica de sobreaviso, mas precisa de uma confirmação até uma semana antes da festa para poder instalar o toldo. O cliente irá monitorar a previsão do tempo nos dias que antecedem a festa para tomar uma decisão se irá ou não contratar o toldo para eliminar esse risco.

Observe que o cliente poderia ter optado por não fazer nada e aceitar correr o risco, baseando-se na baixa probabilidade de ocorrência de chuva. A disposição para correr riscos dos donos da festa é que vai guiar a decisão deles de bancar o custo da *proteção* contra o risco *chuva* ou se eles preferem correr esse risco. Qualquer uma dessas opções é perfeitamente racional.

Observe ainda que a prevenção de um risco envolve custos (no caso da contratação dos toldos). Note também que a decisão de contratar a prevenção não precisa ser tomada com muita antecedência: pode-se monitorar um *gatilho* na forma de como se comporta a previsão do tempo nas proximidades do evento. Esse exemplo simples ilustra os diversos processos de gerência de riscos que iremos detalhar neste capítulo.

Observe que o gerenciamento de riscos não é *contra* correr riscos, mas busca, na verdade, dar informações suficientes sobre as incertezas e seus impactos, de forma que as *partes interessadas* possam tomar decisões abalizadas, conforme sua tolerância a riscos em cada projeto específico. Podemos afirmar, fazendo um trocadilho, que o maior risco é não saber quais riscos corremos!

Por fim, gostaríamos de comentar que, no contexto da gestão de projetos, a área-foco de gerência de riscos não tem um fim em si só, mas é *transversal*.

Com isso, queremos dizer que, ao analisar os riscos do projeto, necessariamente estaremos repassando os objetivos e processos das outras áreas-foco (escopo, custo, prazo, qualidade, pessoas, partes interessadas, comunicações e contratos). Dessa forma, podemos elencar alguns benefícios esperados da implantação de processo de gerenciamento de riscos:

- melhoria dos processos de tomada de decisão nas diversas áreas-foco do projeto;
- melhoria da alocação de recursos do projeto, analisando as áreas mais arriscadas do escopo, cronograma, orçamento etc.;
- maior visibilidade das interdependências no escopo, pois elas são fontes de riscos;
- maior envolvimento das partes interessadas, pois estas são chamadas a contribuir com os processos de gerenciamento de riscos;
- definição com maior precisão de reservas e margens de tolerância que definem o sucesso do projeto.

Com esses benefícios elencados, podemos fechar esta introdução afirmando que o gerenciamento de riscos não deve ser opcional, sob pena de expor o projeto a situações catastróficas, bem como deixar escapar oportunidades valiosas.

Exemplos de situações de risco de projetos

Listamos a seguir alguns exemplos genéricos de riscos em projetos:

- Incerteza sobre prazo de liberação de uma licença ambiental em obra em área de dunas. O prazo incerto se dá devido aos processos burocráticos nos órgãos competentes que não permitem prevê-lo com segurança. Embora a equipe do projeto estipule um prazo relativamente pessimista, há risco de liberação além dessa estimativa, incorrendo em atraso no cronograma. Trata-se de um risco típico de dependência externa, sobre o qual o GP e a equipe exercem pouco ou nenhum controle.

- Uma avaliação incorreta do tipo de solo pode levar a uma subestimação da sua composição, causando atraso no cronograma devido ao replanejamento das fundações.

- Devido ao pouco conhecimento que o GP tem de um fornecedor e ao contrato ser do tipo reembolso, o preço estimado do serviço pode não se concretizar, levando a um estouro de orçamento.

- Devido às diferentes nacionalidades dos membros de um projeto, a abordagem atual de gestão de projetos pode não ser adequada, levando a impactos negativos no cumprimento dos seus objetivos.

- Devido à insegurança na região onde a obra será construída, furtos e assaltos podem ocorrer, levando a perdas materiais e mesmo de vidas humanas.

- Devido a um aquecimento no mercado e a existirem poucos fornecedores de elevadores, a entrega destes pode atrasar, causando atraso na data de entrega da obra.

A seguir ilustramos ainda algumas situações reais de projeto com problemas de gestão nas quais cremos que um melhor gerenciamento de riscos poderia tê-los evitado:

- Reformas em estádios de futebol: na cidade de Fortaleza, no contexto da Copa do Mundo Brasil 2014, os dois principais estádios de futebol da cidade foram reformados. O estádio menor, Presidente Vargas, teve sua reforma prevista para durar oito meses, com conclusão prevista para setembro de 2010. A partir de agosto do mesmo ano, a Prefeitura de Fortaleza, responsável pela obra, passou a divulgar uma série de comunicados informando novos prazos de entrega. Sucessivamente os prazos não se cumpriam. O engenheiro-chefe da obra declarou em um jornal local: "O projeto foi modificado devido a imprevistos. Quando resolvíamos um problema indicado pelo projeto, nos deparávamos com piores. E reavaliávamos a situação para depois resolvê-la." Em dezembro de 2010 a Prefeitura admitiu que não poderia mais se comprometer com um prazo definido. A obra começou a ser entregue em etapas a partir de maio de 2011. Para efeito de comparação, o maior estádio da cidade, o Castelão, passou por uma reforma muito mais complexa e cara, que foi concluída dentro do orçamento e um pouco antes do prazo estipulado.

- Obras públicas: no Brasil, em geral, obras públicas são conhecidas por estourarem estimativas originais de prazo e custo. Um exemplo é a obra de Transposição do Rio São Francisco, uma das mais caras obras públicas já executadas no país envolvendo mais de 600 km de construção de canais. Iniciada em 2007, prevista para durar três anos e custar R$ 4,8 bilhões, a obra teve seu prazo e orçamento revistos em 2012: o novo prazo passou para oito anos e o custo para R$ 8,2 bilhões. Diversas são as possíveis explicações para esse desastre gerencial: as obras teriam iniciado sem um planejamento detalhado adequado; no plano técnico, as dificuldades de escavação teriam sido subestimadas nas estimativas de prazo e custo, especialmente no caso de temporadas fortes de chuva.

Fatores de sucesso para o gerenciamento de riscos

O alcance do sucesso no gerenciamento de riscos de projetos passa por fatores de sucesso em pelo menos duas dimensões: em nível organizacional e em nível do gerente de projetos.

Em nível da organização, os fatores são aqueles normalmente associados à maturidade que ela possui em gestão de projetos em geral. Em outras palavras, um bom gerenciamento de riscos pressupõe que aspectos como escopo, prazo, custo e qualidade sejam adequadamente gerenciados, de forma que os riscos do projeto se originem das incertezas inerentes a cada projeto específico. Caso contrário, a falta de gestão adequada do projeto será fonte de diversos riscos.

Nesse mesmo sentido, espera-se que a organização possua conhecimento adequado sobre os processos de gerenciamento de riscos, reconhecendo sua importância. Esses mesmos processos devem ser adaptados à situação particular de cada projeto. Um fator de sucesso mais específico ao tratamento de riscos diz respeito ao estímulo que a organização deve demonstrar para que haja uma comunicação franca a respeito de riscos. Devem-se evitar, portanto, taxar as pessoas que especulam sobre riscos de "pessimistas". Ao contrário, deve-se estimular uma cultura que valorize uma abordagem profissional e neutra para que se levantem tanto riscos positivos (oportunidades) como negativos (ameaças).

Exemplo – Riscos na exploração de petróleo em águas profundas

Como exemplo de mudança de postura organizacional relativa a riscos, considere o caso da empresa petrolífera Esso. Em 24/3/1989, o petroleiro Valdez derramou sua carga, causando danos a uma grande área no litoral do Alasca. Cerca de 41 milhões de litros de óleo foram derramados no mar, atingindo uma área de cerca de 1.200 km². O acidente aconteceu em águas remotas, onde se abrigava uma abundante e espetacular vida submarina. O custo de limpeza foi de US$ 2,1 bilhões, mas debaixo da superfície permanecem áreas ainda contaminadas com óleo. Esse terrível desastre levou a Esso a reformular sua política de gerenciamento de riscos, incentivando os escalões inferiores a levantar e discutir riscos. Em 2006 a Esso perfurou um poço de petróleo em águas profundas no Golfo do México. Após 18 meses de perfuração e custos aproximados de US$ 200 milhões, a empresa encerrou a operação devido a uma avaliação de risco negativa a respeito da capacidade de controlar a pressão no poço. Na mesma região do Golfo do México, quatro anos depois, a British Petroleum seria responsável por um dos maiores desastres ambientais de todos os tempos, quando um vazamento de óleo em um de seus poços profundos derramou óleo por quase três meses seguidos, causando grande devastação ambiental.

Crise financeira global e gerenciamento de riscos

Outro exemplo que ressalta a importância da postura da organização no gerenciamento de riscos é colocado pelo economista do MIT, Andrew Low quando analisa as causas da crise financeira global que se agudizou a partir de 2008. Essa crise teve como uma de suas causas a concessão de empréstimos imobiliários sem garantias adequadas por bancos norte-americanos. Empréstimos de centenas de milhares de dólares foram concedidos sem a existência de garantias. Cabe então a pergunta: por que tantos riscos foram assumidos nas concessões desses empréstimos? Andrew Low responde: *"Não se pode responder a essa questão sem antes darmos alguns passos para trás e perguntarmos: Quem era responsável pelo gerenciamento de riscos? Havia mecanismos de governança apropriados de modo que alguém pudesse pôr o pé no freio sem ser demitido?"* Sua resposta sugere que havia, nas instituições financeiras americanas, um clima organizacional que inibia a comunicação aberta de riscos. Talvez, pior, havia a falta de incentivos e mecanismos concretos que pudessem impedir concessões de empréstimos com risco de crédito identificado.

Focando agora no papel mais específico do GP para o sucesso do gerenciamento de riscos, elencamos as seguintes funções a serem por ele desempenhadas, que não diferem fundamentalmente de uma postura profissional e proativa que o GP deve demonstrar em todas as áreas-foco da gestão de projetos:

- obter suporte organizacional aos processos de gerenciamento de riscos;
- garantir que os riscos do projeto estejam sendo gerenciados;
- determinar os níveis aceitáveis de risco para o projeto, consultando as partes interessadas;
- garantir formalização do plano de gerenciamento de riscos do projeto;
- definir regras de gerenciamento das reservas do projeto;
- estimular comunicação aberta e honesta no time de projeto;
- comunicar sobre *status* de riscos do projeto com as partes interessadas;
- encaminhar o tratamento de riscos fora de sua alçada profissional para o patrocinador ou outras partes interessadas relevantes;
- monitorar e garantir a eficiência dos processos de gerência de risco no projeto;
- verificar efetividade das respostas aos riscos implementadas.

Processos de gerenciamento de riscos

Os processos de gerenciamento de riscos de projetos preconizados estão concentrados nos grupos de processo de planejamento, execução e de controle como mostra a Figura 7.1. Esses processos podem ser organizados em ciclos que se repetem ao longo do ciclo de vida do projeto, conforme propomos na Figura 7.2.

Figura 7.1 – Processos de gerenciamento de riscos

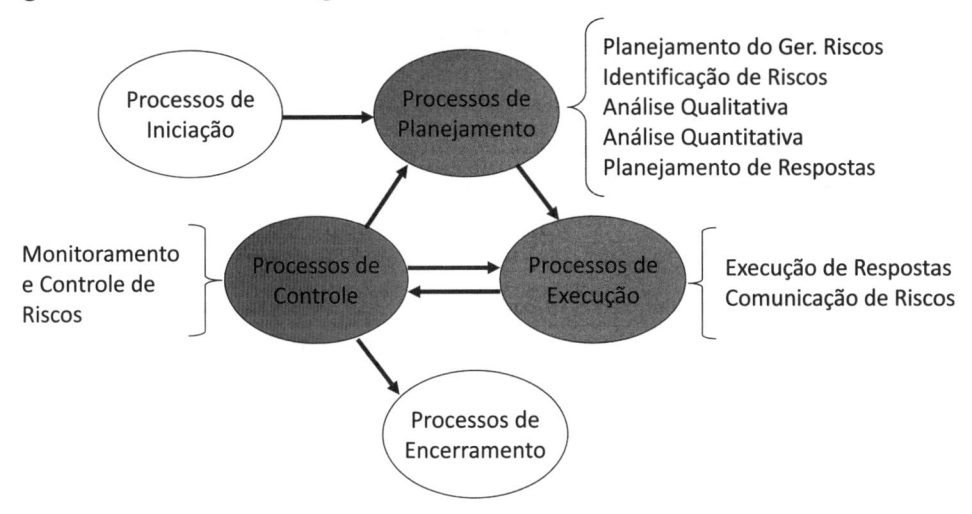

- Processos de Iniciação
- Processos de Planejamento
  - Planejamento do Ger. Riscos
  - Identificação de Riscos
  - Análise Qualitativa
  - Análise Quantitativa
  - Planejamento de Respostas
- Processos de Controle
- Processos de Execução
  - Execução de Respostas
  - Comunicação de Riscos
- Monitoramento e Controle de Riscos
- Processos de Encerramento

Fonte: Elaborada pelos autores.

Figura 7.2 – Ciclo proposto para o gerenciamento de riscos

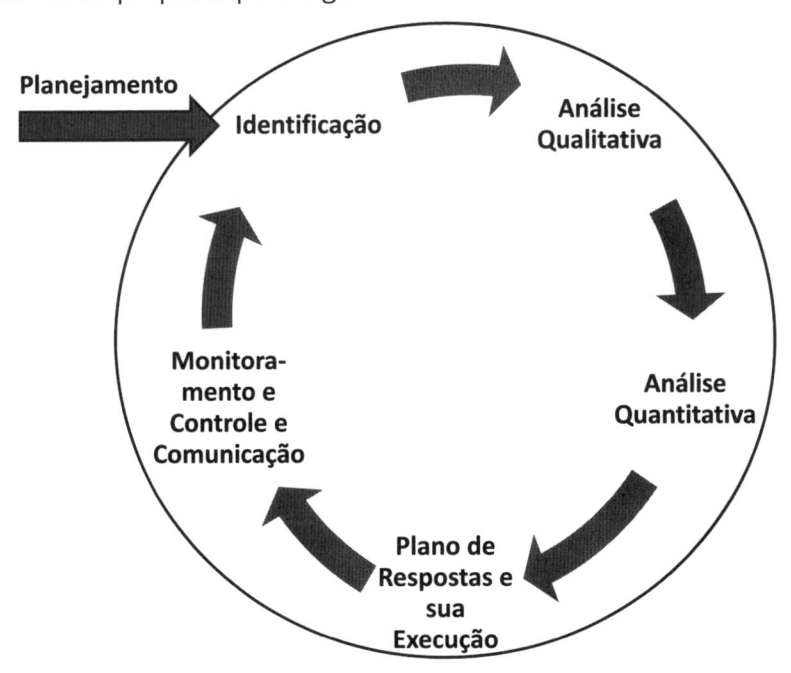

Planejamento → Identificação → Análise Qualitativa → Análise Quantitativa → Plano de Respostas e sua Execução → Monitoramento e Controle e Comunicação → (ciclo)

Fonte: Elaborada pelos autores.

Iniciando com o planejamento, o ciclo segue com as etapas de identificação, análise, planejamento e execução de respostas; e monitoramento do controle e comunicações sobre risco. Pela sua própria natureza, os riscos em um projeto podem aparecer ou desaparecer conforme o projeto progride. Entre os riscos ativos, seu grau de prioridade pode aumentar ou diminuir, inclusive em função das ações preventivas que forem postas em curso. Portanto, a atividade de gerenciamento de riscos é contínua ao longo do projeto, embora um esforço maior possa ser necessário nas primeiras interações para definir a lista priorizada de riscos iniciais, bem como as primeiras ações e respostas a esses riscos. Essas primeiras interações ocorrem normalmente na fase de planejamento do CVGP.

Plano de gerenciamento de riscos

O ponto de partida do gerenciamento de riscos de projeto é o planejamento do gerenciamento de riscos, que define como abordar e executar as atividades de gerenciamento de riscos de um projeto. Esse processo é importante para garantir que o nível, o tipo e a visibilidade do gerenciamento de riscos estejam de acordo com o risco e a importância do projeto em relação à organização e ao tipo de projeto.

O plano do gerenciamento de riscos deve ser terminado já no início do planejamento do projeto, pois ele é essencial para executar com sucesso as outras atividades de planejamento. Além disso, em muitos projetos, a maior parte dos custos é fixada já na fase de iniciação do CVGP, quando macrodecisões a respeito de escopo, recursos, prazo e níveis de qualidade são tomados.

O plano de gerenciamento de riscos, resultante desse processo, apresenta *as regras do jogo* com relação a riscos e responde à pergunta: como abordaremos os riscos nesse projeto? Dependendo do grau de maturidade do time e da organização que empreende o projeto, um plano de gerenciamento de riscos já pode existir. Caso contrário, a própria equipe pode desenvolvê-lo, tendo por base o arcabouço que aqui propomos. O plano de gerenciamento de riscos deve ser adaptado às necessidades específicas de cada projeto, podendo ser mais simples ou complexo, formal ou informal, conforme, também, a disponibilidade de tempo e de recursos para a sua execução.

Elementos típicos de um plano de gerenciamento de riscos incluem, mas não estão limitados, a:

- metodologia, funções, responsabilidades e orçamento para gerenciar riscos;
- frequência de reuniões e forma como o processo de gerenciamento de riscos será executado;
- tolerância a riscos das partes interessadas;
- forma das comunicações com partes interessadas sobre riscos;
- categorias de risco;
- matriz de probabilidade e impacto dos riscos;
- formato do registro dos riscos.

Informações adicionais sobre alguns desses elementos constituintes do plano de gerenciamento de riscos serão expostas na sequência deste capítulo.

Fator humano no gerenciamento de riscos

Antes de iniciarmos o detalhamento dos processos de gerenciamento de riscos, cabe apresentarmos alguma informação sobre a influência do comportamento humano quando se depara com situações de incerteza. É o que podemos chamar de *atitude em face de um risco*. Podemos definir quatro perfis de comportamento: avesso, tolerante, propenso e neutro, como ilustra a Figura 7.3:

- Avesso: pessoa que sente desconforto frente à incerteza e tomará atitudes para reduzi-la (p. ex., procurando eliminar ameaças mesmo que a um alto custo).

- Propenso: seria o oposto do avesso ao risco; nesse caso, são pessoas que se sentem confortáveis em situações de incerteza, especialmente se há um prêmio associado a riscos positivos. Essas pessoas buscarão ativamente construir situações em que essas oportunidades surjam.

- Tolerante: um grau intermediário entre avesso e propenso; tolera certo grau de ameaças e oportunidades no projeto, não procurando agir tão ativamente para eliminar ameaças ou construir oportunidades; pode ser considerado o perfil do tipo *espera para ver*, se permitindo conviver com a incerteza por algum tempo até tomar uma definição sobre uma ação ou postura. De toda forma, evitará posturas muito extremas de aversão ou propensão ao risco.

- Neutro: seria o perfil teórico ideal para um GP. Uma pessoa neutra em face do risco irá realizar uma análise fundamentada de cada situação de risco, procurando identificar o seu grau de probabilidade e de impacto sobre o projeto. Irá procurar obter mais informações e formar uma opinião o mais rápido possível para tomar uma decisão. O perfil neutro, portanto, não possui posição definida, *a priori*, no espectro de tolerância à incerteza, podendo, a depender da situação, assumir uma postura avessa ou propensa. No entanto, sendo o cumprimento dos objetivos do projeto a principal meta do GP, este tenderá, no longo prazo, a manter uma postura mais conservadora, embora no curto prazo possa perseguir oportunidades que, pontualmente, aumentem as chances de sucesso do projeto.

Figura 7.3 – Perfis de tolerância a risco

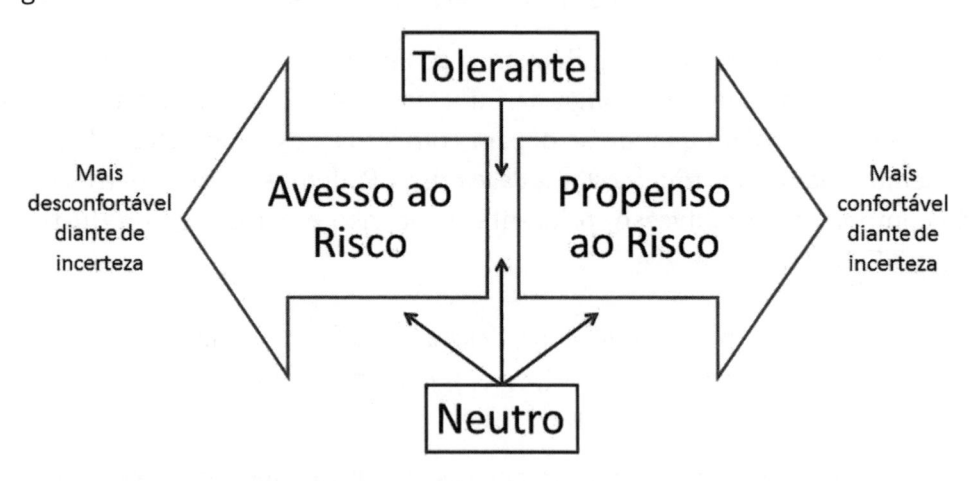

Fonte: Elaborada pelos autores.

O perfil de base de risco de uma pessoa tem relação com sua personalidade, história de vida e experiências pregressas. No entanto, esse perfil de base poderá mudar em situações específicas e devido a diversos fatores, como, por exemplo, a idade, sendo os jovens, em geral, mais propensos a riscos que pessoas mais velhas.

Além disso, a organização em que trabalhamos pode ter uma imagem ou cultura mais ou menos propensa a riscos, incentivando seus colaboradores a se comportarem de acordo com isso. Finalmente, em cada situação específica de projeto, o GP e a equipe podem se comportar com maior ou menor propensão a assumir riscos em função, por exemplo, da importância estratégica do projeto, da relevância do cliente ou das partes interessadas, ou, ainda, de uma percepção de que o projeto já possui restrições excessivas impostas pelo patrocinador.

Mesmo com essas variações, é interessante o GP procurar avaliar, através de simples observação, o perfil de base de risco dos membros da equipe, pois isso poderá explicar algumas de suas posturas durante o projeto. Uma situação que mereceria atenção do GP seria o caso de uma equipe majoritariamente avessa ou propensa ao risco. Nesse caso, algumas decisões poderiam ser excessivamente conservadoras (desconsiderando oportunidades razoáveis) ou arriscadas (ignorando sinais de alerta evidentes). Pretende-se que o GP mantenha um perfil de neutralidade e procure passar essa postura para a equipe quando gerenciando riscos.

Fatores de sucesso no gerenciamento de riscos relacionados com o fator humano

- Julgar sintomas: sinais e indicadores de que algo não vai bem devem ser julgados e investigados o mais cedo possível.

- Evitar a percepção seletiva: percepção seletiva ocorre quando algo não se adapta ao nosso modelo mental (ideias preconcebidas, preconceitos) e tendemos a distorcer a realidade para nos sentir mais confortáveis; por exemplo, um GP desconsidera sinais evidentes de queda de produtividade de um colaborador porque tem a certeza absoluta de que ele é competente e com o qual mantém boa relação pessoal.

- Evitar a busca de confirmação: diante de sinais contrários às nossas expectativas, procuramos ativamente por evidências não relacionadas ao problema que reconfirmem nossas crenças; continuando o exemplo acima, o GP levantaria a produtividade do colaborador em projetos passados, o que reconfirma sua crença e reforça sua postura de ignorar sintomas preocupantes no projeto atual.

- Aceitar o conflito produtivo: embora existam conflitos destrutivos (ver Capítulo 5 sobre gestão de pessoas) o GP deve aceitar conflitos moderados e produtivos quando tratar-se de assuntos relevantes para o sucesso do projeto; continuando o exemplo acima, o GP deveria apresentar e discutir indicadores e sinais de queda de produtividade com o seu colaborador, por mais desconfortável que seja a situação.

Caso do pouso no rio Hudson

Um acidente aéreo ocorrido nos Estados Unidos ilustra a atitude face ao risco. O voo 1.549 da companhia US Airways faria o trajeto entre as cidades de Nova Iorque e Charlotte no dia 15 de janeiro de 2009. O avião havia acabado de decolar do aeroporto de La Guardia quando colidiu no ar com uma revoada de pássaros, o que avariou as 2 turbinas de uma única vez. De repente, o avião estava sem propulsão e havia se transformado em grande planador. Diante da situação, o piloto comunicou à torre de controle sobre a situação e o controlador passou a dar ao piloto aquilo que seriam as opções-padrão para uma situação como aquela: a lista de aeroportos mais próximos para que a mesma realizasse um pouso de emergência. O avião começa a perder altura rapidamente e mesmo diante de uma situação de grande pressão psicológica o piloto avaliou os riscos envolvidos com cada uma das opções informadas pelo controlador: haveria tempo suficiente para chegar a esses aeroportos? A localização deles no centro de uma grande área urbana incorreria em riscos adicionais para quem estava em terra? Avaliando suas opções, o piloto toma a decisão que parecia muito arriscada: pousaria o avião no rio Hudson. Essa operação não é de forma alguma convencional e envolve riscos de desintegração da aeronave no contato com a água. No entanto, o comandante Chesley Sullenberger conseguiu pousar o avião sobre a água com maestria, sem avarias para o equipamento, fazendo com que nenhum dos passageiros se ferisse minimamente. O feito, conhecido como o "milagre do Hudson", deve muito à experiência do piloto e também à sua frieza e neutralidade na avaliação das opções diante daquela situação de risco.

Tolerância a risco das partes interessadas

É importante descobrir o perfil de risco das partes relevantes mais importantes para o projeto, como, por exemplo, o patrocinador e o cliente. Para que isso não fique um tanto subjetivo, pode-se tentar sondar objetivamente quais os níveis de tolerância a variações em escopo, custo, prazo e qualidade do projeto. Em termos de prazo e custo, por exemplo, poder-se-ia definir uma margem percentual acima das metas que o patrocinador e/ou cliente considerariam aceitáveis. Em termos de escopo, se haveria itens deste com menor prioridade que, na eventualidade de um estouro de prazo ou orçamento, pudessem ser cortados. E ainda em termos de qualidade, se haveria algum compromisso possível com os níveis de desempenho ou qualidade dos materiais empregados, por exemplo.

> *Exemplo*
>
> Em um projeto de R$ 1 milhão ao longo de 8 meses, o patrocinador informa que tolera uma variação de até 5% (R$ 50.000) no orçamento e até 1 mês de atraso. Essas flexibilidades de custo e de prazo serão tratadas pelo GP como reservas e não serão levadas em conta no planejamento de orçamento e prazo oficiais do projeto.

O GP, portanto, deve manter as metas originais de custo e prazo do projeto e registrar os níveis de tolerância informados como reservas de custo e prazo que só serão utilizadas diante de situações justificadas de ocorrência de riscos.

As informações sobre tolerância ao risco são de grande valia para a sequência do processo de gerenciamento de risco, pois formam critérios de sucesso que servem de baliza para a equipe definir sua postura face aos riscos do projeto. Por outro lado, devemos reconhecer que nem todos (ou mesmo apenas uma minoria) os clientes e patrocinadores teriam nível de cultura gerencial, confiança e abertura com o GP e sua equipe para negociar abertamente essas flexibilidades.

Identificação de riscos

Esse processo visa especificar os principais riscos que podem afetar o projeto e documentá-los com suas características. Podem participar dessa atividade o gerente do projeto, membros da equipe do projeto, especialistas no assunto (consultores), clientes, usuários finais e outras partes interessadas. Todo o pessoal do projeto deve ser incentivado a identificar riscos. Essa atividade é feita durante todo o projeto, pois riscos mudam e podem surgir ou desaparecer em qualquer etapa do projeto.

Ferramentas para identificação de riscos

Esse processo normalmente é feito através de *brainstorms* com bastante liberdade para que levantem riscos. A quantidade de riscos identificados nesse processo depende da experiência da equipe, embora consultores também possam ser utilizados. Nessa etapa não há necessidade de qualificar os riscos (se são mais ou menos relevantes), mas apenas registrá-los para futura análise. Outras ferramentas para identificação de riscos podem tornar o processo mais estruturado e formal, tais como:

- Técnica Delphi: envolve a preparação de questionários ou entrevistas realizadas de forma independente com diversos especialistas, procurando observar em que pontos eles convergem e em quais divergem. As divergências podem ser dirimidas em rodadas sucessivas até que um razoável consenso seja atingido. Essa técnica pode ser utilizada de diversas formas no gerenciamento de riscos tanto na identificação inicial destes como numa etapa posterior de análise.

- Técnica SWOT (análise de forças-fraquezas-oportunidades-ameaças): envolve o preenchimento de uma matriz, conforme ilustrado na Figura 7.4, na qual avaliamos o ambiente interno (forças e fraquezas da equipe e do contexto organizacional no qual o projeto é executado) e externo ao projeto (ameaças e oportunidades externas que devem ser qualificadas como riscos para posterior análise). No encontro dos quatro quadrantes da matriz, encontramos perguntas norteadoras que podem também auxiliar na etapa posterior de planejamento de respostas aos riscos.

- Estrutura analítica de riscos: trata-se de um diagrama com apelo visual que apresenta áreas técnicas e gerenciais do projeto que devemos revisar para identificar riscos. Serve de guia para conduzir um *brainstorm*, direcionando áreas específicas de atenção sucessivamente. É geralmente empregada a partir da observação histórica de riscos comuns em projetos similares. Um exemplo é mostrado na Figura 7.5. As listas de verificação (*checklists*) fariam o mesmo papel.

Figura 7.4 – Matriz SWOT

	FORÇAS	FRAQUEZAS
OPORTUNIDADES	COMO USAR FORÇAS PARA TIRAR VANTAGEM DAS OPORTUNIDADES?	COMO ELIMINAR/REDUZIR FRAQUEZAS PARA PODER TIRAR PROVEITO DAS OPORTUNIDADES?
AMEAÇAS	COMO USAR FORÇAS PARA REDUZIR A PROBABILIDADE E IMPACTO DESSAS AMEAÇAS?	COMO ELIMINAR/REDUZIR FRAQUEZAS QUE PODEM TORNAR REAIS ESSAS AMEAÇAS?

Fonte: Elaborada pelos autores.

Figura 7.5 – Exemplo de estrutura analítica de riscos

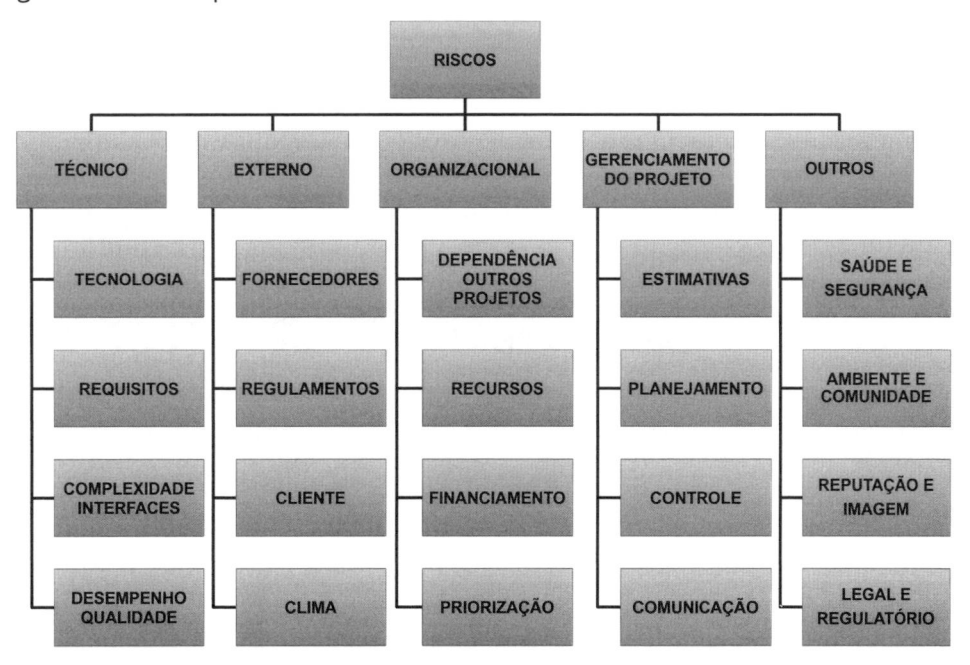

RISCOS

- TÉCNICO
  - TECNOLOGIA
  - REQUISITOS
  - COMPLEXIDADE INTERFACES
  - DESEMPENHO QUALIDADE
- EXTERNO
  - FORNECEDORES
  - REGULAMENTOS
  - CLIENTE
  - CLIMA
- ORGANIZACIONAL
  - DEPENDÊNCIA OUTROS PROJETOS
  - RECURSOS
  - FINANCIAMENTO
  - PRIORIZAÇÃO
- GERENCIAMENTO DO PROJETO
  - ESTIMATIVAS
  - PLANEJAMENTO
  - CONTROLE
  - COMUNICAÇÃO
- OUTROS
  - SAÚDE E SEGURANÇA
  - AMBIENTE E COMUNIDADE
  - REPUTAÇÃO E IMAGEM
  - LEGAL E REGULATÓRIO

Fonte: Adaptada da bibliografia 28.

- Análise de premissas: deve-se revisar o termo de abertura de projeto para verificar se alguma das premissas originais não se concretizou, representando risco ao projeto.

- Técnicas com diagramas: diagramas do tipo causa-efeito, fluxogramas, gravata borboleta e árvore de eventos podem ser úteis para visualizar origens e impactos de riscos, em apoio a um *brainstorm* ou para clarificar áreas do projeto particularmente complexas. O diagrama da gravata borboleta (ver Figura 7.6), em particular, é especificamente voltado para esse fim. Observe neste diagrama o afunilamento para dentro das causas de riscos em direção ao evento de risco propriamente dito; e depois o desafunilamento para fora das consequências do risco concretizado. Já o diagrama da árvore de eventos, ilustrado na Figura 7.7, auxilia na percepção do encadeamento de eventos sucessivos podendo levar ou não a resultados desastrosos. Nesse diagrama é possível ainda adicionar probabilidades que permitem quantificar quão provável é a ocorrência de um risco ao final da cadeia de eventos, utilizando o princípio da probabilidade multiplicativa para eventos sucessivos.

Figura 7.6 – Exemplo de diagrama do tipo gravata borboleta

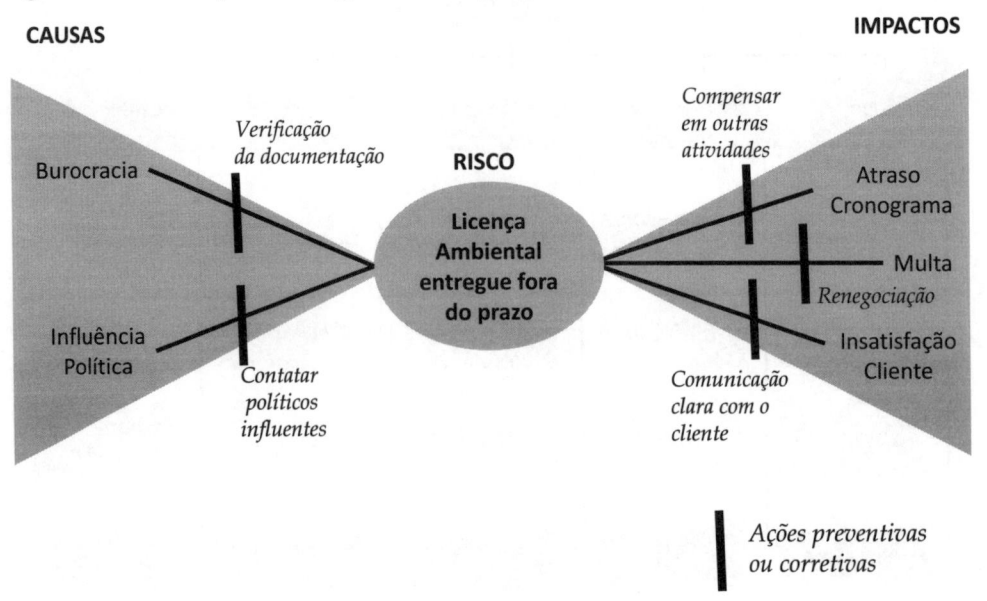

Fonte: Elaborada pelos autores.

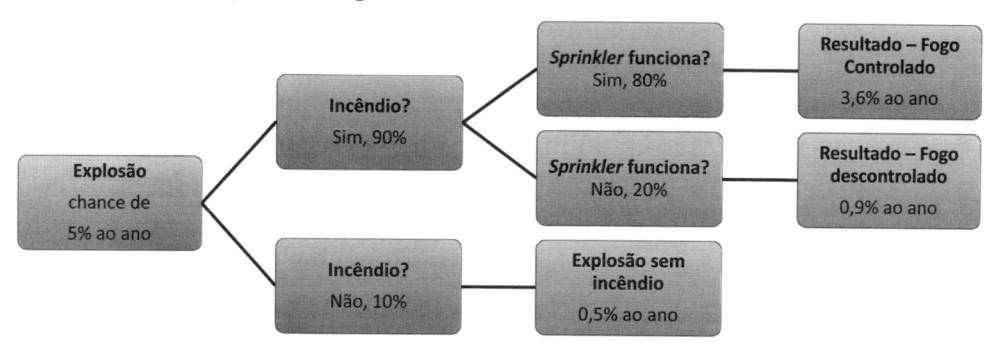

Figura 7.7 – Exemplo de diagrama da árvore de eventos

```
Explosão                    Incêndio?           Sprinkler funciona?      Resultado – Fogo
chance de                   Sim, 90%            Sim, 80%                 Controlado
5% ao ano                                                                3,6% ao ano

                                                Sprinkler funciona?      Resultado – Fogo
                                                Não, 20%                 descontrolado
                                                                         0,9% ao ano

                            Incêndio?           Explosão sem
                            Não, 10%            incêndio
                                                0,5% ao ano
```

Fonte: Elaborada pelos autores.

- Estrutura analítica do projeto: um instrumento importante que pode auxiliar na identificação é a própria EAP, que, por conter o escopo do projeto, permite à equipe *passear* por cada nível e pacote de trabalho, verificando os riscos ali existentes.

Riscos inerentes à gestão do projeto

Alguns autores consideram que a má gestão do projeto não deve ser considerada um risco, pois, no momento em que a equipe registra essa informação, está reconhecendo-se incompetente para gerenciar o projeto. Em tese, portanto, outra equipe deveria ser escalada ou a equipe original adequadamente treinada para só então tocar o projeto.

No entanto, na realidade, muitas equipes terão que *se virar* para gerir um projeto sem o nível ideal de experiência ou conhecimento em gestão, de maneira que não podemos ignorar riscos associados à má gestão. Ao reconhecer esses riscos a equipe, pelo menos, estará ciente deles e poderá tomar algumas ações preventivas para mitigá-los. Além disso, há alguns riscos inerentes à gestão cuja fonte não é a equipe, mas sim as partes interessadas.

Nesse sentido, podemos elencar algumas fontes de risco comuns associadas à gestão do projeto:

- Instabilidade no escopo: em projetos nos quais o cliente ou usuário não tem uma visão clara sobre o que deve ser produzido, mudanças no escopo podem surgir frequentemente, requerendo constantes alterações das linhas de base de prazo e custo. Em primeiro lugar, se os processos de controle de mudanças no projeto estão adequadamente implementados, isso não constitui risco. Por outro lado, se essas mudanças são constantes e implicam retrabalho, pode haver um desgaste no moral da equipe, reduzindo sua produtividade. Uma resposta adequada para essa situação pode envolver o uso de um CVGP interativo que permita a construção do produto em etapas, com prioridade para os itens de escopo mais estáveis por parte do cliente.

- Fornecedores: como o GP não controla o fornecedor, há sempre o risco de que o item contratado de terceiros seja entregue fora do prazo ou com requisitos de qualidade abaixo do esperado; uma resposta possível aqui é a implementação adequada de processos de gerenciamento das aquisições para gerenciar proativamente os fornecedores do projeto.

- Envolvimento das partes interessadas: muitos projetos possuem dependência de diversas partes interessadas que devem fornecer requisitos e emitir aprovações de produtos intermediários dos projetos. Muitas vezes, a disponibilidade do cliente para prontamente responder às demandas da equipe e do gerente é uma premissa, que, por sua vez, nem sempre se concretiza. Uma resposta adequada aqui poderia ser a formalização dos prazos esperados para as respostas do cliente, podendo constar no TAP ou em um contrato formal entre as partes. Há ainda partes interessadas com interesses contrários ao sucesso do projeto. Uma resposta adequada nesse caso seria implementar processos explícitos de gerenciamento do relacionamento com essas pessoas ou organizações de forma a minimizar sua influência sobre o projeto (ver Capítulo 5 sobre gestão de pessoas).

- Estimativas não realistas: é quase um mal universal em gestão de projetos; muitos advogam que realizar estimativas precisas é impossível; o fato é que faltam pessoas com treinamento adequado para tal; um ponto fundamental é a criação de um registro histórico de projetos similares em relação aos quais estimativas por analogia ou paramétricas possam ser construídas; outra sugestão é que as estimativas não sejam feitas pelas pessoas que vão realizar a atividade, mas pela equipe do projeto como um todo, usando de objetividade. No Capítulo 3, sobre planejamento de prazos e custos, vimos alguns exemplos de métodos de estimativa que podem ser úteis para minimizar problemas nessa área.

Riscos associados aos recursos humanos

Uma categoria particular de riscos inerentes à gestão do projeto é aquela associada aos recursos humanos do projeto. Há três aspectos principais aqui:

- volatilidade na equipe;
- efeito do tamanho da equipe na produtividade;
- efeito multitarefa.

A volatilidade na composição da equipe refere-se à entrada ou saída de pessoas dela. Certamente, a saída de uma pessoa da equipe implica redução na capacidade de esforço desta, o que deverá reduzir a produtividade global do time, podendo atrasar o projeto. Isso é particularmente verdadeiro se a pessoa em questão tinha um nível de experiência e/ou conhecimento único. Nesse caso, o GP experiente sabe que deve ter, na medida do possível, contatos com profissionais, dentro ou fora da organização, que possam suprir aquela carência no curto prazo.

Efeito do tamanho da equipe na produtividade

Discutimos no Capítulo 3 sobre o tamanho ideal de uma equipe de projeto, levando em consideração a impossibilidade física ou lógica de dividir as atividades do projeto. Concluímos que a partir de certo ponto o aumento da equipe pode resultar em pessoas ociosas ou com atividades de pouco valor agregado.

Mas, mesmo quando parece haver espaço para o ingresso de uma pessoa a mais na equipe, isso pode não ser tão positivo quanto parece. No caso de um time que está funcionando bem, sem carências evidentes, um novo membro pode perturbar, ainda que temporariamente, o ambiente da equipe. Por exemplo, se esse novo membro não tem o mesmo nível de experiência e/ou conhecimento do restante, irá demandar tempo dos colegas para se nivelar com eles/elas, fazendo perguntas constantes ou pedindo auxílio em tarefas específicas. Outros aspectos em equipes maiores são uma comunicação mais complexa e potencialmente mais ruidosa e uma divisão de atividades menos evidente, com possíveis redundâncias. Portanto, mesmo o ingresso de pessoas na equipe deve ser analisado com cautela.

Nesse sentido, um estudo feito na Universidade de Seattle procura quantificar essa perda de produtividade em função do tamanho da equipe, conforme ilustra a Figura 7.8.

Figura 7.8 – Modelo teórico de quantificação de produtividade *versus* tamanho da equipe

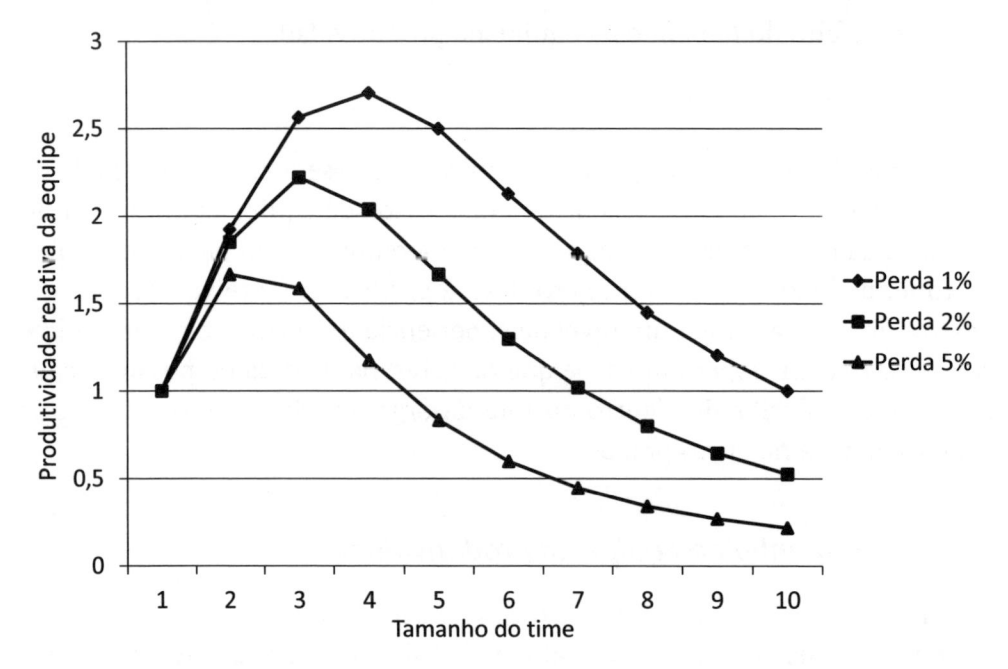

Fonte: Adaptada da bibliografia 32.

A título de exemplo, considere a curva mais conservadora acima, na qual o ingresso de um novo membro implica a perda de 1% na produtividade individual de cada membro, quando este interage com cada um dos demais membros da equipe. Vale lembrar que o número de canais de comunicação em uma equipe é proporcional ao quadrado do número de membros. Dessa forma, quanto maior a equipe, maior a perda de produtividade devido à necessidade de mais interações, coordenação e comunicação entre os membros do time.

> *Exemplo*
>
> Seguindo o modelo da Figura 7.8, observamos que em um projeto com uma equipe de 2 engenheiros a produtividade coletiva é de aproximadamente 1,92 vez aquela observada com um único engenheiro. Por que não o dobro? – você pode perguntar. Porque há uma perda associada à comunicação e coordenação de atividades entre esses 2 engenheiros se comparada à de um deles trabalhando sozinho. O GP então decide triplicar o tamanho da equipe, buscando uma redução no prazo do projeto (técnica conhecida como *project crashing*). Pela curva de produtividade com perda de 1%, a equipe com 6 engenheiros terá produtividade coletiva de 2,14 vezes a de um único engenheiro. A produtividade individual de cada engenheiro nessa equipe é de apenas 36% da produtividade de um engenheiro trabalhando sozinho! Se o prazo estimado inicial da atividade com 2 engenheiros fosse de 10 semanas, o novo prazo do projeto será apenas levemente reduzido para 8,6 semanas, aproximadamente, enquanto o custo será triplicado.

O modelo acima é puramente teórico, mas nos dá uma indicação sobre um fenômeno que observamos na prática e que pede, no mínimo, cautela do gerente de projetos ao realizar o *project crashing*.

Efeito multitarefa

Parece ser um mal do mundo moderno o fato de que temos que trabalhar em diversas atividades ao mesmo tempo (o chamado efeito multitarefa ou *multi-tasking*). O tema é amplo e aqui queremos nos restringir a discutir a situação de múltiplos projetos simultâneos, especialmente na fase de execução, para os membros da equipe, ficando implícito que cada projeto requer um esforço intelectual considerável e distinto, não envolvendo apenas atividades simples ou repetitivas.

Há dois fatores imediatos que aparecem quando se executam múltiplos projetos simultâneos: tarefas gerenciais que não agregam trabalho direto e esforço de mudança de contexto. O primeiro fator é aquele relativo ao tempo empregado em reuniões e na elaboração, leitura e discussão de relatórios gerenciais, assim como em outras atividades de comunicação. Quanto em mais projetos uma pessoa estiver envolvida, mais tempo dedicará a esse tipo de atividade e menos tempo a atividades de execução que contribuam diretamente com a produção de resultados do projeto.

O segundo fator diz respeito à limitação da cognição humana de lidar com múltiplos contextos ao mesmo tempo. A pessoa envolvida em diversos projetos precisa *sintonizar* cada projeto ao se debruçar sobre o trabalho, e isso leva algum tempo. Essa limitação é subsidiada inclusive por estudos de neurociência, que alegam que o cérebro humano, por ter apenas dois lóbulos, é capaz de realizar bem até duas atividades simultaneamente. Atribua mais de duas atividades e uma perda de produtividade é perceptível.

Novamente o GP deve estar alerta a esse tipo de situação e avaliar quando e quanto ele mesmo ou uma pessoa de seu projeto está sofrendo o efeito multitarefa.

> *Efeito multitarefa – exercício mental*
>
> Escreva num papel duas listas, lista A e lista B, de 10 números inteiros cada, os números estando aleatoriamente entre 1 e 9. Faremos dois experimentos. No primeiro, sem multitarefa, some mentalmente todos os números da lista A e anote o resultado. Em seguida repita o procedimento para com a lista B. No segundo experimento você vai repetir essas duas somas no modo multitarefa: você deve ir somando mentalmente os números das listas A e B ao mesmo tempo, e mantendo o resultado parcial das duas somas em sua memória. Compare o grau de dificuldade, o tempo e a precisão do resultado nos dois experimentos.

> *Exemplo*
>
> Um engenheiro alocado a um ou mais projetos consegue trabalhar efetivamente nas atividades do projeto em um percentual cada vez menor de seu tempo quando ocupado com múltiplas atividades. É o que demonstra um estudo apresentado no livro *Quality Software Management*, de Gerald M. Weinberg (Dorset House, 1991), cujos resultados são ilustrados na Figura 7.9. Por exemplo: um engenheiro trabalhando numa semana formal de 40 horas em 4 projetos terá aparentemente 10 horas/semana para cada projeto. Na prática, porém, terá ao todo 18 horas/semana efetivas para trabalhar direta-

mente nos quatro projetos, sendo que as outras 22 horas são empregadas para readaptar-se ao contexto de cada projeto e em atividades gerenciais (comunicações formais e informais, reuniões com os membros de cada um dos times, elaboração e leitura de relatórios etc.). Na prática, portanto, esse engenheiro trabalha em média apenas 4,5 horas em cada projeto por semana.

Figura 7.9 – Impacto na produtividade do efeito multitarefa

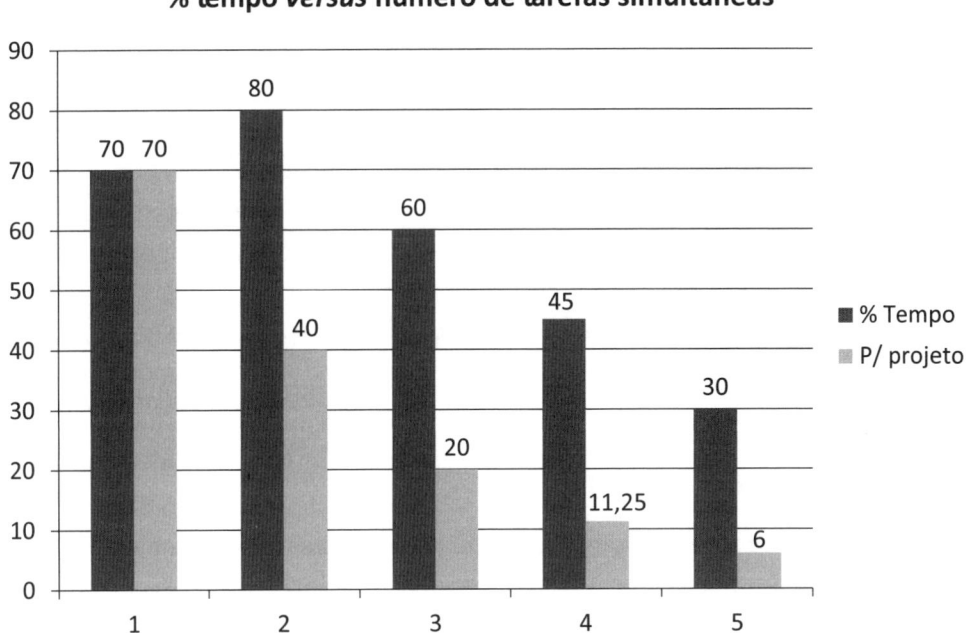

% tempo *versus* número de tarefas simultâneas

Nº tarefas	% Tempo	P/ projeto
1	70	70
2	80	40
3	60	20
4	45	11,25
5	30	6

Fonte: Elaborada pelos autores.

Registro de riscos

O registro de riscos é o principal documento utilizado para o registro dos riscos identificados. O plano de gerenciamento de riscos deve especificar o formato e principais itens componentes do registro de riscos, possivelmente sugerindo um *template* padronizado a ser empregado. No Anexo 16, apresentamos uma lista de elementos que podem compor o registro de riscos.

Sentença estruturante

No processo de identificação de risco, ao registrar os riscos identificados no registro de riscos, sugere-se a utilização de uma sentença estruturante para cada risco identificado. Essa sentença procura identificar claramente os três elementos constituintes de uma identificação de risco:

- Causa → Risco → Impacto.
- "Por causa de <uma ou mais causas ou possibilidades>, <risco> pode ocorrer, o que levaria a <um ou mais impactos>."

> *Exemplo*
>
> "Por causa de possibilidade de chuva, a festa pode ser cancelada, o que levaria a um prejuízo de R$ 25 mil." Nessa sentença, o risco propriamente dito é o cancelamento da festa. Sua causa é a possibilidade de chuva e o impacto é o prejuízo financeiro. No linguajar corriqueiro, poderíamos dizer que "há risco de chover", quando na verdade queremos dizer "há possibilidade de chover". O correto seria dizer: "há risco de a festa ser cancelada por causa de chuva".

Análise qualitativa de riscos

Após a etapa de identificação, passa-se à análise, que tem como objetivo final organizar a lista de riscos identificados por ordem de prioridade, atualizando o registro de riscos. Essa priorização será baseada em duas dimensões essenciais de cada risco identificado: a probabilidade ou chance de ocorrência e o impacto mensurável sobre algum aspecto do projeto (escopo, custo, prazo, qualidade).

A solução mais popular para a análise de riscos é a chamada análise qualitativa, que requer pouco treinamento e é facilmente compreendida. Nessa abordagem, definimos escalas arbitrárias para medir o grau de impacto e probabilidade, conforme é ilustrado na Figura 7.10. Essas escalas, por sua vez, definem uma matriz chamada P-I, na qual as possíveis combinações de probabilidade e impacto definem o grau de prioridade do risco.

Para facilitar essa priorização, é usual atribuirmos valores numéricos nas escalas de probabilidade e impacto. Um código de cores também pode ser aplicado nessas matrizes para destacar riscos de maior prioridade.

Recomenda-se bastante atenção no processo de análise, que deve envolver as principais *partes interessadas* e um certo consenso sobre os resultados alcançados. A técnica Delphi pode ser utilizada para dirimir diferenças de avaliação durante a análise qualitativa.

Figura 7.10 – Escalas de probabilidade e impacto

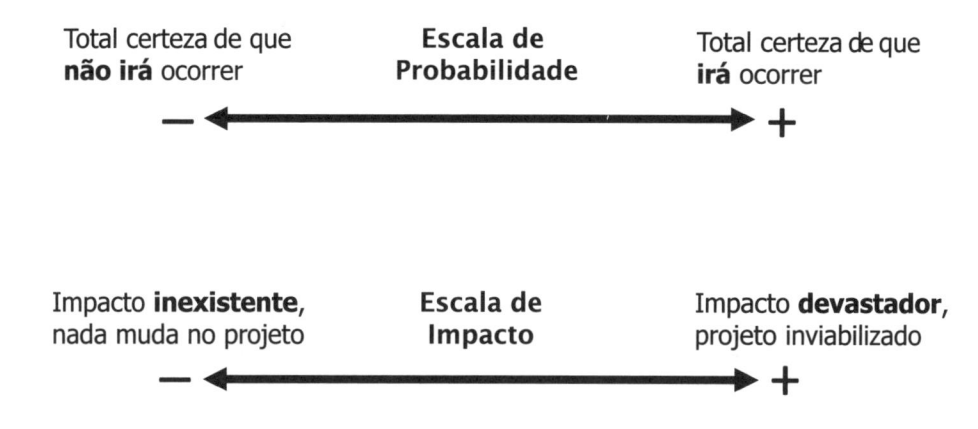

Total certeza de que **não irá** ocorrer	**Escala de Probabilidade**	Total certeza de que **irá** ocorrer
− ←——————————————→ +		

Impacto **inexistente**, nada muda no projeto	**Escala de Impacto**	Impacto **devastador**, projeto inviabilizado
− ←——————————————→ +		

Fonte: Elaborada pelos autores.

Segue-se um exemplo de matriz P-I (ver Figura 7.11) que pode ser utilizada para realizar a análise qualitativa. Utiliza-se uma escala de 3 níveis, numerados de 1, 3 e 5, tanto para impacto como para probabilidade, que em ordem crescente corresponderia a assertivas subjetivas: baixo, moderado e alto. Cada risco identificado será alocado a um dos 9 quadrantes possíveis apresentados na figura, conforme o julgamento da equipe sobre os níveis de probabilidade e impacto. A pontuação apresentada dentro dos quadrantes corresponde ao produto P × I, que pode ser utilizado para classificar automaticamente os riscos por ordem de prioridade, sendo os riscos com mais pontuação mais prioritários.

Um segundo exemplo de matriz P-I com 5 níveis nas escalas de probabilidade e impacto é mostrado na Figura 7.12. Nesse caso, os níveis das escalas poderiam corresponder a assertivas subjetivas: muito baixo, baixo, moderado, alto e muito alto. A matriz P-I tem agora 25 combinações possíveis, o que aumenta o refinamento da classificação de riscos, mas também torna o processo de atribuição dos níveis de probabilidade e impacto mais sutil.

Outro exemplo de matriz P-I é mostrado na Figura 7.13, na qual as duas escalas numéricas são levemente diferentes. No caso, dois dos valores da escala de impacto são superiores aos seus correspondentes na escala de probabilidade (por exemplo, para o nível moderado, o impacto vale 3 e a probabilidade 2). Esse artifício cria uma classificação que prioriza riscos de maior impacto.

Exemplo

Considere inicialmente a matriz mostrada na Figura 7.11. Dois riscos são identificados: A, com probabilidade alta (P = 5) e impacto moderado (I=3), totalizando 15 pontos. Risco B, com probabilidade moderada (P = 3) e impacto alto (I=5), resultando também em 15 pontos. Nessas condições, os riscos A e B são considerados empatados em termos de prioridade. Se aplicarmos a mesma avaliação na matriz P-I da Figura 7.13 com escalas levemente diferentes, o risco B terá 10 pontos e o risco A, 9 pontos. Embora suas pontuações sejam próximas, se a equipe tiver que escolher qual dos dois irá tratar primeiro, ficará com o risco B, cujo impacto é alto.

Figura 7.11 – Matriz P-I com nove quadrantes e escalas iguais de probabilidade e impacto

Probabilidade / Impacto	Alta 5	Média 3	Baixa 1
Alto 5	25	15	5
Médio 3	15	9	3
Baixo 1	5	3	1

Fonte: Elaborada pelos autores.

Figura 7.12 – Matriz P-I com 25 quadrantes e escalas iguais de probabilidade e impacto

Probabilidade Impacto	Muito Alta 5	Alta 4	Média 3	Baixa 2	Muito Baixa 1
Muito Alto 5	25	20	15	10	5
Alto 4	20	16	12	8	4
Médio 3	15	12	9	6	3
Baixo 2	10	8	6	4	2
Muito Baixo 1	5	4	3	2	1

Fonte: Elaborada pelos autores.

Figura 7.13 – Matriz P-I com nove quadrantes e escalas diferentes de probabilidade e impacto

Probabilidade Impacto	Alta 3	Média 2	Baixa 1
Alto 5	15	10	5
Médio 3	9	6	3
Baixo 1	3	2	1

Fonte: Elaborada pelos autores.

Interpretação das escalas de probabilidade e impacto

Embora a abordagem qualitativa seja de fácil apreensão e possa ser aplicada quase de imediato, há uma *casca de banana* escondida no método. Trata-se da subjetividade existente ao escolher níveis de probabilidade e impacto tais como baixo, moderado e alto: o que é um baixo impacto para uma pessoa pode não ser para outra. Como reduzir essa ambiguidade?

Um primeiro passo para reduzir as ambiguidades consiste em descrever claramente o que se entende por cada nível das escalas de probabilidade e impacto. As Tabelas 7.1 e 7.2 exemplificam como se pode descrever o que significa cada nível das escalas de probabilidade e impacto, respectivamente.

Tabela 7.1 – Redução de ambiguidades na escala de probabilidade com 5 níveis

Probabilidade – Qualitativa	Probabilidade – Pontuação	Interpretação
Muito Alto	5	*Ocorrência quase certa, várias causas independentes podem materializar o risco a qualquer momento*
Alto	4	*Ocorrência provável, boas chances de se materializar a partir de algumas causas prováveis*
Médio	3	*Ocorrência possível, pode se materializar no transcorrer do projeto*
Baixo	2	*Ocorrência rara, pode se materializar apenas diante de um conjunto de causas concorrentes improváveis*
Muito Baixo	1	*Ocorrência remota, teoricamente não deverá se materializar no transcorrer do projeto, mas merece registro para acompanhamento*

Fonte: Adaptada da bibliografia 42.

Tabela 7.2 – Redução de ambiguidades na escala de impacto com 5 níveis

Objetivo/ Impacto	Muito Baixo	Baixo	Médio	Alto	Muito Alto
Custo	Aumento não significativo	Aumento <10%	Aumento <20%	Aumento <40%	Aumento >40%
Tempo	Aumento não significativo	Aumento <5%	Aumento <10%	Aumento <20%	Aumento >20%
Escopo	Diminuição não significativa	Áreas pouco importantes afetadas	Áreas importantes afetadas	Redução inaceitável para o cliente	Ausência completa de item obrigatório
Qualidade	Diminuição não significativa	Funcionalidades menos críticas afetadas	Redução requer aprovação do cliente	Funcionalidade crítica afetada	Funcionalidade sem qualquer uso p/ cliente

Fonte: Adaptada da bibliografia 42.

Outro efeito que pode acontecer na análise de riscos é o chamado efeito de pensamento em grupo. Tal efeito ocorre quando um grupo se reúne para emitir uma opinião sobre determinado assunto e um dos membros do grupo domina a opinião coletiva. Isso se dá por essa pessoa vocalizar mais ativamente sua opinião enquanto os demais podem se sentir, por diversos motivos, intimidados. Ao final, não se trata de uma opinião coletiva, mas sim da opinião de uma única pessoa.

Para evitar esse efeito pode-se realizar a primeira fase do processo de análise de riscos de forma separada e individual em vez de em grupo, sem que os avaliadores troquem qualquer informação a respeito do assunto. O GP coletaria os questionários dos diversos participantes e procuraria identificar convergências e divergências. Divergências muito marcantes precisariam ser dirimidas com a exposição de argumentos que sustentem as diferentes posições. Um consenso pode ser buscado, mas também pode-se optar por uma decisão por maioria em caso de impasse.

> *Exemplo*
>
> Dois grupos de três especialistas cada foram consultados quanto ao impacto de um único risco identificado, numa escala de 1 a 5 pontos. No primeiro grupo, as respostas dadas foram: 2, 3 e 4 pontos (impactos: baixo, médio e alto). O segundo grupo apontou como respostas: 1, 3 e 5 pontos (impactos: muito baixo, médio e muito alto). Embora tenha havido divergência nos dois casos, e mesmo considerando que em ambos os casos a pontuação média é a mesma (3 pontos), o GP deve reunir os especialistas para que eles expliquem a razão da divergência, especialmente no caso do segundo grupo que apresentou uma divergência mais marcante.

Riscos globais

Analisamos riscos com relação às suas duas propriedades básicas: probabilidade e impacto. Há, porém, uma 3ª dimensão passível de avaliação: a extensão em que o risco atinge objetivos da gestão do projeto. Consideremos, por exemplo, os 4 objetivos básicos da gestão do projeto: escopo, prazo, custo e qualidade. Pode-se considerar o número de objetivos atingidos por um risco e incluí-lo na pontuação de riscos para fins de priorização. Um risco que atinge todos os objetivos de gestão do projeto é chamado de risco global.

> *Exemplo*
>
> Considere um projeto de construção de uma residência. Foram identificados dois riscos: um associado ao aumento do custo do cimento durante a obra; o outro associado à baixa produtividade de um dos pedreiros. Ambos foram considerados de alto impacto e alta probabilidade e estariam empatados em termos de prioridade de resolução. No entanto, o risco associado ao custo do cimento impacta diretamente apenas o objetivo de custo do projeto. Já o risco associado à produtividade do pedreiro pode impactar todos os objetivos, sendo um risco global.

Planejamento de respostas

É uma das etapas mais importantes do processo de gerenciamento de risco, pois desenvolve opções e determina as ações para garantir as oportunidades e reduzir ameaças aos objetivos do projeto. É aqui que a equipe do projeto age para evitar que o pior aconteça.

Aqui uma boa abordagem é tratar os riscos por ordem de prioridade, seguindo os resultados da análise qualitativa, a partir da matriz P-I. O plano de gerenciamento de riscos pode definir cursos de ação *default* de acordo com a pontuação dos riscos. Por exemplo, riscos classificados como de baixa prioridade podem ser aceitos sem que qualquer resposta efetiva seja desenvolvida. Nesse caso, apenas os riscos de classificação moderada e alta serão trabalhados proativamente.

Controlabilidade versus *previsibilidade*

Antes de seguirmos com a definição de respostas específicas a riscos, vamos agregar alguma teoria adicional ao classificá-los numa matriz segundo suas propriedades de controlabilidade *versus* previsibilidade (ver Figura 7.14).

Riscos controláveis são aqueles cujas causas podem ser tratadas pelo GP, equipe e/ou pela organização executora. Riscos previsíveis são aqueles passíveis de identificação.

- Riscos controláveis e previsíveis: são riscos identificados e analisados e cujas causas podem ser trabalhadas pelo GP para reduzir sua probabilidade e seus impactos. São esses os riscos que prioritariamente serão objeto do processo de planejamento de respostas.

- Riscos incontroláveis e previsíveis: também são riscos identificados e analisados, mas cujas causas estão fora da alçada de influência do GP. Nesse caso, o que se pode fazer é lidar com os efeitos, caso o risco se materialize. Não são tomadas ações imediatas, mas realiza-se o monitoramento da situação; caso o risco se concretize, deve-se lidar com seus efeitos; é possível criar planos de contingência em que ações do tipo "se ocorrer isto, faremos aquilo" são estabelecidas. Por exemplo: no caso de atraso na liberação de uma licença ambiental, um plano de contingência poderia ser conseguir uma liminar na justiça para iniciar a obra.

- Os riscos que estão na parte de baixo da matriz são desconhecidos e não foram identificados. Nesse caso, pode-se criar uma reserva gerencial de prazo e custo para lidar com causas e/ou efeitos desses riscos quando eles se tornarem visíveis ou se concretizarem. Por exemplo: durante a realização da Copa das Confederações da FIFA em 2013, no Brasil, houve diversos protestos nas proximidades dos estádios, o que era algo difícil de prever antes do evento.

Figura 7.14 – Classificação de riscos quanto à previsibilidade e controlabilidade

```
                        PREVISÍVEL
                            ▲
            ┌───────────────┼───────────────┐
            │   LIDAR COM   │   LIDAR COM   │
            │    EFEITOS    │   CAUSAS E    │
            │               │    EFEITOS    │
            │               │               │
INCONTROLÁVEL ◄─────────────┼─────────────► CONTROLÁVEL
            │     CRIAR     │     CRIAR     │
            │   RESERVAS    │   RESERVAS    │
            │    (Prazo,    │    (Prazo,    │
            │     Custo)    │     Custo)    │
            └───────────────┼───────────────┘
                            ▼
                       IMPREVISÍVEL
```

Fonte: Elaborada pelos autores.

Estratégias de respostas

Elaborar respostas para riscos identificados leva em conta diversos fatores, a começar pelos aspectos de controlabilidade e previsibilidade discutidos acima.

O gerente de projeto tem pelo menos as seguintes estratégias básicas para trabalhar respostas dos riscos registrados:

- *Evitar ou eliminar*: significa mudar o plano do projeto para evitar ou eliminar a causa ou consequência do evento do risco. Em geral envolve alterações no escopo, custo, prazo e/ou qualidade inicialmente previstos.

- *Transferir*: implica transferir o risco e suas consequências para terceiros. O risco não é eliminado, somente sua responsabilidade é transferida. Em geral, envolve custos de transferência. O exemplo clássico aqui é a contratação de seguros. Contratos de manutenção preventivos para substituição imediata de peças ou equipamentos também podem ser considerados aqui.

- *Mitigar*: visa reduzir a probabilidade e o impacto do risco nos objetivos do projeto através de ações preventivas. Exemplo: contratar um profissional mais experiente para reduzir riscos de erros no desenvolvimento de um *software*. Em geral, envolve custos de mitigação ou aumento do custo original do projeto.

- *Contingenciar*: sugere não agir imediatamente e em vez disso desenvolver um plano de ação para lidar com as consequências caso o risco se concretize, informando inclusive fontes orçamentárias e recursos para sua execução. O plano de contingência fica na *gaveta* e é acionado apenas se necessário. Esse plano pode indicar fontes orçamentárias para sua execução, constituindo, assim, uma reserva de contingência. Essa estratégia pode ser usada quando custos de prevenção, transferência ou mitigação são muito altos ou quando o risco não tem suas causas controláveis. Exemplo: elaborar um documento com o perfil dos programadores da equipe e conseguir contatos de agências de seleção de recursos humanos para o caso de necessidade de substituição de pessoas na equipe.

- *Aceitação*: significa que você não tomará ações preventivas para evitar ou reduzir o risco, aceitando suas consequências. Exemplo: não fazer seguro do equipamento crítico. Essa estratégia pode ser usada quando custos de prevenção, transferência ou mitigação são muito altos, ou quando um risco específico não está sob a alçada de o GP controlar, ou ainda se o risco é de muito baixo impacto e probabilidade para ser contingenciado, sendo apenas registrado e aceito para observação.

- *Reserva gerencial*: reserva gerencial é uma sobra (de tempo, de dinheiro e recursos em geral) não atrelada aos riscos identificados, mas, ao contrário, reservada para lidar com os riscos não identificados (desconhecidos). Essa sobra é normalmente fixada como um percentual do prazo ou orçamento e é gerenciada pelo GP e/

ou patrocinador. Fica também implícito que os impactos dos riscos identificados e aceitos serão absorvidos pela reserva gerencial. Já os riscos contingenciados podem ter fonte orçamentária própria, se assim for indicado no respectivo plano de contingência.

- *Escalar o risco*: caso fique claro que o GP e a equipe não têm condições de agir para eliminar, mitigar ou transferir o risco, sendo o contingenciamento e aceitação deste não aceitáveis, pode-se verificar se o patrocinador do projeto (ou outra pessoa de hierarquia superior na organização) teria condições de agir nesse caso. Levar ao patrocinador uma situação de risco que extrapola a autoridade do GP é uma opção natural e deve ser exercida sempre que necessário.

Resumo das estratégias de respostas

No plano de gerenciamento de riscos, podem-se associar quadrantes da matriz P-I a estratégias específicas de respostas, como ilustra a Figura 7.15. Estas seriam as estratégias preferenciais de resposta, embora cada risco deva ser avaliado individualmente para verificar se há outras alternativas com melhor relação custo-benefício.

Figura 7.15 – Estratégias preferenciais de resposta em cada quadrante da matriz P-I

Probabilidade Impacto	Alta 3	Média 2	Baixa 1
Alto 5	Eliminar	Mitigar	Transf.
Médio 3	Mitigar	Transf.	Conting.
Baixo 1	Transf.	Conting.	Aceitar

Fonte: Elaborada pelos autores.

O fluxograma da Figura 7.16 ilustra resumidamente os caminhos de resposta que um risco pode seguir.

Figura 7.16 – Fluxograma do processo de decisão sobre o tratamento de riscos

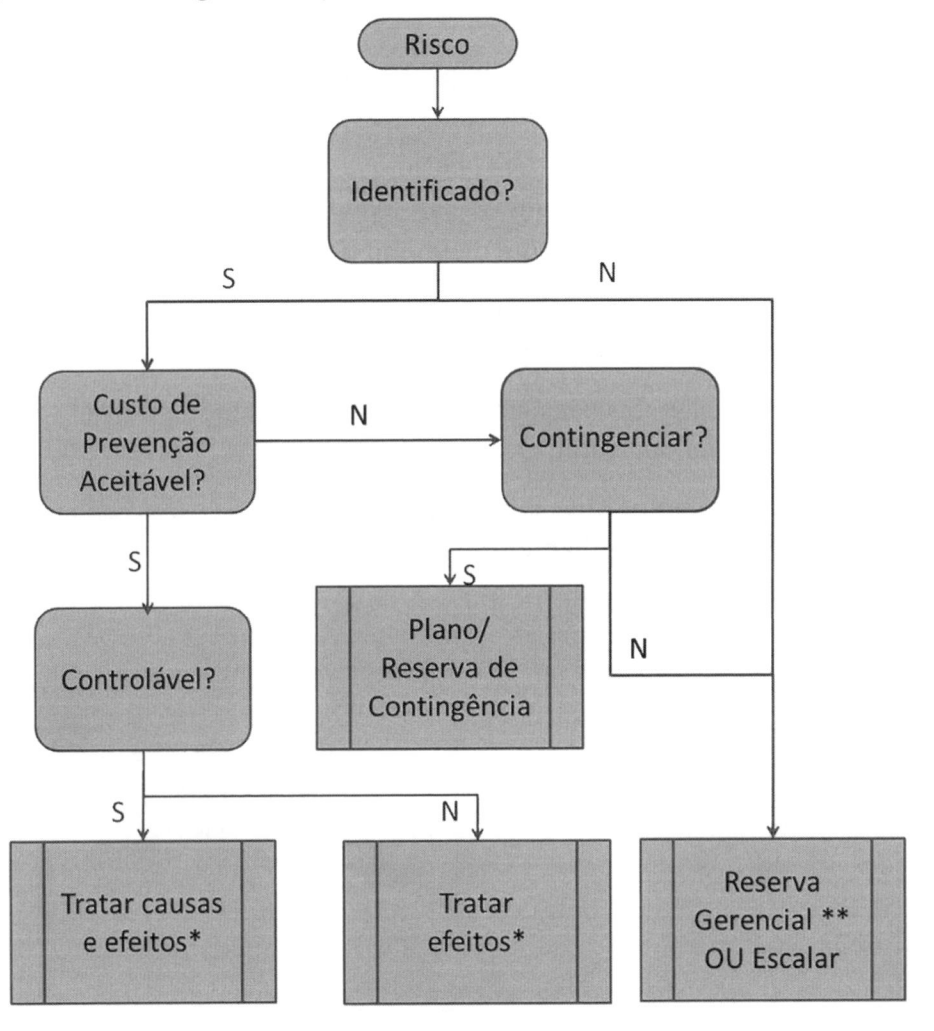

* Eliminar, mitigar ou transferir, ou uma combinação dessas respostas.
** Caso opte por não contingenciar e assimilar o risco na reserva gerencial, implica aceitação.
Fonte: Elaborada pelos autores.

Lidando com oportunidades

Quando oportunidades de ganhos e benefícios forem identificadas no projeto, há pelo menos 4 cursos de ação possíveis que refletem o exato oposto das estratégias de respostas acima descritas para o caso de riscos negativos ou ameaças:

- explorar a oportunidade: implica modificar o plano do projeto para concretizar a oportunidade;

- compartilhar a oportunidade: sugere uma aliança com outra parte (pessoa ou organização) para tornar viável a concretização da oportunidade, possivelmente dividindo os benefícios;

- aumentar: implica ações preventivas para aumentar a probabilidade de ocorrência e/ou impacto positivo da oportunidade;

- aceitar: significa não agir e aceitar passivamente a possível concretização da oportunidade.

Um mapa conjunto de ameaças e oportunidades pode ser desenhado utilizando um diagrama semelhante ao da Figura 7.17.

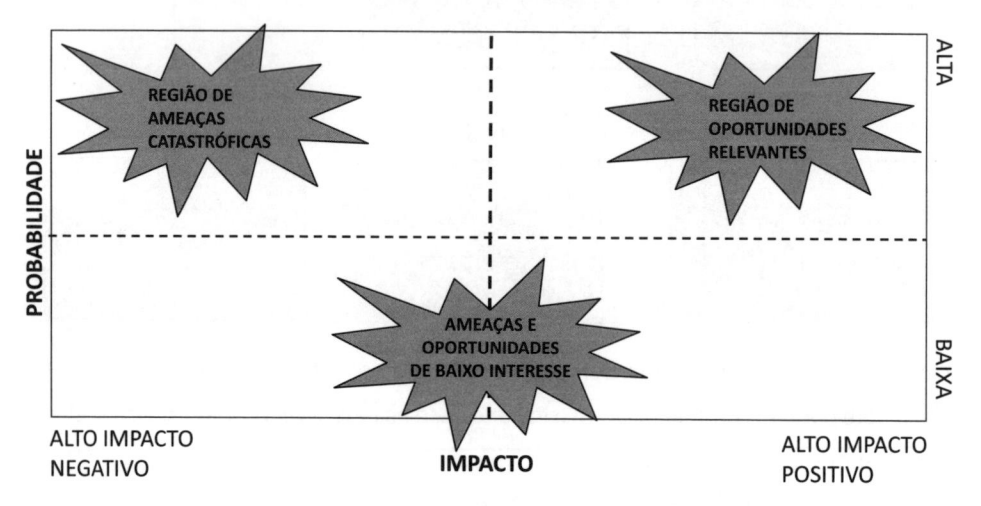

Figura 7.17 – Mapa conjunto de ameaças e oportunidades

Fonte: Elaborada pelos autores.

Proprietário do risco

Sugere-se fortemente ao gerente de projeto que não concentre em si todas as atividades de respostas aos riscos: em vez disso, deve atribuir a implantação de respostas e o monitoramento de um ou mais riscos identificados aos diversos membros do time. Esse membro responsável por acompanhar um ou mais riscos pode ser chamado de *proprietário do risco*. É uma boa prática ter proprietários de risco como forma de descentralizar e dinamizar o processo de gerenciamento de riscos. Nem todos os riscos identificados precisam de proprietários, podendo essa atribuição ser feita apenas aos riscos de maior prioridade.

O proprietário do risco pode ser assinalado logo após a identificação deste. Suas tarefas incluem o monitoramento de sinais preocupantes, a verificação da efetividade das respostas planejadas, bem como o planejamento de respostas adicionais.

Execução de respostas

Pode-se assumir que as ações de resposta aos riscos serão incorporadas ao plano do projeto. No entanto, o GP deve estar atento para aumentar a visibilidade dessas ações nas reuniões sobre gerenciamento de riscos. Por essa razão optamos por destacar a "Execução de Respostas" como um processo dentro do ciclo de gerenciamento dos riscos. Deve ficar claro que o planejamento de resposta não é o fim do ciclo de gerenciamento dos riscos: ao contrário, o passo seguinte é a implementação dessas respostas. A existência do processo de monitoramento e controle de riscos pressupõe que as respostas aos riscos definidas serão implementadas em ações específicas.

Análise quantitativa

Diferentemente da análise qualitativa, a análise quantitativa inclui a análise de valores de probabilidade no sentido estatístico e valores numéricos associados ao impacto. O impacto pode ser medido em termos de custo ou prazo. Esse método, mais sofisticado, permite quantificar a exposição ao risco do projeto e dimensionar reservas de contingência com maior precisão. Por outro lado, requer conhecimentos mais complexos e algum treinamento dos envolvidos.

A análise quantitativa aplica-se normalmente à análise de riscos de custos e de prazo, pois são objetivos de projeto prontamente quantificáveis (custo de mão de obra, quantidades de materiais, duração de atividades em meses ou semanas etc.). O processo é mais complexo que a análise qualitativa e em geral requer a utilização de alguma ferramenta computacional, como planilhas ou *softwares* especializados.

A análise quantitativa pode ser usada em projetos complexos ou de maior importância estratégica ou quando a análise qualitativa não presta informações suficientemente às partes interessadas. Fundamentalmente, a análise qualitativa não permite calcular a exposição ao risco e definir reservas de contingência.

Os resultados da análise quantitativa incluem:

- itens do orçamento e atividades do cronograma com maior probabilidade de comprometer esses objetivos de gestão do projeto;
- probabilidade estimada de ocorrência de eventos de risco futuros;
- probabilidade estimada de alcançar as restrições de prazo e custo do projeto;
- dimensionamento de reservas de contingência de custo e prazo.

Há diversas abordagens para a análise quantitativa que iremos explorar a seguir:

Valor esperado

Para efeito de nossas considerações sobre análise quantitativa, vamos definir o valor esperado de um risco como sendo:

$$VE = \text{Probabilidade Estatística de Ocorrência} \times \text{Custo Estimado do Impacto}$$

Observe a necessidade de estimar a probabilidade estatística de ocorrência, isto é, um número entre 0 e 1 (ou o correspondente percentual). Também é necessário estimar o custo do impacto caso o risco se concretize. Mesmo que o impacto do risco se traduza em um atraso no cronograma, é necessário converter esse atraso em um valor monetário correspondente. Após as estimativas de probabilidade e impacto, os riscos são classificados por ordem decrescente de VE.

A soma de todos os VEs é chamada *exposição ao risco* e traduz, em termos de valores monetários, o risco total ao qual o projeto está exposto. A exposição ao risco pode ser tomada como referência para definir a reserva de contingência.

Vejamos através de um exemplo como se aplica esse método:

Exemplo

Trata-se de um projeto para implantação de uma pequena planta industrial para manufatura de novo produto com orçamento estimado em R$ 600.000,00. Estima-se que o custo de oportunidade por mês de atraso ou antecipação seja de R$ 25.000,00 por mês. Isso corresponde ao lucro ou prejuízo mensal caso a fábrica seja inaugurada antes ou após o prazo estimado. A EAP resumida é composta dos seguintes itens:

- Fabricação da máquina X.
- Aquisição da máquina Y.
- Importação da máquina Z.
- Montagem das máquinas X, Y e Z.
- Testes.

Os riscos identificados são apresentados a seguir com as respectivas estimativas de probabilidade e impactos:

Risco A: 5% de chance de um atraso de 3 meses na entrega das máquinas X ou Y, gerando um custo de oportunidade de R$ 75.000,00.

Risco B: 55% de chance de a taxa de câmbio ser 20% abaixo do estimado na aquisição da máquina Z com o preço real do maquinário R$ 60.000,00 abaixo do estimado.

Risco C: 75% de chance de haver incompatibilidade de conexão entre as máquinas X e Y, necessitando da fabricação de um adaptador ao custo de R$ 100.000,00.

Risco D: 5% de chance de o tempo de montagem das máquinas X, Y e Z ser 1 mês abaixo do estimado, economizando R$ 25.000,00.

Risco E: 15% de chance de o engenheiro-chefe deixar a equipe, paralisando o projeto por aproximadamente 10 dias (custo de R$ 8.000,00).

Observe que os riscos B e D são, na verdade, oportunidades. A Tabela 7.3 apresenta a análise quantitativa com o cálculo da VE. O orçamento a ser contratado deve ter uma reserva de contingência de pelo menos R$ 45.700,00, correspondente à exposição ao risco. Note que uma proteção total, considerando os riscos identificados, nos quais todas as ameaças (riscos A, C, E) se concretizariam ao mesmo tempo, seria alcançada dimensionando uma reserva de contingência de R$ 183.000,00. No entanto, a probabilidade de ocorrência simultânea dos 3 riscos negativos é muito baixa.

Tabela 7.3 – Análise quantitativa segundo o valor esperado

Risco	Probabilidade	Impacto	VE
A	5%	75.000	3.750
B	55%	– 60.000	– 33.000
C	75%	100.000	75.000
D	5%	– 25.000	– 1.250
E	15%	8.000	1.200
EXPOSIÇÃO (A + B + C + D + E)	–	–	45.700
Somente ameaças (A + C + E)	–	183.000	–

Fonte: Adaptada da bibliografia 31.

Assim como na análise qualitativa, gostaríamos de poder classificar os riscos do projeto em níveis de maior ou menor prioridade. Para tanto, na abordagem do valor esperado, podemos nos basear em curvas do tipo Iso-Risco. Trata-se de uma ferramenta complementar que ajuda a visualizar os riscos quantitativos em diferentes níveis de tolerância. O seu ponto de partida é a tolerância a risco da organização traduzida como um percentual do valor total do projeto. A partir dessa informação as curvas Iso-Risco apresentam todas as combinações de probabilidade e impacto que resultam em uma exposição fixa e igual à tolerância definida.

Exemplo

Considere novamente o projeto de implantação de planta industrial anterior (valor total do projeto = R$ 600.000,00). Os níveis de tolerância da organização executora foram definidos assim:

- Baixo Impacto Global = 1% do valor total do projeto (= R$ 6.000,00).
- Médio Impacto Global = 5% do valor total do projeto (= R$ 30.000,00).
- Alto Impacto Global = 10% do valor total do projeto (= R$ 60.000,00).

Podemos gerar uma curva Iso-Risco para cada nível de tolerância. Por exemplo, a curva Iso-Risco de baixo impacto global corresponderá a riscos com VE constante e igual a R$ 6.000,00, podendo ser o resultado de várias combinações, tais como:

- Probabilidade de 10% e impacto de R$ 60.000,00.
- Probabilidade de 5% e impacto de R$ 120.000,00.
- Probabilidade de 25% e impacto de R$ 24.000,00.

Variando o eixo das probabilidades, é possível gerar a curva. Se considerarmos apenas riscos negativos (A, C e E), o gráfico mostrado na Figura 7.18 ilustra o posicionamento de tais riscos em relação aos níveis de tolerância. Nota-se que os riscos A e E encontram-se abaixo da curva Iso-Risco de baixo impacto global, enquanto o risco C encontra-se acima da curva Iso-Risco de alto impacto global. Dessa forma, seria dada prioridade ao tratamento do risco C.

Figura 7.18 – Curvas Iso-Risco com diferentes níveis de tolerância e impacto global

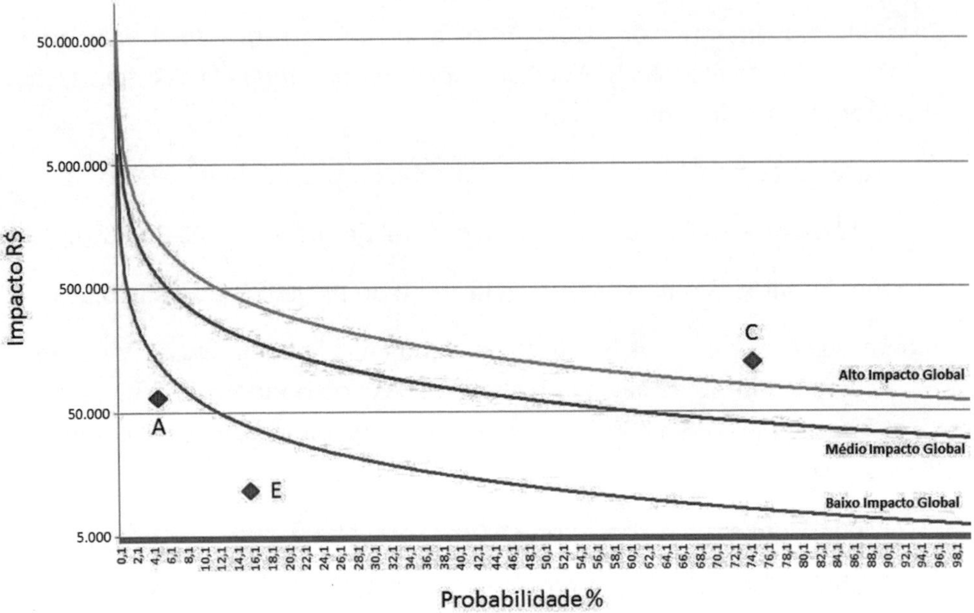

[Gráfico: eixo Y "Impacto R$" com valores 5.000, 50.000, 500.000, 5.000.000, 50.000.000; eixo X "Probabilidade %" de 0,1 a 98,1. Curvas indicadas como Alto Impacto Global, Médio Impacto Global, Baixo Impacto Global. Pontos A, C e E marcados.]

Fonte: Elaborada pelos autores.

Árvore de decisão

Anteriormente, apresentamos a ferramenta árvore de eventos para identificação de riscos, na qual é possível desenhar um encadeamento de eventos sucessivos, com suas respectivas probabilidades, para calcular a probabilidade de que um evento ao final da cadeia ocorra. A árvore de decisão é uma ferramenta similar, com a diferença de que acrescenta os impactos dos riscos e permite calcular o valor esperado do evento ao final da cadeia, em vez de sua probabilidade. O seu objetivo é permitir a comparação de VEs de diferentes alternativas de projeto, indicando, assim, o nível de risco associado. Aplica-se a um encadeamento de decisões mutuamente exclusivas, do tipo "ou isso ou aquilo". Podem-se ainda incluir cenários de incerteza com suas probabilidades associadas, caracterizando riscos.

Exemplo

Vamos aplicar uma árvore de decisão para calcular o valor esperado da decisão sobre construir uma nova fábrica ou modernizar a fábrica antiga. O problema é ilustrado na Figura 7.19. A árvore mostra inicialmente o aporte de investimento necessário em cada caso ($ 120 e $ 50, respectivamente). Há dois cenários de incerteza associados à demanda de mercadorias da fábrica: demanda forte com 65% de probabilidade e demanda fraca com 35%. Aqui reside o risco, pois o faturamento da fábrica varia nesses dois cenários em função da demanda propriamente dita e da capacidade da fábrica de supri-la. No caso de modernização, a capacidade de suprir a demanda é limitada e, assim, o lucro é inferior. Por outro lado, se a opção for Construir e a demanda for fraca, haverá prejuízo. Ao final se pode calcular o VE das duas opções. A opção Modernizar é escolhida por apresentar o maior VE.

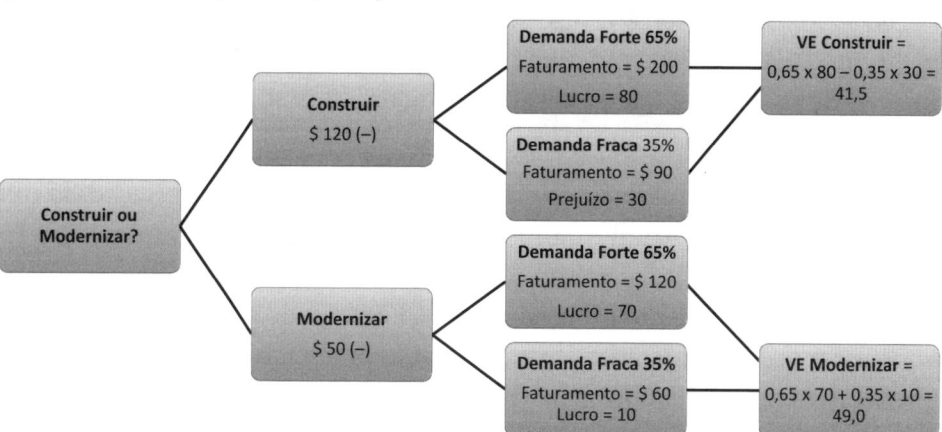

Figura 7.19 – Exemplo de aplicação da ferramenta Árvore de Decisão

```
                          Demanda Forte 65%        VE Construir =
                          Faturamento = $ 200      0,65 x 80 – 0,35 x 30 =
              Construir   Lucro = 80               41,5
              $ 120 (–)
                          Demanda Fraca 35%
                          Faturamento = $ 90
Construir ou              Prejuízo = 30
Modernizar?
                          Demanda Forte 65%
                          Faturamento = $ 120
              Modernizar  Lucro = 70
              $ 50 (–)
                          Demanda Fraca 35%        VE Modernizar =
                          Faturamento = $ 60       0,65 x 70 + 0,35 x 10 =
                          Lucro = 10               49,0
```

Fonte: Adaptada da bibliografia 42.

Análise de sensibilidade

A análise de sensibilidade introduz um importante conceito em análise de riscos: as faixas de variação. Diferentemente das alternativas anteriores, os impactos dos riscos não mais serão tratados como estimativas pontuais (um único valor), mas sim através de uma faixa que vai de um valor mínimo até um valor máximo, podendo passar por um valor intermediário considerado mais provável. Esses limites também são conhecidos como valores otimista, pessimista e realista em alusão à técnica de estimativa de três pontos estudada anteriormente.

Tratar os impactos como faixas de variação é algo mais natural e estabelece com clareza que há uma incerteza envolvida.

> *Exemplo*
>
> Considere que lhe peçam para estimar a distância entre as cidades de Fortaleza e do Rio de Janeiro. Se o pedido for para um único número, as suas chances de acerto são mínimas. Por outro lado, se lhe permitirem responder com uma faixa de variação, você poderia usar o bom senso e estimar que essa distância estaria entre 2.000 e 2.500 km. As suas chances de acerto aumentam. Por outro lado, ao responder com uma faixa de variação, você informa à parte interessada na resposta que há uma incerteza e o tamanho dessa incerteza. Se uma outra pessoa respondesse à mesma pergunta com uma faixa de variação entre 500 e 5.000 km, isso sugere um grau maior de ignorância sobre o assunto. Nota-se, portanto, que o uso de faixas de variação torna a comunicação de riscos mais clara e permite comparar a precisão de estimativas.

A análise de sensibilidade calcula o impacto da faixa de variação de uma variável sobre o valor total quando todas as demais são mantidas em seus valores de base. Permite, portanto, identificar a importância relativa de uma variável em um orçamento ou cronograma. Focaremos sua aplicação no risco de custo em orçamentos, mas, com modelos quantitativos apropriados, pode ser aplicada em outros objetivos da gestão do projeto, tais como qualidade e escopo.

Torna-se mais útil quando o modelo do orçamento (ou outro objetivo de projeto) se torna mais complexo e fica menos óbvio qual variável tem mais variação com maior impacto sobre o risco. A análise de sensibilidade é usualmente apresentada na forma gráfica através de um diagrama chamado Tornado. Vejamos um exemplo para ilustrar a aplicação dessa ferramenta.

Exemplo

Considere o orçamento de uma reforma apresentado na Tabela 7.4. A mão de obra foi contratada a preço fixo e fica fora da análise de risco quantitativa do custo. As quantidades de cada item também foram assumidas como garantidas (determinísticas), de forma que não representam fator de risco de custo nesse projeto. Apenas os valores unitários dos materiais foram considerados incertos, para os quais foram feitas estimativas de três pontos. Os valores totais automaticamente são obtidos, gerando também estimativas de três pontos.

O orçamento realista de R$ 15.858,00 seria aquele normalmente desenvolvido se não considerássemos o conceito de faixas de variação. Com esse conceito vemos que o orçamento na verdade pode variar de um mínimo de R$ 11.738,00 a um máximo de R$ 20.112,00, embutindo considerável incerteza.

A análise de sensibilidade deve nos responder à pergunta: qual item de orçamento é potencialmente mais impactante para o risco de estouro do orçamento-base de R$ 15.858,00?

Para respondermos à pergunta, devemos fixar todos os itens de orçamento menos um em seus valores realistas e calcular o orçamento modificado considerando os valores otimista e pessimista do item em destaque. O resultado da análise de sensibilidade é apresentado na Tabela 7.5. Nessa tabela, para cada item de orçamento, mostram-se as variações percentuais positiva e negativa que o item, isoladamente, pode causar no orçamento total, quando todos os demais itens estão fixos em seus valores realistas. Observa-se ainda o valor total do orçamento em cada cenário.

Note que o item que constitui maior risco de impacto relativo no custo é o solvente, que pode fazer variar o orçamento total de 10,09% a mais. É também o item responsável pela maior variação negativa. Esse resultado sugere que o preço unitário desse item seja monitorado com atenção, visando minimizar o risco de estouro do orçamento realista.

O diagrama Tornado, mostrado na Figura 7.20, ilustra o resultado da análise de viabilidade, apresentando barras proporcionais ao total de variação de cada item do orçamento. As barras são ordenadas de cima para baixo seguindo a ordem de maior para menor variação.

Tabela 7.4 – Planilha de dados e um orçamento de projeto de reforma com faixas de variação

Item	Qtde.	Valor Unitário (VU) Otimista R$	VU Realista R$	VU Pessimista R$	Valor Total (VT) Otimista R$	VT Realista R$	VT Pessimista R$
Cimento	10 kg	5,00	7,00	9,00	50,00	70,00	90,00
Cabo	100 m	51,00	62,00	70,00	5.100	6.200	7.000
Solvente	1600 l	2,00	3,00	4,00	3.200	4.800	6.400
Conduíte	56 m	20,00	36,00	44,00	1.120	2.016	2.464
Tinta	126 l	18,00	22,00	33,00	2.268	2.772	4.158
TOTAL	-	-	-	-	11.738	15.858	20.112

Fonte: Elaborada pelos autores.

Tabela 7.5 – Resultado da análise de sensibilidade

Var –	Var – (%)	Item	Var + (%)	Var +
15.838	– 0,13	Cimento	0,13	15.878
14.758	– 6,94	Cabo	5,04	16.658
14.258	– 10,09	Solvente	10,09	17.458
14.962	– 5,65	Conduíte	2,83	16.306
15.354	– 3,18	Tinta	8,74	17.244

Fonte: Elaborada pelos autores.

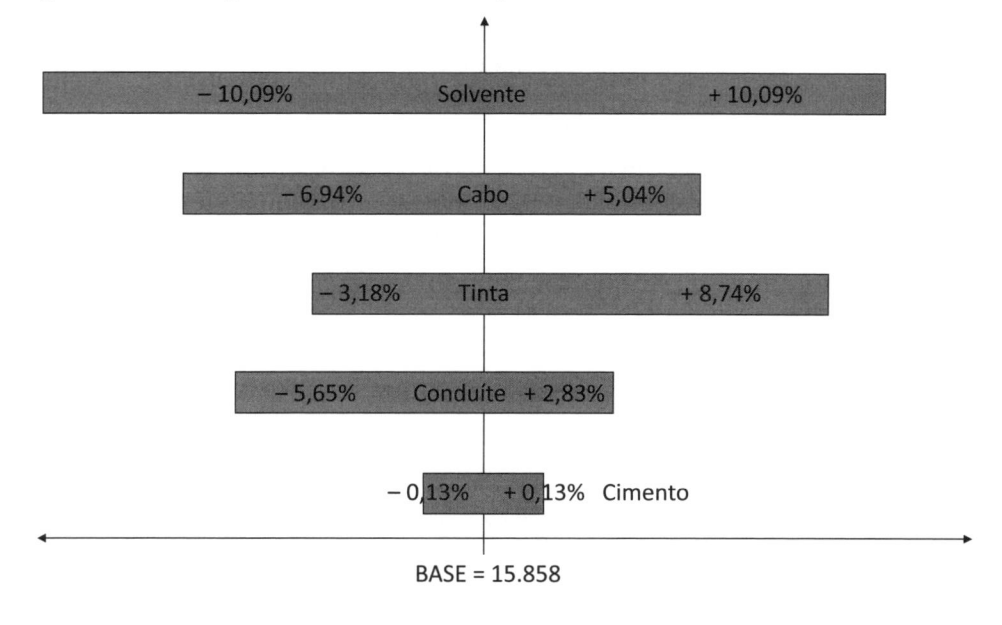

Figura 7.20 – Diagrama Tornado correspondente à Tabela 7.5

– 10,09%   Solvente   + 10,09%

– 6,94%   Cabo   + 5,04%

– 3,18%   Tinta   + 8,74%

– 5,65%   Conduíte   + 2,83%

– 0,13%   + 0,13%   Cimento

BASE = 15.858

Fonte: Elaborada pelos autores.

Simulação de Monte Carlo

Nessa abordagem estendemos o conceito de faixa de variação explorado na análise de sensibilidade e o complementamos associando probabilidades aos diversos valores dentro da faixa.

Considere, por exemplo, o experimento de lançar um dado: sabemos que há uma probabilidade de 1/6 de que qualquer uma das faces seja sorteada. Em outras palavras, nesse experimento temos uma faixa de variação dos números inteiros entre 1 e 6 e cada um desses números está associado a uma probabilidade de 1/6 (ou 16,66%). Considere agora um dado viciado no qual as probabilidades sejam assim distribuídas:

- faces 1 e 6: probabilidade de 5/24 cada face (ou 20,83% cada face).
- faces 2 e 5: probabilidade de 4/24 cada face (ou 16,67% cada face).
- faces 3 e 4: probabilidade de 3/24 cada face (ou 12,5% cada face).

Agora, a mesma faixa de variação (números inteiros de 1 a 6) tem a si associadas probabilidades diferentes para a ocorrência de cada valor. Tanto no primeiro caso como no segundo a soma de todas as probabilidades dá 100%.

Essa associação de probabilidades aos valores dentro de uma faixa de variação é chamada de distribuição de probabilidade. No primeiro caso, quando os valores da faixa de variação são igualmente prováveis, dizemos que a distribuição é uniforme. No segundo caso, a distribuição não é uniforme e foi arbitrariamente definida. A Figura 7.21 ilustra a diferença das probabilidades associadas a cada caso.

Figura 7.21 – Ilustração de distribuição de probabilidades uniforme e não uniforme associadas às faces de um dado

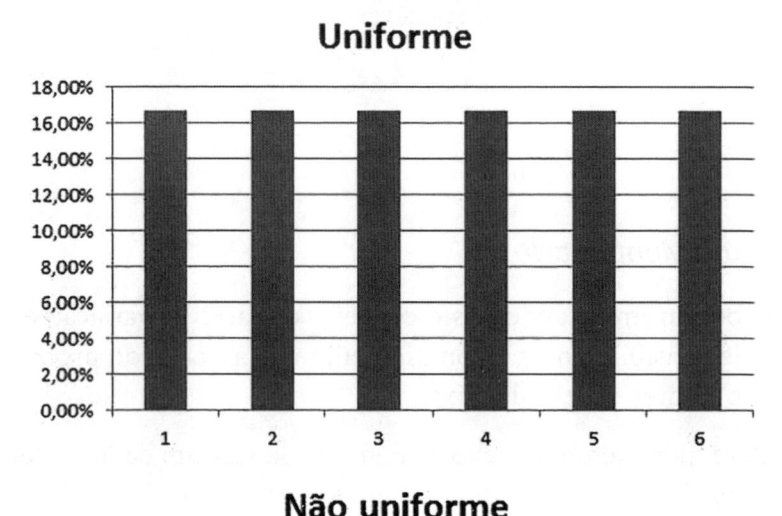

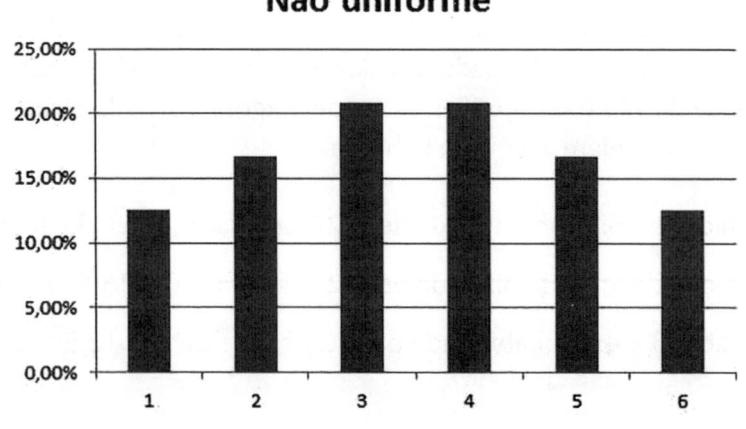

Fonte: Elaborada pelos autores.

Existem distribuições não uniformes predefinidas, sendo a distribuição normal ou gaussiana uma das mais conhecidas, por ser representativa de diversos fenômenos naturais e sociais.

Podemos aplicar esse conceito ao orçamento de projeto apresentado na Tabela 7.4, no qual cada item podia variar entre um valor mínimo (otimista) e máximo (pessimista). Assim como no caso de jogar um dado, podemos assumir que os valores entre os dois extremos são igualmente prováveis. Mas podemos fazer melhor que isso: considerando que há ainda informação sobre o valor mais provável, é razoável imaginar que nem todos os valores são igualmente prováveis, mas que os valores em torno do valor realista têm maior probabilidade de ocorrer.[1] Nesse caso, a distribuição de probabilidade é não uniforme.

Determinar qual é a distribuição de probabilidade adequada para a variação de preço de um item de orçamento depende de uma pesquisa de como esse valor variou no passado, bem como de uma inferência sobre as tendências futuras dessa variação. Na prática, determinar o formato dessa distribuição e seus valores é um trabalho especializado que requer conhecimentos relativamente avançados de estatística, os quais não fazem parte da formação típica de um GP.

Uma solução alternativa é adotar um formato padrão de distribuição de probabilidade e assumi-la como uma aproximação da realidade. Nesse sentido, uma distribuição bastante popular é a distribuição triangular. Essa distribuição é totalmente especificada por três valores ou parâmetros: o extremo inferior, o valor mais provável e o extremo superior. A praticidade da distribuição triangular é facilmente percebida: ao estimar os valores pessimista, realista e otimista de um item de orçamento, podemos mapeá-los, diretamente nos parâmetros da distribuição triangular que fica, assim, completamente especificada.

A distribuição gaussiana e outras mais complexas, para terem seus parâmetros estimados, necessitariam de uma base de dados histórica de valores para que se calculasse sua média e desvio-padrão. Na ausência de tal base de dados, a distribuição triangular pode ser utilizada como uma aproximação

---

[1] Por isso, os valores chamados realistas na Tabela 7.4 são também chamados valores mais prováveis.

razoável com a vantagem prática de ser intuitivamente mapeada em valores que podem ser estimados com coerência pela equipe e pelo GP.

Uma vez especificadas as distribuições de probabilidade de cada item de orçamento, pode-se realizar a simulação de Monte Carlo propriamente dita. Um programa de computador irá extrair amostras das distribuições de probabilidade para gerar uma amostra do valor total do projeto. Isso é repetido um grande número de vezes para compor uma curva "S" que apresenta valores do custo de um projeto *versus* a probabilidade de confiança naquele valor.

> *Exemplo – Curva "S"*
>
> A Figura 7.22 é resultante de uma análise via simulação de Monte Carlo para o custo de construção de rodovias. O valor médio do custo de construção (R$ 380.000,00/km), mostrado na figura, tem confiança de pouco mais de 50%. Isso significa que se um projeto for contratado utilizando o custo médio como referência, haverá chance aproximada de 50% de que o custo real seja maior ao final do projeto. Essa probabilidade é certamente muito elevada e impõe um risco elevado. Daí a curva permite verificar que custo está associado a níveis de confiança mais altos, tais como 80% ou 90%. O valor com 90% de confiança é R$ 480.000,00/km. Esse valor pode ser interpretado da seguinte forma: de cada 10 projetos similares de construção de rodovia, 9 tiveram custo unitário de no máximo R$ 480.000,00/km. A diferença de R$ 100.000,00/km acima do valor médio será considerada uma reserva de contingência para lidar com o risco de estouro de orçamento.

Software *de simulação de riscos*

Existem alguns programas de computador especializados em simulação de Monte Carlo para riscos de projetos. Eles utilizam diferentes distribuições de probabilidade, tais como a distribuição normal e a distribuição triangular, sendo esta última adequada para análise quantitativa na ausência de uma base de dados histórica que permita maior precisão na escolha de uma distribuição de probabilidades. Com um entendimento básico da teoria e o auxílio de ferramentas de *software* para simulação de riscos, um GP, mesmo sem formação especializada em estatística, pode utilizar esse tipo de abordagem como auxílio no processo de tomada de decisão a respeito do custo de um projeto.

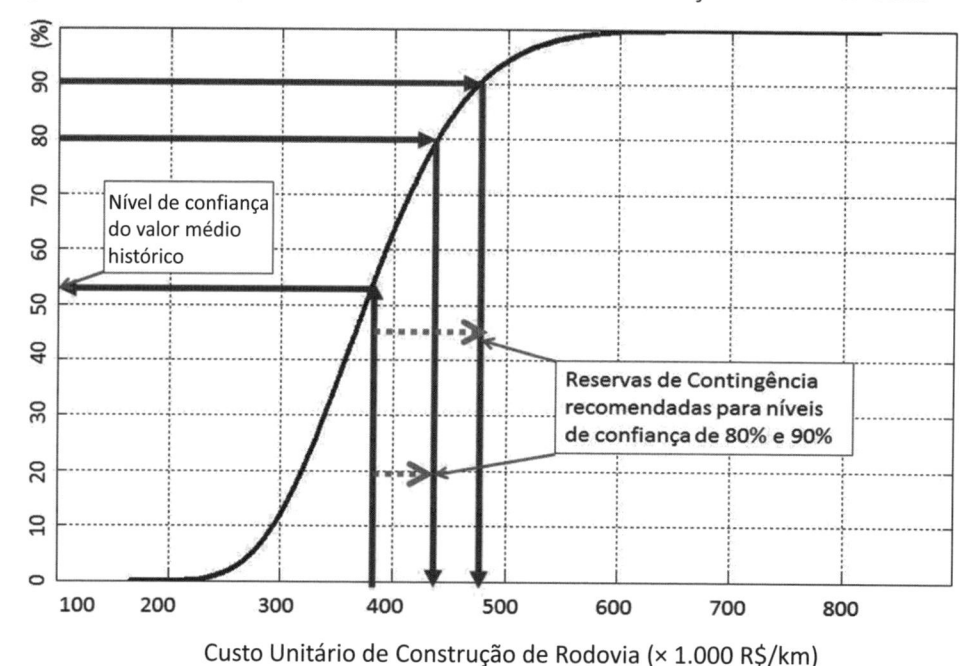

Figura 7.22 – Exemplo de Curva "S" resultante de simulação de Monte Carlo

[Gráfico: eixo Y de 0 a 90 (%), eixo X "Custo Unitário de Construção de Rodovia (× 1.000 R$/km)" de 100 a 800. Anotações: "Nível de confiança do valor médio histórico" e "Reservas de Contingência recomendadas para níveis de confiança de 80% e 90%"]

Fonte: Adaptada da bibliografia 36.

Simulação aplicada a cronogramas

Consideramos que a simulação de Monte Carlo aplicada a orçamentos é uma abordagem adequada para enriquecer o entendimento sobre os riscos de custo associados ao projeto e para auxiliar a definição da reserva de contingência.

Quando a análise de risco tem como foco o prazo do projeto, há uma observação a fazer. Existem ferramentas computacionais capazes de utilizar também a mesma simulação de Monte Carlo para simular o cronograma do projeto, tendo como base estimativas otimista, pessimista e realista para a duração de cada atividade. Como resultado, teremos uma curva "S" associada à duração do projeto e, da mesma forma que se fez com os custos, pode-se definir uma reserva de contingência de prazo. Esse tipo de análise permite avaliar probabilisticamente qual seria o caminho crítico mais *provável do projeto*.

A crítica que se faz nesse caso é que o método pressupõe que o GP irá assistir passivamente a variações na duração das atividades, sem reagir. Na prática, sabemos que o GP irá exercer pressão para que as atividades terminem no prazo e isso é um fenômeno difícil de capturar em um modelo matemático. Concluímos, portanto, que a aplicação de simulação de Monte Carlo a cronogramas, embora enriqueça o conjunto de informações gerenciais disponíveis ao GP e à equipe, deve ser recebida com cautela e requer mais estudos para verificar sua efetividade.

Monitoramento e controle de riscos

Conforme observado antes, o processo de gerenciamento de riscos é cíclico, contínuo. Uma vez definidos planos de respostas, o GP e a equipe devem controlar a execução das ações correspondentes em contato com o respectivo proprietário do risco. Esse processo visa:

- garantir que o ambiente do projeto seja continuamente monitorado e que novos riscos sejam identificados;
- verificar a efetividade das ações de resposta sobre a probabilidade e impacto dos riscos identificados;
- oportunizar a comunicação e discussão sobre riscos;
- enfim, dinamizar o processo de gerenciamento de riscos durante todo o ciclo de vida do projeto, evitando que se pare com o tratamento dos riscos logo após a elaboração do registro de riscos.

Dessa forma, deve-se manter o gerenciamento de risco na agenda das reuniões regulares de gestão do projeto. Idealmente, poderia haver reuniões específicas para o monitoramento de riscos, se os recursos do projeto permitirem. Dessa forma, o GP estimula uma análise regular das principais fontes de risco, questionando sobre cada elemento da EAP, analisando riscos externos e estimulando as partes interessadas a uma contínua revisão dos riscos existentes e identificação de novos riscos. Importante também observar o ambiente externo ao time de projeto e mesmo à organização, por exemplo, o cumprimento de prazo e nível de qualidade das entregas dos fornecedores externos de materiais, serviços e equipamentos.

Em cada reunião do projeto sugere-se verificar se há alguma alteração na probabilidade e impactos registrados, se há algum sintoma emergente que agrave ou amenize o risco, se as respostas previamente definidas estão sendo implementadas e, sendo efetivas, se novas respostas precisam ser preparadas.

Nesse sentido, o proprietário do risco é figura-chave, trazendo uma visão geral sobre o *status* do risco e sobre a efetividade das respostas planejadas.

Observe, portanto, que, ao monitorar o registro de riscos, estamos continuamente repetindo os processos de identificação, análise e planejamento de respostas.

Em abordagens mais sofisticadas para o gerenciamento dos riscos, um relatório de *status* do projeto pode conter uma avaliação da situação do projeto na dimensão de seus riscos, com comentários e tendências observadas. Esse relatório pode conter:

- Informações objetivas, tais como indicadores de análise do valor agregado, marcos alcançados e atrasados do cronograma, atividades críticas em atraso ou em vias de atrasar, alterações pendentes em requisitos e no escopo, decisões em atraso.

- Análises subjetivas, tais como sobre conflitos no time, sinais de produtividade decrescente de um membro do time, suspeitas sobre alterações nas condições ambientais do projeto, situações que sugerem a intervenção do patrocinador.

Ainda na linha de abordagens mais sofisticadas, um projeto pode sofrer uma auditoria de riscos. O objetivo da auditoria é realizar uma revisão independente do registro de riscos e dos processos de gerenciamento de riscos adotados pelo GP e pela equipe. Essa auditoria deve ser feita por uma ou mais pessoas externas à equipe.

Métricas para monitoramento e controle

Você não pode controlar o que não mede! Essa máxima da engenharia e da administração também se aplica aqui. Algumas sugestões de métricas relacionadas ao gerenciamento de riscos do projeto são:

- indicadores de análise do valor agregado (índices VC e VT);
- níveis das reservas (reserva gerencial, reservas de contingência);
- número de marcos vencidos no cronograma;
- número de requisitos e funcionalidades não atendidas no escopo;

- número de requisitos e funcionalidades não satisfatórias ou em estado de não conformidade;

- evolução ao longo do tempo dos riscos na análise qualitativa com métricas dos tipos: número de riscos identificados, número de riscos tratados e índice total de riscos P × I do projeto;

- evolução ao longo do tempo dos riscos na análise quantitativa: podem-se apresentar curvas de evolução da exposição total de riscos segundo os critérios do valor esperado (VE), do custo total das respostas já realizadas e do nível das reservas.

Comunicações de riscos

Esse processo envolve assegurar que todas as partes interessadas relevantes foram consultadas e/ou informadas sobre o *status* dos riscos do projeto. Assim como no caso da execução de respostas, outro ponto de uma possível lacuna se refere à comunicação sobre riscos. Pode-se assumir que tal tarefa caia dentro dos processos normais de comunicação e de gerenciamento das partes interessadas, mas nós vemos a necessidade de enfatizar a comunicação sobre riscos como um processo separado, dada a relevância do tema para o sucesso do projeto. Na prática, as comunicações sobre riscos ocorrem sempre em paralelo com o desenvolvimento dos processos principais de identificação, análise e planejamento de respostas. Assim, não é de todo correto pensar que as comunicações ocorram apenas em conjunto com o processo de monitoramento e controle. Mas é certamente nesse processo (monitoramento e controle) que a equipe analisa a situação de momento, riscos emergentes e críticos e define novas ações. Portanto, é natural que especialmente nesse contexto surjam novas ações de comunicações em função de mudanças no contexto de riscos do projeto.

Exercícios e leituras complementares para este capítulo

Anexos: 7 (documento VI), 13, 14, 15, 16, 17, 18, 19 e 20

8

ENCERRAMENTO DE PROJETOS

Introdução

O final de um projeto, ou de uma fase de um projeto, é um momento normalmente muito pouco apreciado do ponto de vista gerencial. No caso em que os resultados do projeto ou fase são satisfatórios, o clima de fim de festa normalmente domina, com os olhares do GP e do time se voltando para o próximo projeto.

Ao mesmo tempo, o fim de um projeto oferece oportunidades interessantes de aprendizagem. E há ainda alguns procedimentos administrativos recomendados. Dessa forma, o GP deve dar a devida atenção ao encerramento do projeto conforme discutimos neste capítulo.

Antes de continuarmos, porém, cabe a pergunta: quando de fato um projeto acaba? O final de um projeto é alcançado quando:

- os objetivos do projeto tiverem sido atingidos;
- se tornar claro que os objetivos do projeto não serão ou não poderão ser atingidos;
- não existir mais a necessidade original pela qual se decidiu empreender o projeto.

E há ainda as seguintes modalidades de encerramento. No caso de projetos que alcançam seus objetivos, há dois destinos possíveis:

- absorção: os projetos concluídos evoluem para operações continuadas, podendo se tornar uma unidade empresarial, produto, serviço etc.;

- extinção: projeto concluído e aceito pelas partes interessadas, mas que não vira operação.

Já os projetos para os quais fica claro que seus objetivos não poderão mais ser alcançados podem ser encerrados assim:

- por enfraquecimento: quando os recursos são cortados gradativamente e não mais fornecidos;

- por integração: as atividades e recursos do projeto são deslocados e integrados aos de outros projetos/programas, com possibilidade de aproveitamento de parte dos resultados até então alcançados;

- por extinção: projeto terminado oficialmente sem alcançar objetivos.

Importância da fase de encerramento

Há dois aspectos relevantes na fase de encerramento de um projeto. Há um aspecto formal, que implica encerrar administrativamente o projeto ou fase; e há um aspecto organizacional e pessoal, no qual se vê um projeto como oportunidade de aprendizagem. Como dito antes, esses aspectos são geralmente negligenciados na medida em que o final de projeto é um momento de olhar pra frente, para outros projetos e oportunidades.

Considerando o aspecto administrativo, os principais eventos administrativos do encerramento são:

- verificação e aceitação final das entregas pelo cliente;

- encerramento formal junto ao cliente;

- encerramento de contratos com fornecedores;

- arquivamento de toda a documentação gerada, física e eletrônica;

- desmobilização do time do projeto;

- transição para fase de operações e produção, inclusive transferência de conhecimentos e treinamentos.

No caso de contratos, atentar para todas as cláusulas que indicam o seu encerramento oficial.

Já considerando o aspecto organizacional, a ideia é contextualizar a gestão de um projeto como um processo organizacional, visando melhorar o grau de maturidade da organização. Nesse sentido, cada projeto deveria alimentar uma base histórica que permita que erros não se repitam e melhores práticas sejam absorvidas.

Nessa base histórica, devem ser registrados também estimativas realizadas no início do projeto e os valores verificados no transcorrer dele. Essas e outras informações poderão ser utilizadas em projetos futuros similares como base para estimativas mais precisas.

Além da alimentação de uma base histórica, deve-se realizar ainda uma ou mais sessões para o registro de lições aprendidas, envolvendo o GP e a equipe, podendo incluir também outras partes interessadas. Nesse ponto, a gestão de projetos encontra-se com a gestão do conhecimento em que projetos são vistos como oportunidade de aprendizagem organizacional e das pessoas envolvidas coletiva e individualmente.

Mas por que registrar lições aprendidas? Em primeiro lugar, é preciso identificar os êxitos e fracassos do projeto. Essa identificação dos acertos e erros não deve ter foco em premiação ou punição, e sim na identificação em si, que permitirá à organização e às pessoas aplicar o conhecimento adquirido em outros projetos. O aprendizado continuado é fundamental para que qualquer pessoa ou organização adquira maturidade em relação à gestão dos projetos.

O registro das lições aprendidas pode ser feito de diversas formas. Algumas sugestões se seguem:

- realizar uma reunião de fim de projeto para a exposição dos pontos positivos e negativos, técnicos, gerenciais e interpessoais, observados durante o projeto;
- narrativas: o GP pode estimular os colaboradores a detalhar momentos-chave do projeto, como veio um *insight*, como foi o processo de descoberta e correção daquele erro crítico etc.;

- *workshops*: dependendo da complexidade do projeto, um evento mais formal e estruturado pode ser organizado em cada etapa e a documentação do projeto será revisada detalhadamente para o registro das lições aprendidas;

- bases de dados: a organização executora do projeto pode ter um sistema de gestão do conhecimento em operação que será utilizado para capturar e armazenar as principais lições aprendidas;

- atualização de documentos organizacionais: em organizações que possuem maior grau de maturidade gerencial, podem existir normas, *templates*, tabelas e planos que sejam passíveis de atualização conforme as melhores práticas de um projeto específico se mostrem interessantes para toda a organização;

- formação de comunidades de prática: a utilização de redes sociais, fóruns e *blogs* pode auxiliar a fomentar a discussão e difusão de boas práticas e erros a evitar.

A reunião ou encontro para registro de lições aprendidas pode ter um viés formal misturado a uma parte mais informal e social. *Workshops* são usados por algumas grandes empresas para que gerentes de diferentes projetos compartilhem suas experiências. Bases de dados podem registrar aspectos quantitativos (p. ex., custo e duração planejados e realizados), aspectos de procedimentos (aderência a processos, processos que funcionaram e outros que falharam) e outros mais subjetivos (p. ex., conflitos).

Lições aprendidas devem ser uma fonte de novos conhecimentos e melhoria de processos em projetos subsequentes em toda a organização. Uma prática bem-sucedida de registro de lições aprendidas depende também da cultura organizacional e apoio da alta gerência.

Guia para a sessão de lições aprendidas

No Anexo 21 apresentamos uma lista de perguntas de avaliação sobre os aspectos gerenciais e técnicos de um projeto, que pode servir de guia para o GP conduzir a sessão de lições aprendidas.

Ética profissional

Considerando a amplitude das áreas de aplicação da gestão de projetos, é de se esperar que seus profissionais apresentem um comportamento ético aceitável. É assim com as profissões mais tradicionais, tais como as práticas da medicina, do direito e da engenharia, não podendo ser diferente com o profissional gerente de projetos.

Nesse sentido, o PMI (*Project Management Institute*) publica um Código de Ética Profissional para os gerentes de projetos que serve de base para nossa discussão do assunto. Os valores éticos preconizados pelo PMI são: responsabilidade, respeito, justiça e honestidade. Trata-se de valores universais com os quais dificilmente alguém irá discordar. A seguir comentamos e exemplificamos cada um desses valores.

Responsabilidade: trata-se de assumir as consequências dos próprios atos e omissões. Um GP responsável, por exemplo, é aquele que não assume projetos incompatíveis com suas habilitações, competências, qualificações e experiência. Ele irá assumir seus erros e respectivas consequências em vez de transferir a culpa a terceiros. Da mesma forma somos responsáveis quando comunicamos erros ou omissões de terceiros que venham a nosso conhecimento, quando sustentados por fatos. Está relacionada à responsabilidade a manutenção de sigilo de informações assim classificadas, bem como o respeito a normas e regulamentos que afetem a área de aplicação de cada projeto. Por fim, um GP responsável jamais irá cometer qualquer ato ilegal ou permitir que assim se faça com sua conivência.

Respeito: trata-se de conduta em que não se prejudica ou ofende alguém; é uma forma de demonstrar consideração. O respeito em um ambiente de projetos começa com um tratamento cortês dispensado aos outros e inclui a convivência com diferenças de opinião, culturais e religiosas. Inclui também uma convivência que evite fofocas gratuitas e piadas maliciosas. Como consequência, envolve o enfrentamento de conflitos e discordâncias com sinceridade e franqueza, abordando diretamente as pessoas com as quais discordamos. Por fim, um assunto delicado é o assédio ou abuso de poder. Significa utilizar a posição de gerente de projetos para constranger ou coagir outras pessoas – tais como nossos subordinados – a agirem contra suas vontades ou consciência, com vistas a obter um benefício pessoal. Isso é uma das violações éticas mais graves em qualquer profissão.

Justiça: define-se justiça como sendo nossa obrigação de agir de forma imparcial, isentando nossa conduta de interesses particulares, favoritismos e preconceitos. A percepção de um tratamento justo em um ambiente de projetos é essencial para construção de confiança, o que, por sua vez, afeta o desempenho e o nível de colaboração das equipes. Por exemplo, em instituições de pesquisa e desenvolvimento, um prêmio que é distribuído em função de bons resultados é a participação em conferências técnicas internacionais. A escolha de qual membro da equipe receberá o prêmio é uma tarefa que pode ser balizada por alguns critérios, tais como a qualidade do trabalho a ser apresentado, outras oportunidades anteriores a que as pessoas já tiveram acesso, o nível de senioridade ou tempo de serviço na instituição, a qualificação técnica e o nível de produtividade dos colaboradores. Para que haja percepção de justiça, é fundamental que os colaboradores conheçam esses critérios e possam, assim, compreender por que determinada pessoa foi escolhida. Em outras palavras, estamos falando de transparência na tomada de decisões e na oferta de oportunidades equivalentes para candidatos igualmente qualificados. No conceito de justiça cabe ainda a não discriminação de pessoas com base em sexo, raça ou religião.

Honestidade: significa primar pela verdade em todas as circunstâncias de sua atuação profissional. Implica agir com boa-fé, com a melhor das intenções, compreendendo os interesses das partes interessadas e expondo suas próprias convicções de acordo com isso. Implica fornecer informações precisas, não maquiar números ou prestar falso testemunho. Em outras palavras, significa que devemos dar más notícias e não omiti-las. Implica não mentir ou declarar meias verdades propositadamente. Incluímos aqui também a obrigatoriedade de revelar conflitos de interesse que possam desacreditar ou influenciar nossa conduta.

Conflito de interesse é uma situação na qual há um interesse particular envolvido em um processo decisório ou conduta e que pode prejudicar a objetividade da tomada de decisão ou da conduta em si, assim como a credibilidade de informações e resultados resultantes quando o conflito é revelado. Como exemplo, podemos citar uma situação em que um médico que recebe vultosas quantias de financiamento de pesquisa de um determinado laboratório escreve um artigo defendendo a eficácia de um medicamento desse mesmo laboratório. A conduta honesta nesse caso é a de declarar, no próprio artigo, a existência desse relacionamento de financiamento, para que os leitores possam julgar adequadamente a credibilidade dos resultados.

Considerações finais

Uma analogia simples nos sugere que um projeto vive um ciclo semelhante ao de um ser humano: nasce, cresce e se desenvolve, morre, pode deixar filhos. Os filhos são ideias e outros projetos derivados do original, bem como lições e ensinamentos para aqueles que com o projeto conviveram. O projeto também deixa uma herança: nada mais que o produto, serviço ou resultado gerado (ou a ausência destes, se fracassou). Diante disso, devemos pensar que os impactos da conclusão de um projeto podem ter alcance no longo prazo. É por isso que há muita ênfase moderna na satisfação do cliente como critério de sucesso de um projeto. As metas de escopo, custo e prazo são relevantes, pois também compõem essa satisfação. Mas cada vez mais estão em igual condição com as metas de qualidade e satisfação geral dos clientes e usuários para com os produtos, serviços ou resultados gerados.

Exercícios e leituras complementares para este capítulo

Anexo 21

9

GESTÃO DO PORTFÓLIO DE PROJETOS

Introdução

As organizações fazem uso de projetos para pôr em prática, de forma coordenada e organizada, as ações que concretizem seus objetivos. Uma organização orientada a projetos consiste em um conjunto de grandes e pequenos projetos. Um dos maiores desafios encontrados por essas organizações é estabelecer um método para seleção, priorização, monitoramento e controle do conjunto de seus projetos. Sem esse método, há o risco de as organizações não serem capazes de obter o máximo benefício estratégico do conjunto de projetos que empreendem.

Esse conjunto de projetos é costumeiramente chamado de *portfólio*. Gerenciar o portfólio de projetos pode ser definido, portanto, como a gestão do conjunto de projetos empreendidos por uma organização no sentido de maximizar os benefícios estratégicos realizados por tais projetos.

De forma mais geral, portfólio de projetos é uma coleção de componentes, que podem ser projetos, programas, subportfólios e outros esforços que são conduzidos sob o patrocínio e/ou gestão de uma organização particular. Cada projeto pode estar relacionado ou ser independente dos demais. Esses projetos compartilham os mesmos objetivos estratégicos e competem por recursos escassos (ex.: pessoas, dinheiro, tempo). Eles são agrupados para facilitar uma gestão mais eficaz desses empreendimentos como forma de atender aos objetivos estratégicos e/ou de negócio da organização. Os componentes de um portfólio são quantificáveis, ou seja, podem ser medidos, classificados e priorizados. Em essência, um portfólio reflete as prioridades da organização para seus investimentos e alocação de recursos.

Ao contrário da gestão de projetos, que foca em um único projeto, e da gestão de programas, que se preocupa com o gerenciamento de um conjunto de projetos que estão relacionados por compartilhar um objetivo, cliente ou recursos em comum, a gestão de portfólios considera todos ou a maior parte dos projetos em que a organização esteja engajada, a fim de tomar decisões sobre a quais projetos dar prioridade e quais projetos incluir ou remover do portfólio.

Os benefícios mais visíveis da gestão do portfólio de projetos (GPP) envolvem a seleção dos projetos com melhor potencial estratégico e a eliminação de projetos em execução que não se alinham com a organização. Esse processo pressupõe a existência de visão, missão, estratégias e recursos organizacionais para a execução de projetos. Por outro lado, para organizações imaturas em GPP, a implantação de um processo de GPP poderá, por si só, auxiliá-las na definição de uma estratégia mais clara.

Outro benefício tangível da GPP é tornar mais transparente a capacidade da organização de alocar recursos restritos para conduzir múltiplos projetos sem comprometer a chance de sucesso de cada um deles.

Por último, a gestão de portfólio também tem como desafio o balanceamento do portfólio, ou seja, encontrar um conjunto de investimentos (um projeto também é um investimento) que equilibre variáveis como risco e retorno, manutenção e crescimento, resultados de curto e longo prazos.

Uma ilustração do processo de gestão do portfólio, que será discutido em mais detalhes a seguir, é apresentada na Figura 9.1.

Figura 9.1 – Visão geral do processo de gestão do portfólio de projetos

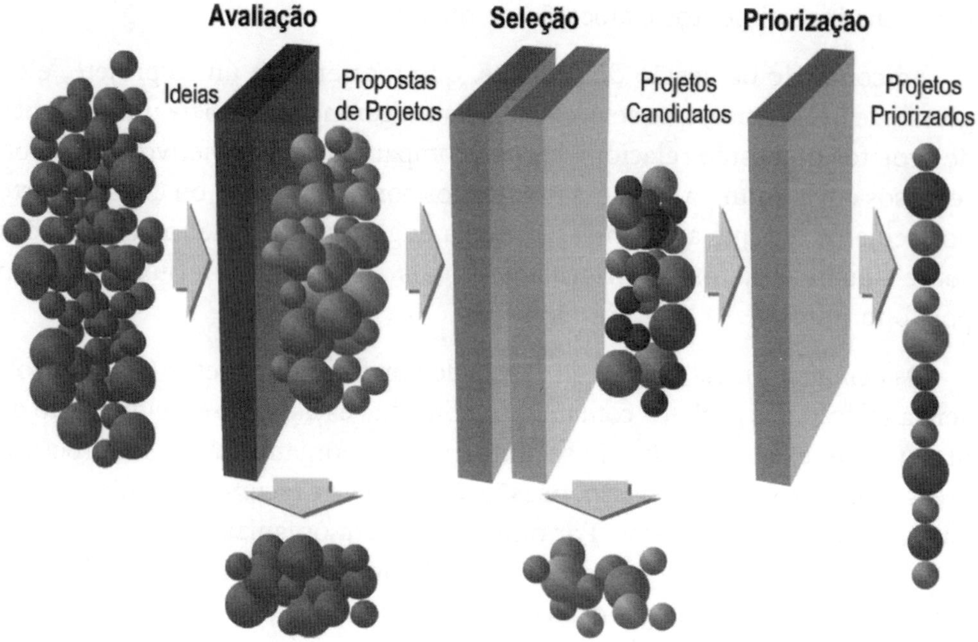

Fonte: Adaptada da bibliografia 15.

Relação entre GPP e Estratégia

Considere a seguinte citação de Peter Drucker:

> "Sem compreender a missão, objetivos e estratégia de uma organização, os gerentes não poderão gerenciar, a organização não poderá ser estruturada adequadamente e o trabalho de gestão não poderá ser produtivo. Objetivos são compromissos e ações sobre as quais a missão de uma organização é realizada. Objetivos, em última análise, representam os fundamentos da estratégia."

A propósito, Drucker cunhou a expressão *gestão por objetivos* em 1954 – termo precursor de *gestão de projetos*. A partir dessa reflexão de Drucker, podemos propor uma definição mais formal para o processo de gestão do portfólio de projetos (GPP):

GPP é a integração e mobilização deliberada de pessoas, recursos, processos e tecnologias de uma organização, com vistas a alinhar os projetos que esta desen-

> volve com sua estratégia. É um processo dinâmico no qual projetos são propostos, avaliados, selecionados, priorizados, repriorizados ou cancelados, ao mesmo tempo em que recursos da organização são a eles alocados ou remanejados, considerando o respectivo alinhamento estratégico.

Nota-se, portanto, que a GPP pressupõe a existência de uma estratégia. Está fora do escopo deste capítulo discutir os processos de planejamento estratégico, para o qual há ampla bibliografia disponível.

Estratégia é o programa geral para a implementação dos objetivos de uma organização, e, portanto, para desempenhar a sua missão. É também o padrão de resposta da organização ao seu ambiente externo, ao alocar recursos humanos e outros recursos para enfrentar desafios e riscos apresentados pelo mundo exterior.

> *Exercício mental*
>
> Você conhece realmente a organização em que trabalha nos seus aspectos estratégicos? Tente responder você mesmo ou conversando com um colega de trabalho às seguintes questões:
>
> - Qual a missão da organização na qual trabalho (qual o nosso negócio, quem são nossos clientes)?
> - Quais nossos principais objetivos?
> - Qual a nossa principal estratégia para alcançar esses objetivos?
> - O projeto em que participo está ligado à estratégia de que forma?

Fazer certo o projeto versus *fazer o projeto certo*

A relação entre gestão de projetos e gestão de portfólios pode ser bem ilustrada pelo diagrama na Figura 9.2 a seguir discutido.

Figura 9.2 – Relação entre gestão de projetos e gestão do portfolio

```
                    Fazer o projeto certo
                            ↑
        ┌─────────────┐  ┌─────────────┐
        │     Q3      │  │     Q1      │
        │  Gestão do  │  │  Gestão do  │
        │  Portfólio ↑│  │  Portfólio ↑│
        │  Gestão do  │  │  Gestão do  │
        │  Projeto ↓  │  │  Projeto ↑  │
        └─────────────┘  └─────────────┘
Fazer errado o projeto ←─────────────────→ Fazer certo o projeto
        ┌─────────────┐  ┌─────────────┐
        │     Q4      │  │     Q2      │
        │  Gestão do  │  │  Gestão do  │
        │  Portfólio ↓│  │  Portfólio ↓│
        │  Gestão do  │  │  Gestão do  │
        │  Projeto ↓  │  │  Projeto ↑  │
        └─────────────┘  └─────────────┘
                            ↓
                    Fazer o projeto errado
```

Fonte. Elaborada pelos autores.

O diagrama apresenta combinações de duas abordagens gerenciais complementares: a gestão do projeto e a gestão do portfólio. Para simplificar nossa discussão, iremos focar o portfólio nos projetos em andamento e em ideias de projetos em fase de avaliação com potencial de execução. O portfólio de projetos representa, portanto, uma fotografia da estratégia da organização executora de projetos. Retomando o diagrama acima, temos quatro quadrantes a discutir:

- *Quadrante Q1 – Excelência Estratégica e Operacional*: a organização que atua majoritariamente nesse quadrante apresenta excelência estratégica e operacional; implica que os projetos escolhidos pela organização encontram-se alinhados com a estratégia definida e contribuem para a visão, missão e resultados de curto, médio e/ ou longo prazos para a organização. Contribuem, enfim, para seus objetivos estratégicos vigentes. Ao mesmo tempo nesse quadrante encontramos a excelência em gestão de cada projeto, sendo os resultados alcançados com qualidade e dentro de objetivos de prazo, custo e escopo.

- *Quadrante Q2 – Excelência Operacional Apenas*: a organização que atua majoritariamente nesse quadrante tem boas práticas de gestão de projetos implementadas e alcança altas taxas de sucesso em termos de qualidade, custo, prazo e escopo. No entanto, os projetos que executa não contribuem adequadamente para seus objetivos estratégicos. Esse foi o caso do projeto Iridium (ver Anexo 22): brilhantemente executado, mas, a partir de certo momento, separado da estratégia de mercado da Motorola e da realidade do mercado de telefonia móvel quando de seu lançamento.

- *Quadrante Q3 – Excelência Estratégica Apenas*: a organização que atua majoritariamente nesse quadrante tem um processo de definição de seu portfólio de projeto saudável, pensado e organizado em torno de sua visão, missão e posicionamento estratégico atual. A organização consegue, portanto, definir um conjunto de projetos que, no papel, contribui com seus objetivos estratégicos. A falha ocorre no momento de executar esses projetos: os processos de gestão de projetos não são suficientemente profissionais para garantir uma alta taxa de sucesso nos objetivos de qualidade, prazo, custo e escopo. Dessa forma, falha-se na implementação da estratégia, ainda que esta seja a mais adequada.

- *Quadrante Q4 – Organização Imatura*: nesse caso, a organização ainda não possui processos claros e repetíveis para definir com consistência seu portfólio de projetos e, além disso, mesmo os projetos potencialmente desalinhados com sua estratégia são mal gerenciados e não alcançam seus objetivos. São organizações imaturas do ponto de vista da gestão e que precisam ascender a um dos quadrantes intermediários Q2 ou Q3 e eventualmente chegar ao quadrante Q1.

Padrões e ferramentas para gestão do portfólio

A GPP pretende selecionar o conjunto de projetos ideal para a organização. Para tal, é introduzida uma maneira sistemática de decidir quais projetos executar e quais projetos suspender. Essas decisões são baseadas nas ponderações do que é possível fazer com os recursos, capacidades e competências disponíveis, levando em consideração também os objetivos estratégicos da empresa.

Reconhecendo essa necessidade, o PMI (*Project Management Institute*) publicou o *The Standard for Portfolio Management*. Esse padrão fornece processos e ferramentas para auxiliar equipes de gestão de portfólios a alcançarem objetivos e metas organizacionais, sendo um excelente ponto de partida para a implantação de um processo de GPP. O padrão GPP do PMI apresenta e descreve os elementos necessários para a gestão de portfólios sem a intenção de explicar como implementá-los. Esse padrão presume que a organização que pretende gerenciar seu portfólio já tenha um embasamento, ao menos teórico, sobre o tema portfólio de projetos, e que tenha um planejamento estratégico, visão e missão bem definidos, além de ter objetivos e metas estratégicas a serem alcançadas.

O padrão do PMI está ancorado nos seguintes elementos principais:

- processos do planejamento estratégico da organização: base para qualquer decisão nos processos de gestão de portfólios, dos quais se pode estabelecer os fatores determinantes que irão tornar cada portfólio como único;

- processos de gestão de portfólios: uma série de processos interligados, dos componentes identificados e autorizados do portfólio, que revê os progressos de cada componente individualmente, bem como o portfólio como um todo.

Outro mecanismo importante na implantação de um processo de GPP envolve a utilização de um sistema de informação de apoio. Essas ferramentas terminam por influenciar o próprio processo de GPP, pois implementam o seu próprio fluxo de processos. Enquanto o padrão do PMI e a literatura técnica nos oferecem um arcabouço teórico e processual para compreender a GPP, é através de um sistema de informação que o processo acaba por ganhar vida própria e visibilidade na organização. Essas soluções fornecem os recursos de execução, controle e comunicação do portfólio de projetos necessários ao sucesso na implementação dos processos.

O processo de gestão de portfólio de projetos – visão geral

Descrevemos a seguir, em linhas gerais, as fases de um processo de GPP, organizado como um ciclo de vida composto de quatro fases, que representam também as etapas do fluxo do processo a ser implantado.[1]

A fase de criação

Na fase de criação, uma ideia de empreendimento é definida em termos de projeto (custos, recursos, cronograma, benefícios e riscos). O sistema de informação empregado no processo deve disponibilizar formulários organizados para que as informações do projeto possam ser inseridas de forma padronizada, facilitando futuras comparações.

Por exemplo, pode-se coletar a informação sobre *impacto estratégico* que fornece uma avaliação da contribuição de cada projeto para a estratégia da organização. A estratégia pode ser definida através de declarações chamadas *drivers* de negócio. Essas avaliações são usadas na otimização do portfólio e servem para calcular o valor estratégico do projeto.

O recurso de fluxo de trabalho (*workflow*) controla a integridade dos dados e as aprovações dos projetos. Cada etapa do fluxo de trabalho pode ter uma data-limite para acontecer e o fluxo continua mediante aprovação de usuários autorizados.

A fase de seleção

A fase de seleção introduz um conceito-chave para a GPP: uma estrutura voltada para aprovação do financiamento do projeto. A fase de seleção não avalia um único projeto isolado, mas um conjunto de projetos candidatos a comporem o portfólio. Ao final desse processo, o processo de GPP recomenda um pacote ideal de projetos a serem financiados, com a alocação ótima de recursos limitados.

---

[1] O processo descrito a seguir foi influenciado pelo fluxo de processos da ferramenta Microsoft EPM (MS-EPM). Está fora do escopo deste trabalho dar maiores detalhes operacionais sobre essa ferramenta. Em linhas gerais, ela é um banco de dados distribuído na arquitetura cliente-servidor, que pode ser disponibilizada para uso local e remoto (através da Internet), por usuários autorizados na organização.

A fase de seleção exige descrições de projetos e definições dos *drivers* de negócio que são introduzidos na fase de criação. Os dados coletados dos projetos devem incluir o impacto estratégico e o custo total estimado do projeto. Além disso, qualquer outra métrica quantitativa, como estimativas de necessidades de recursos humanos, que podem representar restrição sobre o processo de seleção do portfólio, também deve ser coletada.

A seleção dos projetos propriamente dita pode seguir procedimentos simples ou complexos. Algumas abordagens usam algoritmos matemáticos especiais e programas de computador para selecionar a melhor combinação dos projetos para financiamento. Essa combinação do grupo de projetos selecionados irá maximizar o valor estratégico do portfólio, que está sujeito a restrições (limites) de recursos, finanças, prazo etc. Em outras abordagens, uma equipe de pessoas da organização seleciona os projetos a partir da avaliação de determinados critérios qualitativos.

A fase de planejamento

Uma vez que um projeto é aprovado para financiamento, ele chega à fase de alocação de recursos. Nessa fase é solicitado, por exemplo, o conjunto de habilidades ou competências que o projeto necessita. O sistema de informação deve oferecer facilidades como um calendário global para o portfólio e um poço de recursos, para auxiliar o processo de seleção.

O poço de recursos é um banco de dados que centraliza os recursos disponíveis na organização para todos os projetos, estabelecendo, portanto, uma restrição sobre a capacidade da organização de executar múltiplos projetos simultaneamente. Esses recursos são pessoas ou outros tipos de recursos relevantes para os projetos.

No calendário incluem-se as datas de início e fim, os marcos do projeto e as dependências. Quando o projeto entra na fase de gerenciamento (ver a seguir), as datas concebidas são bloqueadas e tidas como base para comparação com as datas reais.

A fase de gerenciamento

A fase de gerenciamento envolve o acompanhamento contínuo dos projetos aprovados na fase de seleção. A GPP, nessa fase, está baseada numa constante atualização de dados sobre o *status* dos projetos.

Nessa fase, os gerentes de projetos atualizam os planos de seus projetos com novas previsões de datas, retorno de investimento, além da porcentagem de conclusão do projeto. Os gerentes de projetos também podem adicionar dados reais de custos e de recursos para o período vigente.

O gerente de portfólio e outros usuários autorizados podem usufruir de relatórios instantâneos compartilhados através de um servidor, comparar o andamento de custos e recursos, avaliando, assim, o progresso dos projetos e programas, mês a mês.

Nessa fase, projetos também podem ser cancelados caso não cumpram seus objetivos iniciais, ou por outras razões estratégicas que a organização julgue relevantes.

Vale ressaltar que todo o processo de GPP, nas suas quatro fases, pode e deve ser repetido periodicamente para aprovar novos projetos e eliminar projetos mal alinhados com a estratégia da organização.

> *Exemplo*
>
> Uma empresa de Internet tem como missão intermediar a comercialização de produtos entre seus mais de 200 milhões de usuários em mais de 30 países. O seu processo de GPP começa pela definição de um orçamento anual para projetos, seguido por revisões trimestrais do portfólio de projetos. O modelo de financiamento interno de projetos é claro, identificando quais setores ou departamentos financiam cada projeto. A priorização dos projetos é guiada pelos objetivos estratégicos e é realizada duas vezes por ano. A empresa conclui cerca de 200 projetos por ano e a cada trimestre em média 20 projetos são modificados, substituídos ou eliminados.

Desafios para implantar a GPP

Nesta seção, analisaremos alguns dos desafios envolvidos com a implantação da GPP em uma organização.

Mudança de cultura

Implica a adoção de um processo formal, com ampla divulgação, com a existência de um patrocinador visível na organização, e contando com o apoio explícito da alta gerência. Esses elementos são fundamentais para sinalizar aos colaboradores que a implantação da GPP é *pra valer*.

> *Discussão – processo racional e justo*
>
> Na década de 1970 os cientistas sociais John W. Thibaut e Laurens Walker realizaram um estudo sobre o que leva pessoas a aderirem voluntariamente às leis e regras. Eles demonstraram que, tão importante quanto o resultado final da lei ou regra, é o grau de justiça do processo. Algumas recomendações práticas para fazer valer princípios como justiça e transparência são:
>
> - Envolver os indivíduos no processo decisório. Colete ideias e dê espaço para manifestações e julgamento coletivo. Leve em consideração as melhores ideias.
>
> - Explique as razões e critérios utilizados para chegar a uma decisão, demonstrando que as ideias e pensamentos expostos pelo grupo serão considerados.
>
> - Uma vez tomada uma decisão, comunique com clareza as expectativas a partir dessa decisão e como as pessoas serão julgadas em caso de não adesão. Em outras palavras, deixe claro o que é esperado das pessoas a partir da decisão tomada.
>
> - No caso específico da GPP, deixe claros os procedimentos de proposição de projetos e os critérios utilizados para a seleção do portfólio e posterior monitoramento dos projetos autorizados.

Informações dispersas sobre os projetos

Requer que seja feita uma análise da estrutura da organização, compreendendo em quais unidades organizacionais (setores, departamentos) se originam os projetos e quais suas fontes de financiamento. Para superar esse desafio, precisamos ter uma lista completa de todos os projetos em andamento com as respectivas informações a respeito de sua origem, patrocinador, custo, prazo, *status*, equipe, objetivos, dentre outras informações.

Política organizacional

É necessário compreender os aspectos políticos em qualquer organização para que se empreendam mudanças e melhorias; a política organizacional não é em si um mal, mas pode ser deletéria quando for utilizada de forma destrutiva, levando à falta de confiança interna entre as pessoas. Esse desafio consiste em canalizar a política organizacional através de um processo racional.

O portfólio de projetos de uma organização é, muitas vezes, o resultado de um processo puramente político, no qual indivíduos e grupos defendem seus interesses, possivelmente em detrimento do alinhamento estratégico. Embora a decisão final sobre o portfólio passe sempre pela alta gerência, em algum nível da organização, e por isso sempre tenha um componente político, a GPP pode tornar-se uma *ferramenta de apoio à decisão*, informando e embasando a decisão final. A GPP, embora não elimine a política do processo decisório, auxilia a enxergar quando a decisão é objetiva e quando é guiada por interesses políticos.

> *Exercício mental*
>
> Reflita ou discuta com um colega de trabalho razões políticas, e outras não relacionadas à estratégia organizacional, pelas quais projetos sejam aprovados na organização em que você trabalha.

Medir a eficácia da GPP

Criar uma cultura e os processos de GPP tem custos e, por isso, é importante medir sua eficácia para justificar tal investimento. Podemos definir formas de observar a eficácia da GPP através de alguns indicadores, subjetivos e objetivos, como propomos abaixo:

- número de ciclos dos processos de GPP repetidos com sucesso e com alto grau de participação dos membros do time de GPP;
- disponibilidade documentada das métricas da gestão de portfólio de maneira que permita comparações ao longo do tempo entre os projetos aprovados para compor o portfólio;
- percepção subjetiva (mas que pode ser medida objetivamente) de que a implantação dos processos de GPP *se paga*;

- percepção subjetiva (mas que pode ser medida objetivamente) de que as decisões sobre execução de projetos estão mais bem alinhadas com a estratégia;

- percepção subjetiva (mas que pode ser medida objetivamente) de que houve melhoria na comunicação das decisões tomadas sobre aprovação e cancelamento de projetos;

- mensuração objetiva de melhor utilização de recursos humanos e materiais;

- mensuração objetiva da quantidade de projetos que cumprem objetivos de prazo e custo;

- redução significativa do número de projetos cancelados ou atrasados em suas fases finais.

Time de gestão do portfólio

A equipe que vai conduzir os processos de GPP será chamada time de gestão do portfólio. Esse time terá sua composição definida pela alta gerência, e em geral inclui a própria alta gerência, pois toma decisões de grande relevância para a organização. Mas poderá também incluir outros gerentes funcionais e gerentes de projetos. É usual que haja um responsável operacional pela equipe de GPP (um gerente de portfólio), bem como um patrocinador que dá visibilidade e o devido apoio organizacional aos processos de GPP. O gerente de portfólio pode contar ainda com algumas pessoas de apoio operacional em dedicação exclusiva aos processos de GPP se o número de projetos, a complexidade e a frequência de reuniões de GPP justificarem.

As responsabilidades do time de GPP incluem:

- Definir a forma de sua própria organização (frequência de reuniões, tipos e frequência de relatórios, metodologias a empregar para gestão do portfólio etc.).

- Definir critérios para seleção e priorização de projetos.

- Definir métricas para monitorar desempenho de projetos.

- Tomar e comunicar decisões sobre a composição do portfólio de projetos.

- Autorizar o início de projetos e a alocação de recursos.
- Decidir sobre suspensão e cancelamento de projetos.

Em geral, não fazem parte das responsabilidades do time de GPP o planejamento estratégico, o gerenciamento de recursos humanos e o gerenciamento de projetos específicos.

Categorização de projetos

Para que os processos de GPP sejam eficazes, um dos primeiros passos é separar projetos com diferentes características em categorias. Essas categorias podem ser quanto à natureza dos projetos (p. ex., projetos de manutenção *versus* projetos de inovação) ou quanto ao tamanho e complexidade (projetos de pequeno, médio e grande porte). O processo de GPP poderá ser aplicado apenas a algumas categorias (p. ex., GPP aplicado a projetos de médio e grande porte, mas não a projetos de pequeno porte).

Coleta padronizada de informações

Para que a comparação entre projetos candidatos ao portfólio seja justa, devem-se coletar informações padronizadas sobre eles. Essa coleta pode ser baseada em uma proposta resumida preliminar, em um plano de negócio mais detalhado ou em ambos. No Anexo 24, apresentamos uma lista de elementos que podem constituir um formulário de proposta de projetos padronizado para a GPP.

Determinar capacidades

Implica conhecer as pessoas disponíveis na organização com detalhes tais como formação, unidade de negócio a que pertence, quem são seus superiores, suas habilidades e experiências, projetos em que atua/atuou, disponibilidade atual e futura. Enquanto isso é relativamente fácil para pequenas empresas, para médias e grandes empresas pode-se empregar um sistema similar ao das redes sociais. Ao final, deseja-se construir um banco de dados de recursos disponíveis para projetos candidatos ao portfólio.

Determinar demandas

É o levantamento das necessidades de recursos dos projetos através de estimativas. Para cada projeto candidato ao portfólio, tipicamente, precisa-se de estimativas de custo, duração e recursos. A ideia aqui é utilizar abordagens para estimativas que permitam respostas relativamente rápidas, tais como as estimativas por analogia, paramétrica e de três pontos.[2]

Nota-se que a definição dessas estimativas é crítica para o processo de GPP, pois os projetos serão comparados através delas. Conforme a necessidade, podem-se consultar especialistas para elaborar essas estimativas. Em qualquer caso, sugere-se validar as estimativas por uma pessoa diferente de quem as fez, que possa criticar as hipóteses feitas com autonomia.

É uma boa prática solicitar uma pessoa não envolvida com o futuro projeto para que faça as respectivas estimativas, pois há a tendência em superestimarmos nossas próprias capacidades. Dessa forma, idealmente, o potencial gerente do projeto candidato ao portfólio não é a pessoa mais indicada para fazer essas estimativas. Mas se for ele/ela a fazê-las, que sejam pelo menos submetidas a uma validação por um terceiro, conforme sugerido no parágrafo anterior.

Seleção e priorização de projetos

Ao priorizarmos projetos, nos depararemos com compromissos difíceis de harmonizar, tais como:

- Benefícios para os colaboradores × benefícios para os clientes.
- Projetos de redução de custos × projetos de aumento de receita.
- Recursos limitados × boas ideias.

Para priorizar projetos, precisamos de critérios que diferenciem um projeto do outro. Tipicamente, esses critérios medem as demandas financeiras e de recursos de cada projeto, o retorno esperado sobre o investimento a ser feito, o alinhamento estratégico de cada projeto com os objetivos da organização e o risco envolvido na execução do projeto.

---

[2] Ver mais informações a respeito desses e outros tipos de estimativas no Capítulo 3.

Dependendo do tamanho da organização e da quantidade e diversidade de projetos, conjuntos diferentes de critérios podem ser desenvolvidos para as diferentes categorias de projetos (p. ex., projetos de inovação e novos produtos *versus* projetos de manutenção de produtos).

Os critérios podem ser qualitativos na forma de sentenças como "Alto", "Médio" e "Baixo", acompanhados de uma pontuação arbitrária, de maneira análoga à análise qualitativa de riscos vista no Capítulo 7. Alguns exemplos de critérios qualitativos são: alinhamento estratégico; estimativa de investimento necessário; estimativa da demanda de recursos humanos; prioridade do projeto na organização (imposições legais, regulatórias, tecnológicas ou competitivas); nível de risco técnico e/ou de mercado; nível de familiaridade da organização com a tecnologia.

As vantagens do uso de critérios qualitativos são sua simplicidade e fácil aceitação pelos colaboradores. A principal desvantagem é a subjetividade envolvida, que precisa ser diminuída através de métodos similares aos discutidos no Capítulo 7 para a análise qualitativa de riscos.

Há também critérios quantitativos, tais como: recursos necessários (em homem-hora, ou empregados em tempo integral ou parcial); investimento (em Reais); receita (em Reais); retorno sobre investimento (ROI, %) e probabilidade de sucesso do projeto.

A vantagem aqui é uma avaliação mais objetiva, o que, por outro lado, requer estimativas quantitativas dessas grandezas, que são, via de regra, mais complexas de obter.

Na priorização de projetos, há ainda que se considerar a existência de projetos obrigatórios que são comuns nas organizações por diversas razões, tais como necessidades regulatórias ou legais ou ainda por ser projeto de preferência da alta gerência (conhecidos como *pet projects*).

Critério Quantitativo – Retorno sobre Investimento (ROI)

Muitos projetos podem ser tratados como investimentos financeiros e, como tais, o retorno sobre o investimento (ROI) realizado é um critério fundamental para avaliar a atratividade de empreender um projeto. ROI requer estimativas de investimento necessário e retorno gerado pelo projeto. Em empresas privadas, o ROI inclui todo o ciclo de vida do produto. Em empresas públicas, a motivação dos projetos em geral não é financeira, mas alguns projetos podem gerar benefícios financeiros indiretos (economia para os cofres públicos, melhoria de eficiência dos serviços, redução de custos com internamentos etc.).

Formas de expressar retorno: novas formas de faturamento, economia de custos, maior eficiência operacional.

Formas de expressar investimento: custos diretos do projeto, novos custos fixos gerados após o projeto, perda de receitas por obsolescência de produtos ou serviços substituídos por novos produtos ou serviços gerados pelo projeto.

A fórmula de cálculo do ROI é simples:

ROI = (receita total − investimento total) / investimento total

O cálculo pode ser feito com valores presentes da receita e do investimento. Pode ser necessário montar um fluxo de caixa ao longo da vida útil do produto ou serviço do projeto para ter uma estimativa mais precisa.

Algumas pessoas consideram difícil converter os benefícios de um projeto em valores financeiros. O fato é que falta profissionais com competência, experiência e/ou tempo adequados para realizar as estimativas. Argumenta-se também que estimativas não são confiáveis e que se pode colocar qualquer número nelas. O fato é que as pessoas nas organizações têm interesses, sofrem pressões, e os números podem ser manipulados se não houver um processo adequado de verificação de consistência.

Aplicação de critérios qualitativos

Os critérios qualitativos são convertidos em escalas arbitrárias como, por exemplo:

1 = Muito Baixo, 2 = Baixo, 3 = Médio, 4 = Alto, 5 = Muito Alto.

Para reduzir a subjetividade dos critérios qualitativos, a cada valor da escala deve corresponder uma explicação do seu significado. E ainda os diferentes critérios pontuados nas escalas numéricas podem ter pesos distintos, refletindo prioridades da organização. A pontuação total do projeto é utilizada para priorizar os projetos seguindo a ordem decrescente de maior pontuação.

Pode-se, ainda, criar uma combinação de critérios qualitativos e quantitativos, tal como ilustrado no exemplo a seguir.

Exemplo

Considere uma proposta de projeto de modernização de uma fábrica de cervejas na região Nordeste. Os critérios de priorização com respectivas explicações são:

- Investimento: 5 = Baixo < R$ 10 milhões, 3 = Médio > R$ 10 milhões e < R$ 20 milhões, 1 = Alto investimento > R$ 20 milhões. O critério Investimento tem peso 0,5.

- Retorno sobre investimento em cinco anos: 1 = Baixo < 10%; 3 = Médio > 10% e < 15%; 5 = Alto > 15%. O critério Retorno sobre investimento tem peso 1,5.

- Alinhamento estratégico: 1 = Baixo, um objetivo estratégico alinhado; 3 = Médio, dois objetivos estratégicos alinhados; 5 = Alto, mais de dois objetivos estratégicos alinhados. O critério alinhamento estratégico tem peso 1,0.

O time de GPP avaliou a proposta e chegou ao seguinte consenso:

- Investimento estimado de R$ 30 milhões: Alto = 1 ponto.

- Retorno sobre investimento estimado de 12% em um prazo de cinco anos: Médio = 3 pontos.

- Alinhamento estratégico, atinge dois objetivos: expansão de mercado geográfica e penetração em novo segmento de clientes. Médio = 3 pontos.

- Pontuação total do projeto = 1 × 0,5 + 3 × 1,5 + 3 × 1 = 8,0 pontos.

Outros projetos candidatos ao portfólio seriam avaliados seguindo os mesmos critérios. Ao final, uma lista com os projetos ordenados da maior para a menor pontuação serviria de base para a definição final do portfólio ao se considerarem restrições de recursos humanos, materiais e financeiros.

Portfólio priorizado com restrições

A priorização dos projetos será influenciada, ainda, pelas restrições de recursos humanos, materiais e financeiros disponíveis para sua execução. A partir da ordem priorizada dos projetos, a seleção daqueles que serão efetivamente autorizados vai ser limitada pelas restrições desses recursos. Normalmente, autorizam-se os projetos por ordem de pontuação dos critérios qualitativos, até o limite das restrições de recursos.

Balanceamento do portfólio – risco versus retorno

Outra variável fundamental na montagem do portfólio é o risco. Uma abordagem bastante popular para seleção dos projetos de um portfólio avalia como os projetos são classificados numa matriz Risco *versus* ROI.

Para isso, precisamos definir uma medida de risco global de projeto. A seguir, sugerimos alguns critérios qualitativos para essa avaliação. Cada critério poderia ter uma pontuação de 1 a 5 pontos correspondentes desde um nível muito baixo de risco (um ponto) até muito alto (cinco pontos). Ao final, o perfil de risco global do projeto pode ser apresentado em um gráfico como o da Figura 9.3:

- *Risco técnico*: grau de inovação e existência de solução técnica, p. ex. projeto rotineiro *versus* incremental *versus* inovação radical. Ou solução, técnica existente, pequena extensão de solução existente, extensão significativa de solução existente, inovação necessária em algumas áreas, nova tecnologia necessária.

- *Reputação/imagem da organização*: prejuízo para a imagem da organização e/ou ainda perda de mercados/clientes importantes e/ou riscos jurídicos.

- *Escala e disponibilidade de recursos*: time de tamanho acima do típico e/ou geograficamente distribuído e/ou subdimensionado.

- *Risco financeiro*: quando o fluxo de caixa do projeto não está seguro e/ou perdas financeiras significativas envolvidas em caso de insucesso.

- *Restrições do projeto*: maior ou menor tolerância das partes interessadas quanto a variações em um ou mais dos objetivos de escopo, custo, prazo e qualidade.

- *Dependências externas*: grau de dependência de fornecedores externos ou de partes interessadas externas sensíveis.

Uma vez avaliado o grau de risco global, e tendo a estimativa correspondente do ROI, podem-se agrupar os projetos candidatos ao portfólio em uma matriz como a mostrada na Figura 9.4, na qual temos quatro quadrantes. Os círculos indicam projetos, sendo o seu tamanho proporcional ao investimento. Como se observa na matriz, há projetos interessantes no quadrante *pérolas* (baixo risco e alto retorno), mas também são aceitáveis projetos nos quadrantes *pão com manteiga* (baixo risco e baixo retorno) e *ostras* (alto risco e alto retorno). Projetos no quadrante *elefante branco* devem ser cancelados ou não autorizados. Projetos no quadrante *pérolas* devem ser buscados ativamente e autorizados sempre que uma oportunidade for identificada.

Figura 9.3 – Perfil de risco global de um projeto

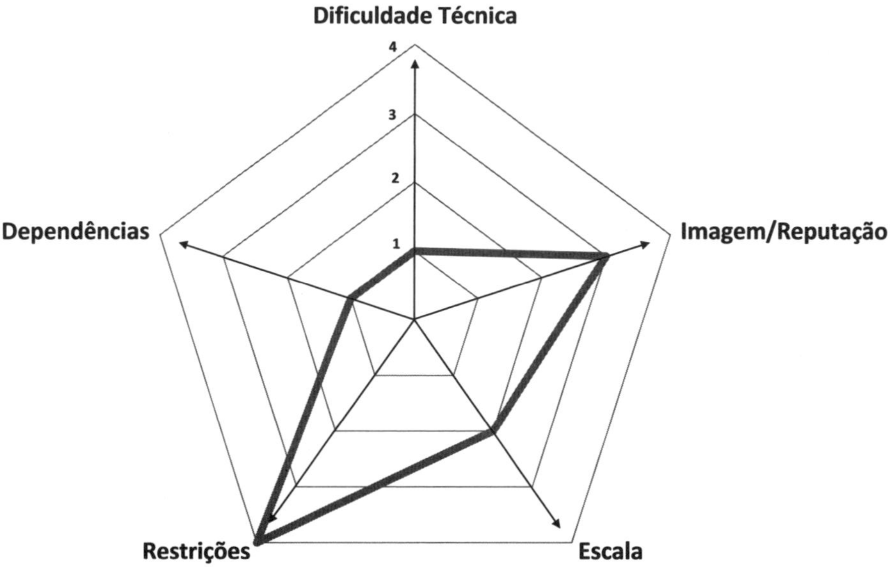

Fonte: Elaborada pelos autores.

O balanceamento de projetos ao longo dos quadrantes *pão com manteiga* e *ostras* deve ser feito de forma a evitar que a organização esteja excessivamente exposta ao risco ou repleta apenas de projetos com baixo retorno.

Certa diversificação de projetos nesses quadrantes é desejável. Ao selecionar projetos para compor o portfólio, um gráfico como o da matriz na Figura 9.4 pode ajudar a visualizar esse balanceamento.

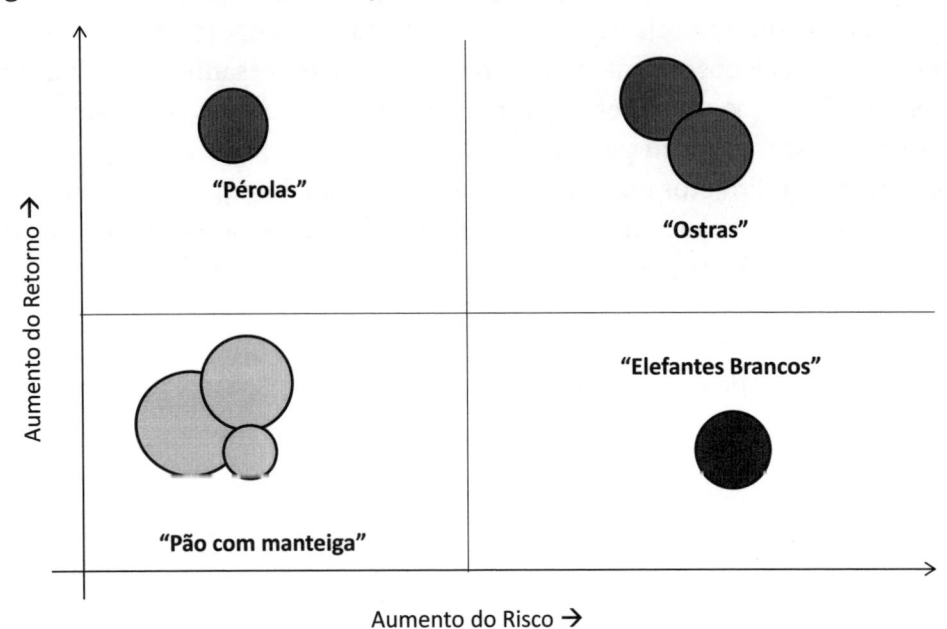

Figura 9.4 – Balanceamento do portfólio quanto a risco e retorno

Fonte: Elaborada pelos autores.

Outras formas de balanceamento do portfólio

Há outras dimensões de balanceamento do portfólio de importância semelhante às dimensões do risco e do retorno. Um exemplo diz respeito à natureza estratégica dos projetos, buscando balancear necessidades de curto e longo prazos. Por exemplo, uma organização poderia classificar seus projetos em categorias tais como projetos internos e operacionais; projetos de inovação e/ou penetração em novos mercados; projetos de inovação incremental para extensão de produtos e projetos obrigatórios de natureza legal ou regulatória. Essa forma de balanceamento é ilustrada na Figura 9.5. Os círculos representam projetos cujo tamanho é proporcional ao investimento. Novamente, deve-se buscar certa diversificação, ainda que alinhada com os objetivos estratégicos da organização.

Figura 9.5 – Balanceamento do portfólio quanto à natureza estratégica dos projetos

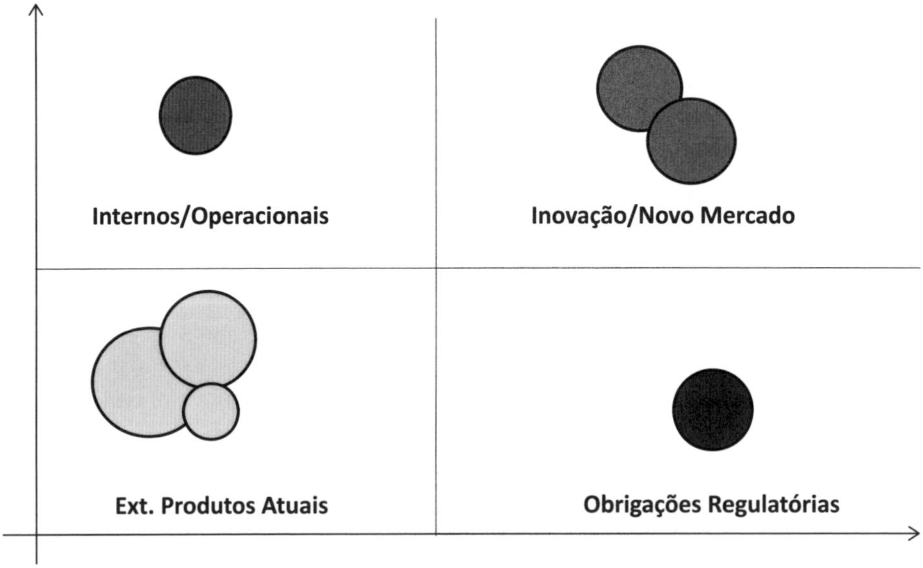

Internos/Operacionais	Inovação/Novo Mercado
Ext. Produtos Atuais	Obrigações Regulatórias

Fonte: Elaborada pelos autores.

Pode ser interessante, ainda, balancear os projetos ao longo de seus diferentes estágios de desenvolvimento, em analogia com uma linha de produção (*pipeline*) de projetos. Isso é ilustrado na Figura 9.6, que exemplifica o balanceamento de projetos na área farmacêutica ao longo de suas diversas fases de maturidade. Os círculos representam projetos cujo tamanho é proporcional ao investimento. Novamente, certa diversificação é interessante, pois significa que a organização tem projetos em diversos níveis de desenvolvimento, o que garante certa estabilidade entre produtos prontos para ir ao mercado, produtos em fase de testes e produtos em fase inicial de prospecção.

Figura 9.6 – Balanceamento do portfólio ao longo de fases de desenvolvimento (*pipeline* de projetos)

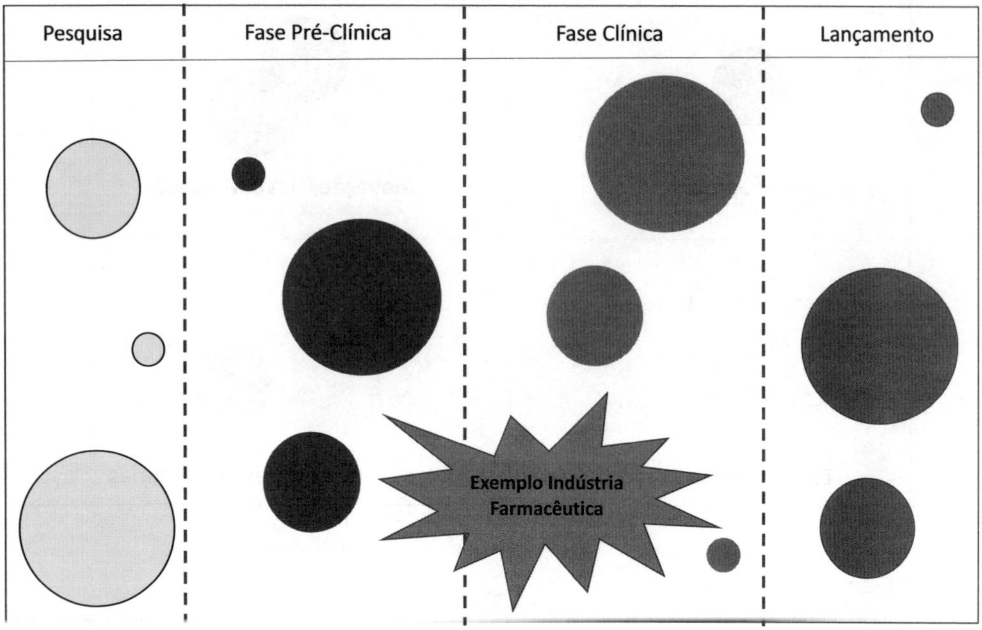

Pesquisa	Fase Pré-Clínica	Fase Clínica	Lançamento

Exemplo Indústria Farmacêutica

Fonte: Elaborada pelos autores.

Monitoramento e cancelamento de projetos

Após a autorização dos projetos selecionados, inicia-se a fase de gerenciamento cujas palavras-chave seriam monitoramento e cancelamento. Nessa fase, indicadores como os de análise de valor agregado (índices de desempenho do prazo e do custo – IDP e IDC) podem ser usados em um gráfico do tipo Risco *versus* ROI para indicar, com auxílio de um código de cores, a situação de cada projeto. A Figura 9.7 ilustra um gráfico de *status* dos projetos desse tipo. As avaliações de risco e ROI podem ser também refeitas durante o ciclo de vida do projeto, de maneira que o time de GPP terá sempre uma fotografia atualizada da situação do portfólio.

Projetos que eventualmente migrem para o quadrante alto risco-baixo retorno (*elefantes brancos*) devem ser cancelados. O cancelamento de projetos em andamento nem sempre é simples de conduzir, por razões diversas, inclusive psicológicas. Por outro lado, continuar a executar um projeto cujas chances de sucesso e alinhamento estratégico são baixas é um desperdício de recursos humanos e financeiros. É um dos principais benefícios da GPP indicar projetos nessa situação para que possam ser substituídos por outros mais interessantes.

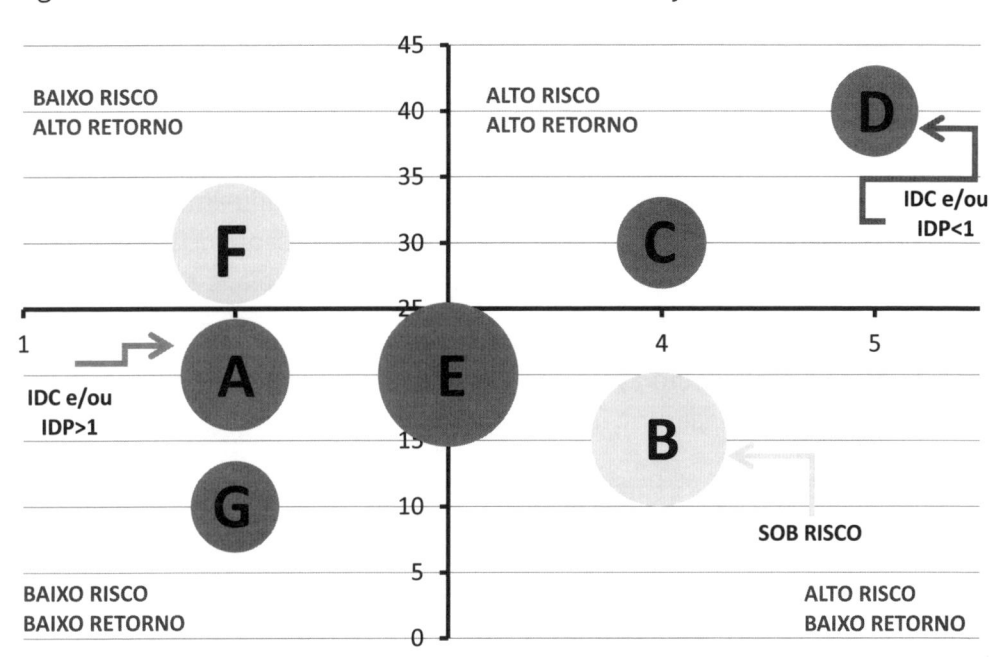

Figura 9.7 – Gráfico risco *versus* retorno com informações de monitoramento

```
                    45
BAIXO RISCO              ALTO RISCO
ALTO RETORNO        40   ALTO RETORNO        D
                    35
                                                  IDC e/ou
            F       30          C                 IDP<1

1                               4         5
            A       E
IDC e/ou
IDP>1                           B
            G       10
                                SOB RISCO
                    5
BAIXO RISCO              ALTO RISCO
BAIXO RETORNO       0    BAIXO RETORNO
```

Fonte: Elaborada pelos autores.

Dez passos para cancelar projetos de forma inteligente

1. Decida e comunique antecipadamente sobre transições de fases no projeto no qual haverá avaliação e decisão sobre a continuidade ou não do projeto.

2. Considere sempre a relação custo-benefício do projeto, especialmente o custo estimado da continuação do projeto até seu fim (a análise de valor agregado pode ser usada para esse fim).

3. Compare os projetos entre si, se algum deles se destaca negativamente na relação custo-benefício. Avalie também se os recursos de um projeto poderiam gerar melhor retorno em outro projeto.

4. Avalie se o time do projeto tornou-se vítima de pressões superiores, mas o próprio time já não acredita mais nele.

5. Envolva uma pessoa externa ao time do projeto e sem conflito de interesses no processo decisório sobre o cancelamento.

6. Se a decisão de cancelar for tomada, comunique claramente quais foram as razões-chave.

7. Analise como as capacidades assimiladas e os produtos desenvolvidos podem ser aproveitados em outros projetos.

8. Converse com cada uma das pessoas afetadas individualmente, procurando identificar antecipadamente as principais consequências objetivas e subjetivas do cancelamento do projeto. Tenha um plano de ação para cada situação particular.

9. Sugere-se realizar um evento de encerramento do projeto que permita às pessoas racionalizar o insucesso.

10. Procure assinalar as pessoas do time do projeto cancelado a novos desafios e oportunidades o mais cedo possível.

Estudo de caso: aplicando GPP a uma organização de pesquisa e desenvolvimento

O estudo de caso a seguir cobriu as fases de criação e seleção do processo de GPP. A organização escolhida para esse estudo de caso foi um laboratório de pesquisa e desenvolvimento vinculado a uma universidade pública brasileira. O laboratório atua no setor das TICs (Tecnologias da Informação e das Comunicações), tendo sido fundado há mais de 10 anos e tendo um orçamento de projetos de P&D anual na faixa de R$ 3 milhões. Emprega 25 colaboradores entre cientistas, engenheiros, técnicos e estagiários. Entre os clientes da organização encontram-se empresas multinacionais do setor de TIC, sendo também executados projetos com financiamento público através de agências de fomento à pesquisa.

Nesse estudo de caso foi utilizado o *Project Portfolio Server*, da Microsoft, que está dentro da suíte de aplicativos do EPM (*Enterprise Project Management*) *Solution*. A escolha desse *software* específico se deu principalmente devido à sua integração com a popular ferramenta de gestão de projetos MS-Project, que já era utilizada na organização onde foi desenvolvido o estudo de caso.

O estudo aplicado foi feito de uma forma bem pragmática e sua execução foi realizada com a ajuda do coordenador do grupo, que é gerente de projetos certificado pelo PMI, e contando com o apoio de um estagiário de engenharia que atuou na implantação e operação da ferramenta Microsoft EPM.

O estudo de caso foi, portanto, fortemente influenciado pela metodologia de GPP implementada pelo MS-EPM, refletindo seus pressupostos teóricos e processuais.

Início

Inicialmente, foi feito o levantamento dos dados dos projetos em execução na organização para serem trabalhados na ferramenta. Dessa forma, a implantação do processo de GPP, naquele momento, visava, principalmente, à criação de uma cultura e visibilidade do processo em si, bem como a um diagnóstico do portfólio já em execução. Isso abriria a perspectiva de aplicar o processo futuramente na seleção de novos projetos, na medida em que o GPP estivesse bem enraizado na cultura da organização. Também permitiria, se fosse o caso, eliminar algum projeto fortemente desalinhado com os objetivos organizacionais.

Fase de criação

Para usar as informações de nível estratégico como critérios de alinhamento e balanceamento, como preconiza o padrão de gestão de portfólio de projetos, o MS-EPM utiliza-se de atributos chamados *drivers* de negócios, sendo que eles representam exatamente os objetivos estratégicos da organização. Esses *drivers* serão utilizados na fase de seleção dos projetos do portfólio. Também é necessária uma comparação de prioridade e importância desses *drivers* entre si. A definição dos *drivers* e a comparação de importância relativa entre eles é uma etapa importante e que normalmente envolve diretores e executivos responsáveis por definir a estratégia da organização. No caso da organização de P&D em foco, os *drivers* definidos foram: formação de recursos humanos (envolvimento de alunos no projeto); inovação tecnológica (potencial para geração de patentes); avanço científico (potencial para geração de publicações científicas); visibilidade social (relevância do tema da pesquisa para sociedade); captação financeira (volume de recursos financeiros envolvido em cada projeto).

O grau comparativo entre os *drivers* é definido em cinco níveis. A matriz de comparação resultante no caso da organização de P&D em foco é mostrada na Tabela 9.1.

Portfólio de projetos e recursos

O portfólio da organização é composto de projetos de relativo longo prazo (12 a 24 meses). No momento da realização do estudo de caso, havia sete projetos em execução divididos em dois programas. As siglas identificadoras dos projetos utilizadas a seguir são ilustrativas.

Tabela 9.1 – Matriz comparativa de *drivers* de negócio (leitura na horizontal)

Drivers de Negócio	Formação de RH	Inovação Tecnológica	Avanço científico	Visibilidade Social	Captação Financeira
Formação de RH	–	Mais importante	Igual	Muito mais importante	Igual
Inovação Tecnológica	–	–	Igual	Mais importante	Igual
Avanço Científico	–	–	–	Muito mais importante	Igual
Visibilidade Social	–	–	–	–	Menos importante
Captação Financeira	–	–	–	–	–

Fonte: Adaptada da bibliografia 15.

O próximo passo foi pontuar os projetos de um a cinco, levando em consideração os *drivers* de negócio. Convencionou-se que a pontuação com 1,0 corresponde a um fraco alinhamento com o *driver*, e 5,0 corresponde a um excelente alinhamento.

É importante frisar que o modelo de pontuação utilizado nesse estudo de caso é também utilizado pelo MS-EPM, sendo baseado em critérios utilizados pela literatura. Em seguida, foi feito um levantamento de orçamento de recursos financeiros e das necessidades de recursos humanos de cada projeto.

Para utilização dos dados de recursos humanos, é preciso fazer uma conversão para valores numa escala numérica. Para isso, atribuem-se pesos para ponderação para cada cargo, dependendo do nível de conhecimento e hierarquia, em linha com a estrutura de RH da organização. No caso em estudo foram definidos os seguintes pesos: gerente de projeto = 10; pesquisador sênior = 8; engenheiro sênior = 6; engenheiro júnior = 4; consultor = 2; estagiário = 1.

Riscos

E, por fim, definiram-se critérios para um modelo de pontuação dos riscos dos projetos que foi configurado para contemplar as peculiaridades da organização de P&D. Basicamente, foram definidas duas categorias de critérios e cada categoria possuindo quatro critérios qualitativos "sim", "médio", "pouco" e "não". Esses critérios foram quantificados para compor um índice de risco. As categorias de risco abrangem escopo e RH, e os atributos de risco que foram selecionados para avaliação são apresentados na Tabela 9.2.

Fase de seleção

Nesse ponto do trabalho, consideramos que a fase de criação estava completada, entrando-se na fase de seleção. Uma vez definidos os *drivers* de negócios, o MS-EPM usa seus pesos relativos e gera uma ordem de prioridade e um valor percentual de importância para cada um.

Tabela 9.2 – Questionário para análise de risco dos projetos

Categorias	Atributo de Risco
R.1. Escopo	R.1.1. O escopo do projeto está bem definido?
	R.1.2. O escopo do projeto poderá mudar significativamente ao longo do projeto?
	R.1.3. Há experiência anterior na organização com o escopo deste projeto?
	R.1.4. Há ferramentas disponíveis e conhecidas para o desenvolvimento do projeto?
R.2. RH	R.2.1. A equipe do projeto está definida e completa?
	R.2.2. A equipe do projeto tem experiência anterior com escopo similar?
	R.2.3. A equipe do projeto sofrerá prováveis modificações durante a execução do projeto?
	R.2.4. A equipe do projeto, ou a maior parte dela, já trabalhou junta antes?

Fonte: Adaptada da bibliografia 15.

A partir dos *drivers* definidos e da matriz de comparação da Tabela 9.1, a importância relativa entre os *drivers* ficou assim definida:

- Visibilidade Social: 2,93%
- Inovação Tecnológica: 15,52%
- Captação Financeira: 21,30%
- Avanço Científico: 22,93%
- Formação RH: 37,34%

A seguir, o MS-EPM utiliza essas informações e a caracterização de alinhamento estratégico de cada projeto com os *drivers* para nos dar um valor estratégico para cada projeto. Esse resultado é mostrado na Figura 9.8.

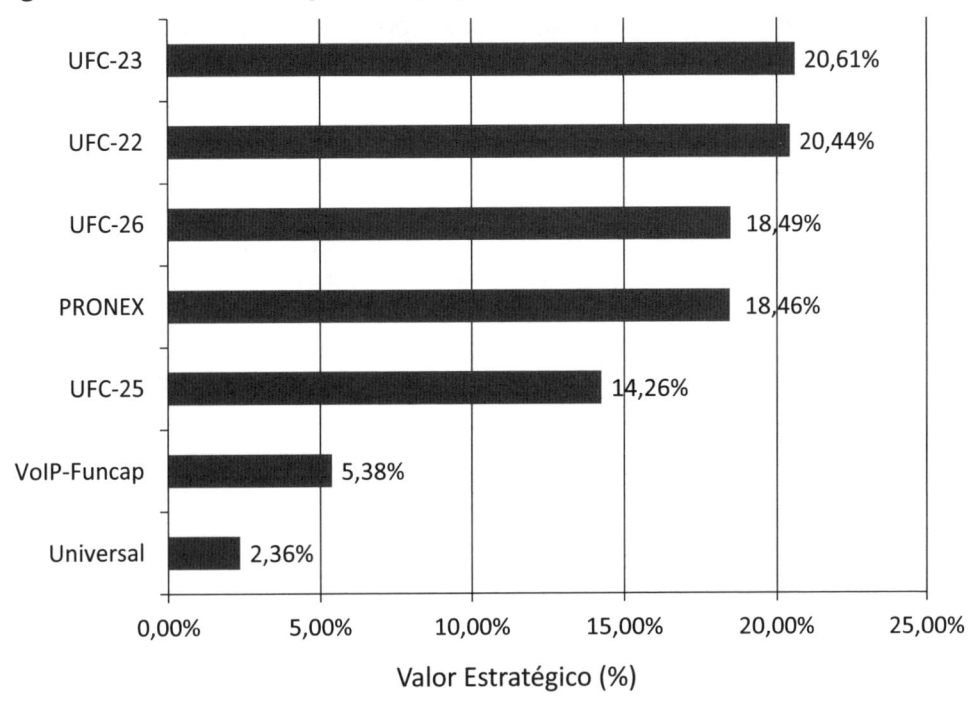

Figura 9.8 – Valor estratégico dos projetos

Projeto	Valor Estratégico (%)
UFC-23	20,61%
UFC-22	20,44%
UFC-26	18,49%
PRONEX	18,46%
UFC-25	14,26%
VoIP-Funcap	5,38%
Universal	2,36%

Fonte: Elaborada pelos autores.

Nesse ponto, além de informações inerentes aos projetos (custo, recursos, riscos), temos também informações a respeito do quão importante o projeto é para a organização atingir seus objetivos estratégicos. É também através do valor estratégico que se tem uma lista priorizada dos projetos, de forma que o projeto com o maior valor estratégico será prioritário, e assim por diante.

Nesse ponto, o gerente de portfólio de projetos poderá decidir quais projetos são realmente interessantes para a organização. Para isso, o MS-EPM conta com ferramentas gráficas que auxiliam na tomada de decisões.

Na Figura 9.9 temos um gráfico contendo custos totais dos projetos e seus valores estratégicos. É através desse gráfico que vemos, por exemplo, que o projeto de maior valor estratégico para a organização de P&D não é necessariamente o de maior custo. Nesse gráfico, são valorizados os projetos que se encontram no canto superior esquerdo (Q1), pois são os de menores custos e os de maior valor estratégico. Projetos no canto inferior direito (Q4), salvo por motivos maiores, devem ser removidos do portfólio, pois não estão agregando valor algum para a organização. Vemos pelo gráfico que não há projetos nesse quadrante. Os projetos desse portfólio estão bem balanceados quanto a custo e valor estratégico.

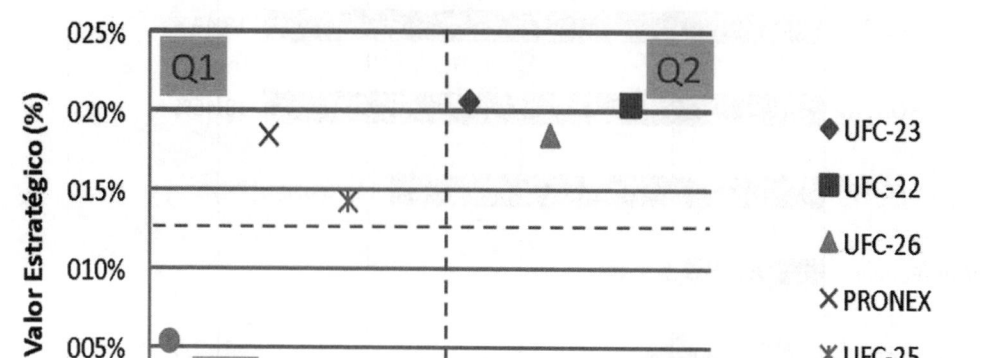

Figura 9.9 – Custo *versus* valor estratégico

Fonte: Adaptada da bibliografia 15.

A partir da figura anterior, elaboramos a Figura 9.10, que apresenta estimativas de recursos humanos envolvidos em cada projeto. É nesse gráfico que vemos, por exemplo, que há projetos de baixo valor estratégico, mas que consomem muitos recursos. Isso pode sugerir aos gestores um balanceamento da alocação de recursos entre os projetos, transferindo recursos para projetos de maior valor estratégico.

Em seguida, é feita uma análise do risco dos projetos junto com os custos. Os projetos de preferência devem apresentar custo baixo, risco baixo e alto valor estratégico. O gestor do portfólio dispõe, portanto, de informações de custo, valor estratégico, consumo de recursos e risco, para tomar sua decisão. Um gráfico como o da Figura 9.11 apresenta algumas dessas informações de forma visual, auxiliando a tomada de decisão.

Figura 9.10 – Custo *versus* valor estratégico *versus* consumo de recursos humanos

Custo Total (R$)
(tamanho da bolha: consumo de recursos)

Fonte: Adaptada da bibliografia 15.

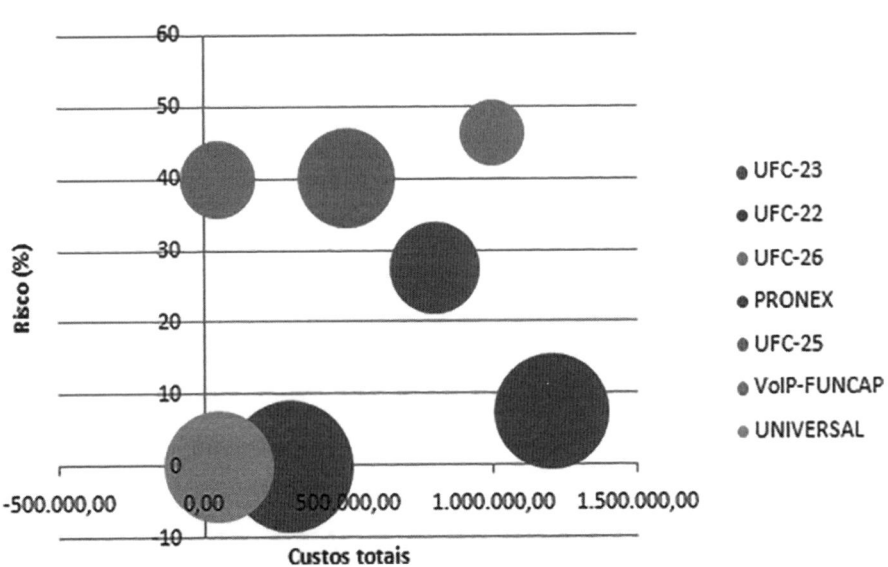

Figura 9.11 – Custo *versus* risco *versus* recursos (tamanho da bolha)

Fonte: Adaptada da bibliografia 15.

O passo seguinte, não coberto no estudo de caso, consistiria em repetir a análise aqui desenvolvida periodicamente, para aferir o *status* do portfólio conforme os projetos se desenvolvem, ou novos projetos forem propostos ao portfólio.

Exercícios e leituras complementares para este capítulo

Anexos: 22, 23, 24, 25 e 26

Anexo 7: considerar a perspectiva do Diretor da ONG e listar critérios que serão utilizados para selecionar os projetos

BIBLIOGRAFIA

1. KRESSLER, H. W. *Motivate and reward*. New York: Palgrave-MacMillan, 2003.

2. AUCOIN, B. Michael. *From engineer to manager*: mastering the transition. Norwood: Artech House, 2002.

3. KERZNER, Harold. *Project management case studies*. 2. ed. New Jersey: John Wiley, 2006.

4. WILLIAMS, Terry. *Modeling complex projects*. Chichester: John Wiley, 2002.

5. STADNICK, Priscilla. Project portfolio management practices for innovation: a case study at ABN AMRO – Brazil. *Master thesis*. Disponível em: <http://umu.diva-portal.org/smash/record.jsf?pid=diva2:141302>. Acesso em: 2 nov. 2013.

6. WIDEMAN, R. Max. *A management framework for project*: program and portfolio management. Vancouver: Trafford, 2004.

7. *Mastering the Project Portfolio*, notas de aula, curso ministrado pela Universidade de Stanford, atendido por um dos autores.

8. MARKAN, M.; LEVITT, R. E.; MALEK, W. *Executing your strategy*. Boston: Harvard Business School Press, 2007.

9. CALDERINI, Sergio R.; DE REYCK, Bert; GRUSHKA-COCKAYNE Yael; LOCKETT, Martin; MOURA, Marcio; SLOPER, Andrew. *The impact of project portfolio management on information technology projects*. Reino Unido: Ashridge Business School, UK, 2005.

10. MORAES, Renato O.; LAURINDO, Fernando J. B. *Um estudo de caso de gestão de portfólio de projetos de tecnologia da informação*. São Carlos: SciELO Brasil, 2003.

11. BARCAUÍ, Andre. *Apostila de princípios de gerenciamento de projetos*. Pós-Graduação MBA Executivo em Gerenciamento por Projetos II/05. São Paulo: FGV, 2005.

12. COOPER, R. G.; EDGETT, S. J.; KLEINSCHMIDT, E. J. *Portfolio management for new products*. 2. ed. Perseus Publishing, NY, 2001.

13. ARCHER, N.; GHASEMZADEH, F. A decision support system for project portfolio selection. *International Journal of Technology Management*, v. 16, nº 1-3, p. 105-114, 1998.

14. PMI. The standard for portfolio management. 3. ed. Pennsylvania: Project Management Institute, Inc. USA, 2013.

15. LUCENA, B. *Gestão de portfólio de projetos*. Monografia de Conclusão de curso de Graduação. Ceará: Departamento de Engenharia de Teleinformática, Universidade Federal do Ceará, 2009.

16. HARVARD BUSINESS REVIEW ONLINE. How to walk away from a project intelligently. April, 2011

17. DRUCKER, P. *Management*: tasks, responsibilities, practices. New York: Harper & Row, 1993.

18. W. THIBAUT, John; WALKER, Laurens. *Procedural justice*: a psychological analysis. Hilldale, NJ: Lawrence Erlbaum Associates, 1976.

19. Guia PMBOK – Project Management Body of Knowledge, PMI, 4. ed., 2010.

20. Guia PMBOK – Practice Standard on Project Risk Management, PMI, 2008.

21. KENDRICK, T. *Identifying and managing project risk*, Amacom. Washington: Amazon, 2003.

22. COOPER, D. et al. *Managing risks in large projects*. New York: John Wiley, 2006.

23. AZEVEDO, M. C.; COSTA, H. C. Métodos para avaliação de postura estratégica. *Caderno de Pesquisa em Administração*, São Paulo, v. 8, nº 2, 2001.

24. SILVA, R. M. et al. Considerações sobre análise de sensibilidade em análise de decisão, *Relatório ITA*, 2005.

25. PAIVA, W. P. de. Utilização de uma ferramenta de suporte à análise de decisão aplicada ao marketing, VI SEMEAD, 2001.

26. WESTERMAN, G.; HUNTER, R. *IT risk*. Boston: Harvard Business School Press, 2007.

27. APGAR, D. *Risk intelligence*. Boston: Harvard Business School Press, 2007.

28. GUIA PARA O CONJUNTO DE CONHECIMENTOS SOBRE GERENCIAMENTO DE PROJETOS – PMBOK, PMI, 4. ed., 2008.

29. VARGAS, Ricardo V. *Manual prático do plano do projeto*. 4. ed. Brasport, 2009.

30. ISO31010 – Risk Management, Assessment Techniques – Norma Internacional, 2009.

31. MULCAHY, Rita. *Risk management*: tricks of the trade. 2. ed. United States of America: RMC Publications, 2009.

32. TOCKEY, Steve. The effect of team size on team productivity and project cost, 20 Feb. 96, <http://classes.seattleu.edu/software_engineering_graduate/csse515/tockey/TEAMSIZE.pdf>.

33. WEINBERG, Gerald M. *Quality software management*: systems thinking. New York: Dorset House, 1991.

34. KNIGHT, Joe; THOMAS, Roger; ANGUS, Brad; CASE, John. Project management for profit: a failsafe guide to keeping projects on track and on budget; *Harvard Business Review Press*, Boston, 2012.

35. WILLIAMS, Terry. Why Monte Carlo simulations of project networks can mislead. *Project Management Journal*, v. 35, nº 3, p. 53-61, Sept. 2004.

36. CAVALCANTI, F. R. P. Análise probabilística para estimativa de custo e risco de projetos, *Mundo Project Management*, nº 40, ago./set. 2011.

37. BUCHTIK, L. *Secrets to mastering the WBS in real-world project*. Pennsylvania, USA: Project Management Institute, 2010.

38. GAILBRAITH, Jay R. *Designing matrix organizations that really work*. San Francisco: Jossey-Bass, 2009.

39. S. TANG, Christopher; ZIMMERMAN, Joshua D. Managing new product development and supply chain risks: the Boeing 787 case. *Supply Chain Forum International Journal*, v. 10, nº 2, p. 74-86, 2009.

40. HOFFMAN, Reid; CASNOCHA, Ben; YEH, Chris. Tours of duty: the new employer-employee compact. *Harvard Business Review Online*, publicado em 30/5/2013.

41. PEDROSO, Luiz Henrique Tadeu Ribeiro; ANDRADE, B. L. R. Otimismo ou confiança? Como você avalia os riscos em seus projetos? *RBGP Revista Brasileira de Gerenciamento de Projetos*, v. 4, p. 21-31, 2006.

42. GUIA PARA O CONJUNTO DE CONHECIMENTOS SOBRE GERENCIAMENTO DE PROJETOS – PMBOK, PMI, 5. ed., 2013.

43. MAXIMIANO, Antonio. *Administração de projetos*. 4. ed. São Paulo: Atlas, 2010.

44. WYSOCKI, R. *Effective project management*. 5. ed. Indianapolis: John Wiley, 2009.

45. KERZNER, H. *Project management*: a systems approach to planning, scheduling and controlling. 10. ed. New Jersey: John Wiley, 2009.

46. VERZUH, Eric. *The fast forward MBA in project management*. 3. ed. New Jersey: John Wiley, 2008.

47. TUCKMAN, Bruce. Developmental sequence in small groups. *Psychological Bulletin* 63 (6): 384-99, 1965.

48. HERSEY, P.; BLANCHARD, K. H. *Management of organizational behavior*. Utilizing human resources. 3. ed. New Jersey: Prentice Hall, 1977.

49. Curso sobre Gerenciamento de Projetos ministrado pelo professor Luis César de Moura Menezes (*slides*), atendido por um dos autores (2005).

EXERCÍCIOS E LEITURAS COMPLEMENTARES

ANEXO 1 – A transição de engenheiro para gerente

No livro *From engineer to manager – mastering the transition*, o autor Michael Aucoin discute o processo de transição e de mudança de perspectiva necessário a pessoas com formação técnica, tais como engenheiros, ao assumirem funções gerenciais. O autor apresenta situações de conflito vivenciadas quando era empregado de uma grande multinacional, causadas por sua dificuldade de compreender a linguagem e valores do ambiente gerencial. O autor menciona uma situação na qual apresentou a seu superior estimativas de prazo de um projeto que foram consideradas desonestas por este último, que prontamente as cortou pela metade, alegando que era prática comum dos engenheiros "colocar gordura nas estimativas". Como numa profecia que se autorrealiza, o autor, então, a partir dali, passou de fato a colocar a tal gordura nas estimativas, para que quando fossem apresentadas ao superior, e prontamente cortadas pela metade, ficassem em um valor realista.

O autor destaca o fato de que engenheiros têm uma formação essencialmente técnica, o que dificulta a convivência com gerentes profissionais. Engenheiros jovens tendem a pensar que sua superioridade técnica em termos de conhecimentos é suficiente para lidar com a gestão de projetos. Esse é um engano, no que concordamos plenamente com o autor. Diz o autor:

"A realidade é que o sucesso de projetos de engenharia, com raras exceções, não depende, principalmente, de questões técnicas ou de tecnologia. Depende mais do aspecto *gestão*, de uma forma geral, e em particular das questões ligadas a pessoas: relacionamento, comunicação, tomada de decisões, negociações e resolução de conflitos. Nesse ponto, de fato, a formação em engenharia carece de maiores conteúdos de administração e humanísticos. Trata-se de uma contradição na medida em que grande parte do sucesso na carreira de engenharia dependerá de como nós interagimos de forma produtiva com outras pessoas."

Em muitas empresas e organizações, o crescimento profissional irá depender de os engenheiros assumirem funções gerenciais. Pode-se afirmar que quanto mais ascenderem na carreira, menos importantes ficam suas habilidades técnicas, e mais peso terão suas habilidades gerenciais e interpessoais.

Não se pode separar a engenharia de sua gestão, pois são atividades contíguas: uma depende da outra e pode-se transitar de uma para outra. A prática da engenharia, tanto mais quanto complexas forem nossas atribuições, requer competências em gerir recursos finitos, em tomada de decisões e em resolver compromissos conflitantes. O engenheiro júnior pode lidar inicialmente com coisas (materiais, equipamentos, máquinas), mas conforme cresce em sua profissão, terá que lidar, mais e mais, com as pessoas e com os fatores que tornam o trabalho produtivo (motivação, conflitos, organização das tarefas). Essa transição requer novas habilidades que muitos engenheiros não possuem ao deixar a universidade.

Três áreas fundamentais de gestão

Há três áreas fundamentais de gestão afeitas aos engenheiros: a gestão técnica, a gestão administrativa e a gestão das pessoas. A gestão técnica é provavelmente aquela na qual os jovens engenheiros estão mais bem capacitados. Isso não significa que não haja desafios em um mundo com avanços tecnológicos constantes, que requerem atualização e especialização. No entanto, conforme transita para ser um gerente, o engenheiro deverá dar mais ênfase às gestões administrativa e de pessoas, permitindo a seus subordinados mais controle das decisões puramente técnicas.

A gestão administrativa envolve o planejamento e organização do trabalho. Por exemplo, no ambiente de projetos, envolve definir quais atividades serão executadas, a ordem de execução e a atribuição de recursos a cada uma. Envolve também avaliar as restrições da organização em que trabalha, balanceando-as com as decisões administrativas acima mencionadas. Envolve ainda aspectos como estimar custos e prazos, analisar riscos, gerir contratos, emitir relatórios, dentre outras atividades que visam obter um trabalho coeso e integrado, que entregue os resultados desejados.

Nessa dimensão, o engenheiro experiente poderá também obter uma visão estratégica dos objetivos da organização em que trabalha e eventualmente galgar cargos de mais alta direção. Isso ocorrerá na medida em que o engenheiro-gerente contribua de forma mais concreta para os *resultados do negócio* (lucro, sucesso na entrega de projetos importantes, cumprimento de prazos, conquista de clientes importantes etc.). Embora o sucesso técnico ainda possa ser valorizado (p. ex., uma inovação técnica relevante), pouco valerá se não se traduzir em resultados de negócio. Essa é uma nova regra que os engenheiros com ambições a cargos de direção devem compreender.

A gestão das pessoas

A gestão administrativa e a gestão de pessoas estão intimamente ligadas. Mas enquanto a gestão administrativa é, em geral, bem recebida pelos engenheiros através de cursos e treinamentos, é na gestão de pessoas que muitos engenheiros podem falhar e encontrar barreiras a seu crescimento profissional.

A formação essencialmente técnica pode levar muitos engenheiros a verem seus colegas e subordinados no trabalho como meros *recursos*. Não percebem que pessoas têm anseios, metas e sonhos; que pessoas podem ter dificuldades de relacionamento no ambiente de trabalho e pôr um projeto a perder, por mais competentes que sejam tecnicamente. É importante lembrar que são pessoas de carne e osso que executarão as atividades de um projeto, desenvolvendo as tecnologias e os produtos para nossa sociedade. E muitas vezes o comportamento das pessoas é imprevisível.

Uma razão, em parte, da pobreza das habilidades interpessoais de engenheiros é o próprio currículo das Engenharias, que não somente é amplamente focado em matérias *duras*, como também é muito exigente em termos de dedicação. É quase certo que a vida social de muitos alunos de engenharia seja relativamente limitada durante os anos de faculdade.

A boa notícia é que é possível melhorar suas habilidades interpessoais. O ponto de partida é que cada um tome consciência da necessidade de prestar atenção nas emoções e anseios das outras pessoas, tanto naquilo que é dito explicitamente como no que fica implícito. Em essência, a gestão de pessoas para o engenheiro é, na prática, a gestão de seus relacionamentos profissionais.

Um exemplo de transição

O autor Michael Aucoin sugere um exemplo ilustrativo dessa transição. Suponha que você seja um engenheiro mecânico, trabalhando para uma montadora de automóveis, particularmente em componentes para motores. Mais especificamente você projeta pistões, e se tornou especialmente competente nesse assunto. Suas preocupações giram em torno de lubrificantes, materiais e dimensões. A maior parte do tempo você emprega em solucionar questões técnicas.

Agora você foi promovido a gerente de projetos de componentes, na mesma empresa. Todo o seu mundo irá mudar. Algumas de suas novas preocupações poderão ser:

- Motivar e liderar o seu grupo de engenheiros a alcançar uma meta de cronograma particularmente desafiante para um novo modelo de automóvel cujo lançamento se aproxima.

- Convencer o presidente da empresa a adquirir um novo pacote de desenho auxiliado pelo computador (CAD) que você acredita irá aumentar a produtividade do seu time.

- Atuar como mediador entre o departamento de TI da empresa e o seu grupo em uma questão envolvendo protocolos de segurança da informação e novos procedimentos de acesso remoto a arquivos eletrônicos da empresa.

- Interagir com a equipe de marketing para compreender melhor as expectativas do mercado a respeito dos motores, evitando assim um olhar puramente técnico dos problemas, envolvendo dimensões como custo, qualidade, facilidade de uso etc.

Embora algumas dessas questões tenham uma componente técnica, em última instância são questões associadas a uma ou mais das seguintes dimensões gerenciais: comunicação e liderança; motivação e manutenção de foco; estrutura e política organizacional; capacidade de influência e tomada de decisão; compreensão do mercado e expectativas de usuários. A boa notícia é que todos esses princípios podem ser adquiridos através de educação, experiência profissional e na convivência com bons mentores – pessoas que sirvam de modelo de inspiração e possam nos dar *feedback* honesto sobre nossos progressos e deficiências.

ANEXO 2 – Implantação de sistema integrado de gestão[1]

Ivan Vicente, diretor de operações de uma grande empresa de material de construção, vinha defendendo, há algum tempo, a implantação de um sistema integrado de gestão, conhecido pela sigla ERP (*Enterprise Resource Planning*). A implantação desse tipo de sistema visa, em geral, a uma maior integração dos setores da empresa, padronização de processos e disponibilização de informações para rápida e precisa tomada de decisão. A empresa que Ivan dirigia estava em franca expansão, com crescimento significativo de faturamento e começava a sentir as limitações de métodos gerenciais pouco padronizados entre setores e filiais. A maior parte do levantamento e apresentação de dados vinha sendo feita através de planilhas eletrônicas e não era raro que elas precisassem ser atualizadas de última hora a pedido da presidência da empresa para uma reunião com acionistas.

Quando finalmente conseguiu a aprovação do presidente e do conselho diretivo, Ivan ficou bastante satisfeito, mas ao mesmo tempo preocupado com o enorme desafio que implica a implantação de um sistema desse porte. Eram amplamente conhecidos os inúmeros casos de empresas que tentaram sem sucesso a implantação de ERPs, com orçamento e prazo estourados e resultados aquém dos esperados.

A presidência e o conselho da empresa de material de construção aprovaram um orçamento de R$ 1 milhão para a implantação em um prazo de 1 ano para que todos os antigos processos fossem definitivamente eliminados e substituídos pelo novo sistema.

O presidente da empresa, como era de se esperar, nomeou Ivan como responsável principal pelo projeto. Ivan precisava agora se debruçar sobre questões de planejamento para que o sucesso do projeto fosse alcançado dentro do prazo e do orçamento. Sua situação ficaria muito difícil na empresa se, após batalhar tanto por esse projeto, este fracassasse. Também estava claro que o presidente da empresa não toleraria atrasos ou estouros de orçamento.

Após pensar um pouco a respeito, Ivan escreveu uma lista de questões a resolver e decisões a tomar para iniciar o projeto:

---

[1] Adaptado de caso real. Qualquer semelhança de nomes e circunstâncias é mera coincidência.

1) Modelo de implantação: há duas alternativas bem conhecidas, ou seja, adaptar o *software* padrão adquirido às especificidades da empresa ou o contrário, adaptar a empresa à estrutura do *software* adquirido? Isso implicava a decisão de quanta customização permitir que fosse feita no *software* e, por outro lado, quantos dos processos internos de trabalho da empresa teriam que ser alterados para que melhor se enquadrassem no modelo de gestão embutido no ERP.

2) Sobre o papel da consultoria externa: deveria adotar o modelo mais comumente encontrado de implantação de ERP, em que o processo de implantação é desenhado e conduzido por uma empresa de consultoria externa com experiência nesse tipo de projeto, mas sem um conhecimento profundo do negócio da empresa de material de construção? Ou, por outro lado, deveria a própria empresa planejar e conduzir o processo com pessoal interno, sem experiência com ERP, mas com experiência no negócio?

3) Sobre a escolha do gerente do projeto: Ivan se via, corretamente, no papel de patrocinador do projeto, até porque não disporia de tempo em dedicação integral para as necessidades de um projeto complexo como a implantação de um ERP. Sendo assim, precisava nomear um gerente de projeto para conduzir o projeto no dia a dia. Tal pessoa teria um papel crucial no sucesso esperado. Mas quem, então? Um dos gerentes de produção? Um dos gerentes de planejamento e controle de produção? Um técnico da área de tecnologia da informação? Alguém recrutado no mercado que tivesse experiência em implantação de ERP? E, ainda, como estruturar a equipe de implantação?

4) Ivan compreendia ainda o enorme desafio organizacional que envolve conseguir o apoio, a colaboração e a participação dos funcionários da empresa quando uma mudança desse porte é anunciada. O sucesso do projeto dependeria enormemente do apoio interno conseguido. Como então aglutinar a empresa em torno desse objetivo? Como gerenciar a mudança organizacional que uma implantação desse porte exige?

ANEXO 3 – Reestruturação da Quimical Engenharia[2]

Baseada no interior paulista, a empresa Quimical Engenharia Ltda. emprega cerca de 350 pessoas. É fornecedora de insumos de química fina para diversas indústrias, incluindo tintas automotivas, colas e adesivos, acrílicos e plásticos. O seu faturamento anual é da ordem de R$ 250 milhões.

A Quimical está organizada conforme a figura abaixo. A diretoria executiva é composta de um presidente e 3 vice-presidentes: Operações e Manufatura (O&M); Vendas e Grandes Contas; e Pesquisa e Desenvolvimento (P&D). Dessas, a mais importante é a de Operações e Manufatura, responsável pela planta industrial, e que emprega mais de 300 empregados.

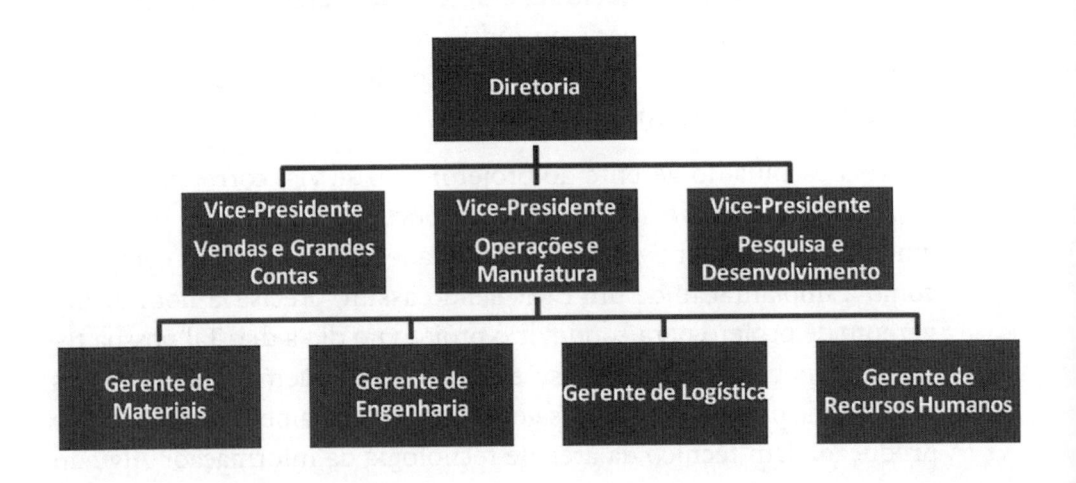

```
                        Diretoria
                            |
       ┌────────────────────┼────────────────────┐
   Vice-Presidente     Vice-Presidente      Vice-Presidente
   Vendas e Grandes    Operações e          Pesquisa e
   Contas              Manufatura           Desenvolvimento
                            |
       ┌────────────┬───────┴───────┬────────────┐
   Gerente de    Gerente de    Gerente de     Gerente de
   Materiais    Engenharia    Logística      Recursos Humanos
```

Nos últimos anos, tendo em vista a crescente competição, a diretoria tem ampliado a visibilidade do departamento de pesquisa e desenvolvimento. P&D funciona basicamente à base de projetos cujos focos visam tanto à melhoria dos processos produtivos como ao desenvolvimento de novos insumos com potencial de ampliar a participação de mercado. Projetos também são originados das gerências ligadas ao vice-presidente de operações, principalmente da engenharia e logística.

O departamento de P&D é pequeno (cerca de 10 engenheiros altamente qualificados). Os projetos de P&D são formulados e apresentados aos vice-

---

[2] Estudo de caso adaptado de caso real. Qualquer semelhança de nomes e circunstâncias é mera coincidência.

-presidentes de O&M e de Vendas, e também aos gerentes de engenharia, logística, materiais e recursos humanos. O vice-presidente de operações e seus gerentes têm autonomia para fazer alterações nos projetos, se necessário, e assinalar os recursos humanos aos projetos com base em *expertise* técnico. Os recursos humanos dos projetos atuam em tempo parcial, dividindo seu tempo com as responsabilidades na planta industrial. Um coordenador de projeto é usualmente apontado dentre os engenheiros de P&D. Se o projeto for originado da planta industrial, esse coordenador é então apontado dentre os empregados da própria planta com melhor qualificação técnica. Neste último caso, um engenheiro de P&D participa do projeto na condição de consultor. Em qualquer caso, aprovações finais de cronograma, orçamento e fornecedores têm que circular entre os gerentes e vice-presidentes. Aprovações de mudanças subsequentes de menor porte circulam apenas entre os gerentes.

Em uma recente autoavaliação sobre o desempenho dos projetos na organização, a diretoria ficou surpresa ao constatar que menos de 10% dos projetos conseguiram alcançar objetivos de custo, prazo e desempenho estipulados originalmente. Diante desse resultado, realizaram uma pesquisa de opinião interna envolvendo o pessoal de manufatura e de P&D para identificar as possíveis causas desse mau desempenho. A sondagem foi feita de forma anônima para dar mais liberdade de expressão aos colaboradores.

Os seguintes depoimentos são representativos do conjunto de opiniões coletadas:

- "Nós poderíamos usar alguma metodologia de gestão de projetos, pelo menos para os projetos maiores."

- "Temos tentado usar ferramentas de planejamento em nossos projetos, mas elas se tornam inúteis diante das emergências na fábrica que são priorizadas."

- "O coordenador de projeto tem dificuldade de acesso e comunicação com os gerentes."

- "Os gerentes parecem não se preocupar com planejamento. A alocação de pessoal não é baseada nas necessidades efetivas dos projetos."

- "Os compromissos assumidos pelos gerentes não podem ser efetivamente cobrados pelos coordenadores de projeto."

- "Os nossos cronogramas de projeto são constantemente revisados. Será que isso não é um indicativo de um planejamento falho?"
- "Nós precisamos de uma carreira em gestão de projetos, para poder construir um grupo de gestores competentes e comprometidos."
- "Esses coordenadores de projeto entendem pouco do negócio, não se comunicam bem e se integram pouco com as diferentes gerências da planta."
- "Falta responsabilização pelos projetos."
- "Eu trabalho em um projeto mas não tenho informação sobre o *status* de custo, prazo, risco."
- "Como coordenador de projeto tenho muitos formulários a preencher para pouco resultado."
- "Não há uma descrição formal do trabalho do coordenador de projeto."
- "Os gerentes da planta mudam suas prioridades toda semana."
- "O planejamento feito pelos coordenadores de projeto geralmente é fraco e eles esperam que nós, gerentes, salvemos o projeto deles. Nós sempre levamos a culpa."
- "A diretoria não quer investir em mais recursos humanos. E aí fica procurando um culpado para o fracasso nos projetos. Na verdade acho que deveríamos cortar 90% desses projetos inúteis."

Diante do exposto, a diretoria analisa a possibilidade de uma reestruturação organizacional. Se você fosse um consultor de gestão, que modificações sugeriria à diretoria da Quimical com vistas a uma melhoria do desempenho de seus projetos?

ANEXO 4 – Termo de abertura de projeto

A. **IDENTIFICAÇÃO DO PROJETO**

Título do Projeto:

Gerente do Projeto:

Patrocinador:

Cliente:

Preparado por:

Data:

B. **INFORMAÇÕES GERAIS**

I. Justificativa do Projeto: (por que esse projeto surgiu? Necessidade de negócio ou organizacional que justifica o projeto; podem-se destacar quais objetivos estratégicos da organização se espera implementar ao final do projeto. Pode-se referenciar um plano de negócio ou decisão superior que justifique o nascimento do projeto. Podem-se destacar eventos anteriores que tenham relação com esse projeto, por exemplo, se este projeto é uma continuação de um projeto anterior; pessoas ou unidades de negócio que originaram a proposta. Podem-se destacar os benefícios esperados não somente para a organização executora do projeto, mas também para clientes, usuários e para a sociedade).

II. Objetivo do Projeto: (qual o principal objetivo desse projeto? Qual a visão de alto nível do patrocinador e do cliente? Aqui cabe uma descrição textual, livre, de alto nível dos objetivos do projeto, refletindo a ligação dele com a necessidade de negócio que o gerou. A linguagem usada deve ser a de negócios e ser compreensível pelo patrocinador/cliente, evitando-se, portanto, tecnicismos desnecessários. As principais entregas finais e os produtos finais gerados pelo projeto devem ser mencionados aqui. Requisitos de alto nível ou diferenciados do produto que mereçam destaque podem ser mencionados também).

III. Critérios de Sucesso: (estabelecer critérios – eventos ou métricas quantitativas – que definam o sucesso do projeto, na visão do cliente/patrocinador. Pode ser mais ou menos detalhado em função da disponibilidade de informações. Sugere-se aqui a descrição de metas organizacionais e de negócio, tais como redução de custos, aumento de participação no mercado, número de pessoas atendidas; cumprimento de metas de custo, prazo e qualidade no gerenciamento do projeto; entrega dos produtos finais dentro das especificações; outras métricas que atestem o sucesso do projeto sob a ótica do cliente e do patrocinador).

IV. Partes interessadas: (pessoas físicas e jurídicas – com respectivos contatos e posições – relevantes para o projeto nos diferentes papéis, inclusive cliente, patrocinador, organização executora, pessoas e organizações externas).

V. Arcabouço jurídico/contratual: (descrever, em linhas gerais, quais contratos serão elaborados, seus propósitos e natureza jurídica, quem assina o quê etc. Pode-se mencionar aqui também toda e qualquer legislação e regulação que afete o projeto. Um aspecto importante que também pode ser incluído aqui é sobre a propriedade dos resultados, inclusive as de natureza intelectual, quando couber).

VI. Documentos de referência: (documentos técnicos, planos de negócio, páginas da Internet etc., cujas cópias podem estar anexadas).

VII. Terminologia própria: (destacar e explicar termos técnicos e jargão que aparecem neste TAP).

C. ESTRUTURA DO PROJETO

I. Equipe e Recursos Necessários: (informar o formato esperado do time do projeto e destacar recursos materiais, instalações ou competências críticas necessárias para o sucesso do projeto; se a equipe já estiver definida, melhor ainda).

II. Metodologia de Gestão do Projeto: (especificar uma metodologia ou abordagem para a gestão do projeto, bem como outros padrões e normas de gerenciamento, qualidade e controle que serão adotados).

III. Abordagem de Controle: (esclarecer se alguma abordagem formal de controle integrado do projeto será adotada; por exemplo, se haverá um comitê para avaliar mudanças, e quando o cliente será envolvido. Pode ser feita aqui uma descrição geral e referenciar outros documentos para o detalhamento dos procedimentos).

IV. Prazo: (indicar se se trata de prazo fixo, estimativa ou teto de prazo).

V. Principais Marcos: (se possível informe um calendário dos principais marcos).

VI. Custo Total Estimado: (indicar se se trata de custo fixo, estimativa ou teto de investimento).

VII. Premissas: (indicar as principais hipóteses, especialmente as de natureza organizacional, assumidas como verdadeiras para a viabilidade do projeto).

VIII. Restrições: (indicar principais restrições, especialmente as de negócio e regulatórias).

IX. Dependências: (indicar principais dependências externas, tais como fornecedores-chave e as formas pelas quais a equipe do projeto espera o envolvimento do cliente na gestão do projeto).

D. **APROVAÇÕES**

I. Revisão e Aprovação: (quem recebe e aprova relatórios, fases, entregas e produtos).

(Nome, posição, organização e assinatura dos principais stakeholders *atestando a aprovação do documento.)*

E. **APÊNDICES E ANEXOS**

(Anexar documentos e descrever informações complementares em apêndices, tais como um plano de negócio, contratos e outros. Alterações no Termo de Abertura original devem ser assinadas e anexadas também, com referência à seção específica onde houve a alteração e o seu conteúdo).

ANEXO 5 – Projeto missão *Pathfinder* da NASA

Introdução

A missão *Pathfinder* da NASA tinha por objetivo pousar uma sonda exploratória no planeta Marte e, a partir dela, tirar fotografias e colher dados geológicos do solo daquele planeta. Algum tipo de veículo semiautônomo deveria ser desenvolvido para explorar uma área maior do planeta, em comparação com missões anteriores.

Essa foi a primeira missão de um novo Programa da NASA intitulado *Discovery*, que buscava ampliar o conhecimento sobre outros planetas do sistema solar. Um dos aspectos mais importantes do novo programa era a ênfase em menores custos, menores prazos e melhores resultados (*faster, cheaper, better*). Essa ênfase se devia a orçamentos menores da NASA em comparação com anos anteriores.

Para a missão *Pathfinder*, a NASA alocou um orçamento da ordem de US$ 200 milhões, um máximo de alocação de mão de obra de cerca de 300 engenheiros e técnicos, e ainda um prazo de 4 anos para seu lançamento. A missão teria que aproveitar a janela de aproximação entre a Terra e Marte que ocorreria no início de 1997.

Esse projeto foi um grande desafio para o corpo técnico e gerencial da NASA. O eventual sucesso desse projeto rendeu-lhe o prêmio de "Projeto do Ano" do PMI em 1998. O projeto *Pathfinder* foi considerado um marco que influenciou o *design* das futuras missões exploratórias interplanetárias, estabelecendo um referencial comparativo de sucesso tanto técnico quanto gerencial.

Motivações da NASA

Em 1992 a NASA ainda se recuperava do desastre trágico com o ônibus espacial Columbia, acontecido em 1986. Tem havido cortes de despesa importantes no seu orçamento e há um sentimento generalizado de que a agência perdeu o apoio popular e governamental para os seus projetos mais ambiciosos.

Marte é o planeta mais parecido com a Terra e pode ter suportado vida. Sua exploração tem suscitado a imaginação de escritores, cineastas e do público em geral. A NASA deseja que a missão tenha um importante impacto na mídia, atraindo a atenção do público para as missões espaciais e, dessa forma, recuperando parte do suporte que anteriormente tinha no Congresso e Governo americanos.

Uma das maneiras de atingir esse objetivo é envolvendo alunos do ensino fundamental e médio, através de parcerias com escolas públicas onde serão exibidos vídeos ilustrativos sobre a missão. É planejado ainda o sorteio de ingressos entre alunos para visitar o laboratório de desenvolvimento do projeto.

Uma outra motivação envolve, ao final do projeto, identificar tecnologias inovadoras que possam ser utilizadas em outras aplicações de natureza não científica, evidenciando benefícios de apelo mais geral para a sociedade.

Histórico da missão Viking

Entre 1969 e 1976, a NASA desenvolveu a missão Viking, que foi a primeira a pousar um módulo em Marte. Ao longo de seus 7 anos de existência, esse projeto consumiu um orçamento da ordem de 3 bilhões de dólares e teve um pico de esforço que envolveu 2.000 engenheiros e técnicos. O foco da missão foi principalmente obter as primeiras imagens do solo do planeta e realizar alguns experimentos básicos sobre a composição da sua atmosfera e solo. O módulo da Viking não podia se movimentar, de maneira que seus experimentos ficaram restritos ao sítio de pouso. A estratégia de pouso do módulo utilizava retrofoguetes para desacelerar, estratégia similar à utilizada no pouso dos módulos lunares do programa Apolo. Essa estratégia, embora relativamente segura, envolve o transporte até o planeta de grande quantidade de combustível para refrear a alta velocidade de entrada na atmosfera.

Ciclo de vida e principais marcos do projeto

- Fevereiro de 1992   Inicio do projeto – planejamento e concepção

- Julho de 1993   Revisão do plano para a fase de execução

- Outubro de 1993   Início da fase de desenvolvimento e execução

- Julho de 1994   Revisão do desenho e segurança dos foguetes

- Setembro de 1994   Revisão crítica do sistema
- Abril de 1995   Conclusão da montagem e teste do sistema de voo
- Maio de 1995   Fase de integração do sistema
- Agosto de 1996   Revisão crítica para lançamento
- 4-12-1996 a 3-1-1997   Janela de lançamento da sonda
- Janeiro a junho de 1997   Operação de voo de cruzeiro
- Maio de 1997   Revisão crítica para início das operações em solo
- 4-7-1997   Operação de entrada e descida em Marte
- 4-7 a 3-8-1997   Operação em solo marciano
- Agosto de 1997 a julho de 1998   Análise de dados coletados e geração de relatórios
- Agosto de 1998   Fim da missão
- Setembro de 1998   Encerramento do projeto

Solução técnica

Historicamente, uma nave espacial precisa levar uma grande quantidade de combustível para a frenagem ao entrar em órbita e descer em um satélite ou planeta. A abordagem da *Pathfinder* foi entrar diretamente na atmosfera de Marte, utilizando foguetes apenas para navegação e posicionamento. A velocidade de entrada na atmosfera do planeta vermelho é da ordem de 40.000 km/h. A frenagem se dava primeiramente por um escudo aerodinâmico capaz de suportar altas temperaturas. Em seguida, utilizando um altímetro de precisão, a cerca de 10.000 m de altitude, um paraquedas é aberto. A 100 m da superfície, os foguetes da sonda são acionados por alguns segundos para reduzir ainda mais a velocidade. A velocidade final de aproximação do solo é de aproximadamente 100 km/h. Poucos segundos antes de tocar o solo, um conjunto de *airbags* se infla para amortecer o impacto. Estima-se que o conjunto da sonda protegida pelos *airbags* tenha "pulado" no solo marciano pelo menos 15 vezes antes de parar. Todo o processo de entrada na atmosfera, desaceleração e pouso em solo dura de 4 a 5 minutos.

Finalmente, após a parada da sonda, um processo de abertura automática dos painéis solares e pedais de sustentação expõe o corpo principal da sonda, que pode iniciar seu funcionamento.

A precisão do ponto de toque no solo é em torno de 200 × 100 km em torno do local ideal selecionado.

A maior parte das medidas e experiências da missão é realizada até 30 dias depois do pouso em solo americano. Estas incluem uma ampla campanha de fotografias de alta resolução do solo marciano e o lançamento do minijipe *rover*, que irá explorar uma área maior do solo em comparação com as missões anteriores.

O jipe é semiautônomo, pois não tem ligação física com a sonda principal, mas é controlado da Terra, utilizando a sonda principal, através de comunicação por rádio. Utiliza um painel solar próprio, uma bateria auxiliar, tem duas câmeras fotográficas (frontal e traseira) de alta resolução e computador próprio. As fotografias digitais são comprimidas e transmitidas pelo sistema de telecomunicação interplanetário no qual um conjunto de antenas faz o papel de receptor na Terra.

Outros experimentos incluem detecção da composição química de rochas utilizando um espectrômetro e medidas das condições atmosféricas utilizando uma miniestação meteorológica.

A comunicação com a Terra se dá por três antenas dipolo utilizando a energia dos painéis solares, reduzindo a necessidade de carregar baterias. A utilização de painéis solares em Marte era uma inovação, pois não se tinha certeza sobre a eficiência desses painéis em comparação à energia gerada na Terra. A potência de transmissão é da ordem de 100 W. O computador central da sonda centraliza todas as funções de navegação, comunicação e exploração científica através dos instrumentos.

Outro aspecto importante no planejamento da missão envolve a seleção do local de pouso: deve ser plano, com rochas de pequenas dimensões (<0,5 m) e com ventos de baixa intensidade. Ao mesmo tempo, deve apresentar um cenário interessante na opinião dos geólogos quanto ao potencial de pesquisa científica no local.

Gestão do projeto

O projeto foi aprovado pela NASA em 1992, mas só deu partida em outubro de 1993, após a confirmação e alocação dos fundos financeiros pelo Governo americano. O lançamento da sonda teria que ocorrer na janela de aproximação que ocorreria entre a Terra e Marte no início de 1997.

Todos os equipamentos e subsistemas usados na sonda têm que ser submetidos a uma bateria de testes para atestar seu funcionamento correto nas condições hostis do espaço sideral e da superfície marciana. Para alguns dos componentes, como os *air bags* e o jipe-*rover*, os testes incluem prova de conceito com prototipagem e teste real.

A abordagem de gestão do projeto procurou dar o máximo de autonomia aos times responsáveis por cada componente e interface, uma vez que a etapa de planejamento foi bem conduzida e identificou todo o escopo do projeto e do produto apropriadamente. Houve suporte organizacional para dedicar um time exclusivamente ao projeto, em uma instalação física única. Dessa forma, a burocracia era minimizada e a interação entre as pessoas maximizada. Devido a um planejamento bastante apropriado, a maior parte dos subsistemas componentes do projeto foi desenvolvido em paralelo para posterior integração.

Contratos e aquisições

Um time específico de engenheiros cuidou de todos os contratos e aquisições do projeto. Esse time também foi colocado junto com o time técnico no mesmo espaço físico. Os principais contratos firmados foram:

- Instrumentos de medição e sensores: Lockheed Martin (EUA).
- Sistema de voo: Lockheed Martin (EUA).
- Câmeras: The Max Planck Institute for Aeronomy (Alemanha).
- Computador de Bordo, resistente a radiação: Loral Federal Systems Co. (EUA).

Critérios de sucesso do projeto

1. Pouso em Marte e envio de todos os dados de telemetria obtidos durante o processo de descida no planeta, incluindo a telemetria obtida logo após a autoinstalação do módulo no solo: 50% de sucesso da missão.

2. Transmissão de imagens panorâmicas da superfície de Marte: 70% de sucesso alcançado.

3. Lançamento e movimentação correta do jipe: 90% de sucesso alcançado.

4. Transmissão de informação de composição química do solo e de rochas, e dados atmosféricos, por pelo menos sete dias: 100% do sucesso alcançado.

Mais informações

Em pesquisa na Internet sobre a missão *Mars Pathfinder*, você encontrará fotografias da sonda e vídeos explicando os desafios e etapas desse importante projeto.

ANEXO 6 – Projeto de responsabilidade social

Você trabalha como gerente de projetos para uma Organização Não Governamental (ONG) que atua em diversas áreas sociais. Essa ONG realiza um planejamento trienal de seu portfólio de projetos, que, uma vez definido, é apresentado a empresas privadas com interesse em realizar projetos de responsabilidade social. O Diretor da ONG elaborou uma lista de temas para os quais devem ser propostos projetos visando ao planejamento trienal. Você deve propor um projeto em um dos temas abaixo e apresentar ao seu Diretor os seguintes documentos para a avaliação da proposta:

- um termo de abertura de projeto que servirá como formulário de apresentação da proposta;
- uma declaração do escopo do projeto;
- a estrutura analítica do projeto correspondente com pelo menos dois níveis de decomposição.

Outros gerentes de projeto da ONG também apresentarão propostas e apenas algumas serão selecionadas para a procura de financiamento. Abaixo a lista de temas propostos pelo Diretor.

Educação

1) Educação e alfabetização (adultos).
2) Educação ambiental.
3) Educação para a convivência com pessoas com necessidades especiais.
4) Popularização da ciência.

Cultura

5) Cultura, arte e comunicação.
6) Preservação do patrimônio cultural.

Economia

7) Economia criativa e inovadora.
8) Economia associativa, cooperativa e solidária.

9) Inclusão digital.

10) Consumo consciente e sustentável.

Saúde

11) Saúde da família (da mulher, do homem, da criança).

12) Saúde do idoso.

13) Saúde da comunidade.

14) Saúde mental e espiritualidade.

Cidades e meio ambiente

15) Mobilidade urbana.

16) Cidades sustentáveis.

17) Prevenção de desastres naturais.

18) Habitação e saneamento.

19) Preservação do patrimônio ambiental.

20) Gestão da água.

21) Reciclagem e reaproveitamento.

Esporte

22) Esporte e lazer.

23) Esporte de alto desempenho.

24) Esporte paraolímpico.

ANEXO 7 – Documentos principais da gestão do projeto

Considere as sugestões de temas e contextos de projetos abaixo e elabore um ou mais dos seguintes artefatos de gestão de projetos. Desenvolva-os sob a ótica da organização executora do projeto:

I. *um termo de abertura de projeto;*

II. *uma declaração de escopo;*

III. *uma estrutura analítica de projetos com pelo menos dois níveis de decomposição;*

IV. *um plano de gestão da qualidade ou pelo menos uma lista de indicadores que sirvam de base para o controle da qualidade;*

V. *um plano de comunicação ou pelo menos uma tabela-resumo dos principais eventos de comunicação do projeto;*

VI. *um registro de riscos com a lista de riscos identificados, priorizados pelo produto de suas probabilidades e impactos, e a descrição das respectivas respostas planejadas;*

VII. *um cronograma de marcos;*

VIII. *uma estimativa de custos para cada pacote de trabalho da EAP;*

IX. *um diagrama de rede, ordenando a execução dos diversos pacotes de trabalho da EAP;*

X. *um plano de gestão de pessoas, informando a composição da equipe executora e/ou de gerenciamento do projeto, e uma matriz RACI correspondente definindo as responsabilidades de cada membro da equipe.*

1) **Passeio ecológico em rio urbano:** um rio urbano poluído e sem aproveitamento atual para o turismo ecológico; a prefeitura municipal abre um edital para propostas de projetos que venham a explorar turisticamente esse rio.

2) **Reforma e reinauguração de academia de ginástica:** uma academia bastante antiga com espaço físico limitado e equipamentos e modalidades antigas ou tradicionais e que vem perdendo espaço para concorrentes que recentemente entraram no mercado.

3) **Desenvolvimento de sistema de informação:** desenvolver e implantar um sistema de informação que unifique os prontuários de pacientes de todo um sistema público municipal de saúde, envolvendo postos de saúde e hospitais.

4) **Digitalização de acervo:** criação de um portal digital na Internet para o memorial de um famoso escritor recentemente falecido. O portal deverá conter digitalização de documentos, fotografias e modelos 3D de itens de memória e uso pessoal, áudios e vídeos de entrevistas e animações que ilustrem trechos da obra do escritor.

5) **Evento – *show* religioso:** organizar um evento religioso que será composto de um dia inteiro de pregação com participação de líderes religiosos e com um *show* musical de encerramento, em um ginásio coberto com expectativa de público de cerca de cinco mil pessoas.

6) **Desenvolvimento de produto inovador:** estaleiro recebe demanda para desenvolver navio de cruzeiro com um casco com características hidrodinâmicas que permitirão uma velocidade de cruzeiro 8% superior ao padrão do setor. O cliente está muito atento à questão do prazo, pois o navio deve estar pronto para entrar em operação na próxima temporada de verão.

7) **Edifício verde:** construtora decide planejar um grande edifício de salas comerciais com apelo ecológico em região central de uma grande metrópole. Os requisitos ecológicos do prédio incluem: redução de custo operacional com uso de energias renováveis; ampla utilização de luz natural e energia solar; utilização de materiais reciclados no processo construtivo; geração de lixo construtivo com potencial de reciclagem; reciclagem própria para revenda de parte do lixo gerado na construção; redução das emissões de carbono quando em operação se comparado com prédios convencionais.

ANEXO 8 – Diagrama de rede de atividades

Em um projeto de um sistema de informações via *web*, com arquitetura cliente-servidor, as seguintes atividades foram identificadas:

A. Desenvolver banco de dados

B. Testar sistema cliente

C. Treinar colaboradores

D. Desenvolver interface de usuário

E. Testar usabilidade da interface

F. Testar funcionalidades

G. Testar sistema servidor

H. Elaborar arquivo de ajuda *on-line*

Após a identificação das atividades, procedeu-se à verificação de dependências e chegou-se à seguinte lista de precedências e durações (em dias):

Atividade	Predecessoras	Duração
A	Início	6
B	F	5
C	H	8
D	Início	4
E	D	8
F	D, A	7
G	F, E	5
H	G	7
Fim	C, B	–

Com base nessas informações, responda às seguintes perguntas:

1. Desenhe o diagrama de rede.
2. Identifique o caminho crítico e a duração do total do projeto em dias.
3. Quais as datas de início e término mais cedo e mais tarde das atividades?
4. Quais as folgas das atividades?
5. Após uma revisão do cronograma, conclui-se que a atividade E (testar usabilidade da interface) era desnecessária, sendo esta eliminada do projeto. Qual o impacto dessa alteração na duração do projeto?
6. Considerando a configuração resultante da eliminação da atividade E, como o projeto seria modificado caso a atividade D (desenvolver interface de usuário) atrasasse em quatro dias?

ANEXO 9 – Nivelamento de recursos

Em um projeto de um sistema de informações via *web*, com arquitetura cliente-servidor, as seguintes atividades foram identificadas:

A. Desenvolver Banco de Dados

B. Testar sistema cliente

C. Treinar colaboradores

D. Desenvolver interface de usuário

E. Testar usabilidade da interface

F. Testar funcionalidades

G. Testar sistema servidor

H. Elaborar arquivo de ajuda *on-line*

Após a identificação das atividades, procedeu-se à verificação de dependências e chegou-se à seguinte lista de precedências e durações (em dias):

Atividade	Predecessoras	Duração
A	Início	6
B	F	5
C	H	8
D	Início	4
E	D	8
F	D, A	7
G	F, E	5
H	G	7
Fim	C, B	–

Inicialmente, todas as durações de atividades foram estabelecidas considerando o assinalamento de 1 único programador para cada atividade. Em seguida, o gerente do projeto considera as possibilidades reais de alocação de recursos às atividades. O patrocinador do projeto informa ao gerente que ele dispõe de 3 programadores para executar o projeto e que estes estarão alocados até a finalização do projeto.

O GP estima que consiga reduzir a duração original das atividades em 30% caso 2 programadores sejam assinalados para cada atividade e em 40% caso 3 programadores sejam assinalados para cada atividade. Devido ao sistema de controle de cronograma da empresa, todas as durações fracionárias de 1 dia devem ser arredondadas para o inteiro imediatamente superior – p. ex., 2,2 dias será assumido como 3 dias.

Elabore um novo diagrama de rede considerando agora a possibilidade de adicionar mais recursos a cada atividade, mas levando em conta também a restrição de recursos disponíveis (até o limite de 3 programadores por atividade). Assuma que os recursos atribuídos a uma atividade são fixados durante a sua execução (não há possibilidade de remanejar recursos já comprometidos com uma atividade em andamento). Elabore também um cronograma de utilização dos programadores, indicando quais programadores estão em atividade em cada dia de execução do projeto.

1) Qual a duração total do projeto agora? A sua solução deve buscar minimizar o prazo total de execução.

2) Apresente um calendário de atribuição de atividades dos programadores, dia a dia, por toda a duração do projeto.

3) Considerando o valor de R$ 200,00 por dia de trabalho de um programador, qual o custo total do projeto?

   a. Considerando apenas os dias efetivamente trabalhados por cada programador.

   b. Considerando que os 3 programadores serão pagos pelo projeto por toda a duração deste, independentemente de terem atividades atribuídas a si em dias específicos.

ANEXO 10 – Análise do valor agregado em projeto de campanha de vacinação

Uma campanha de vacinação contra a gripe em idosos, do Ministério da Saúde, está organizada em 4 pacotes de trabalho, a saber:

- Transporte e distribuição (das doses da vacina)
- Divulgação
- Vacinação
- Estatísticas e relatórios

O projeto está planejado para ser executado em 3 meses e a um custo total de R$ 700.000,00, conforme a tabela de custos e duração abaixo:

PT	Valor Planejado-Mês 1 (× R$ 1.000)	Valor Planejado-Mês 2 (× R$ 1.000)	Valor Planejado-Mês 3 (× R$ 1.000)	Valor Planejado-Total (× R$ 1.000)
Transporte e Distribuição	100	0	0	100
Divulgação	100	100	0	200
Vacinação	0	150	150	300
Estatísticas e Relatórios	0	0	100	100
Totais	200	250	250	700

Ao longo da execução do projeto, as seguintes medições de progresso foram realizadas:

Final do Mês 1

PT	Transporte e Distribuição	Divulgação	Vacinação	Estatísticas e Relatórios
Progresso (%)	80	60	0	0
Custos Reais	100	100	0	0

Final do Mês 2

PT	Transporte e Distribuição	Divulgação	Vacinação	Estatísticas e Relatórios
Progresso (%)	100	90	35	10
Custos Reais	115	180	110	10

Final do Mês 3

PT	Transporte e Distribuição	Divulgação	Vacinação	Estatísticas e Relatórios
Progresso (%)	100	100	85	90
Custos Reais	120	185	315	80

Resolva as seguintes questões:

1) Esboce quatro gráficos contendo, cada um, as três curvas conceituais (sem valores específicos) das grandezas do AVA: valor planejado (VP), valor agregado (VA) e custo real (CR). Cada gráfico deve representar um dos quatro possíveis diagnósticos de projeto:

   a. Projeto veloz e econômico

   b. Projeto lento mas econômico

   c. Projeto veloz mas caro

   d. Projeto lento e caro

   Obs.: cada um dos quatro gráficos contém as três curvas em posições relativas que indicam cada diagnóstico.

2) Observe que o escopo do projeto (entregas e resultados) já foi apresentado em termos de seus valores monetários (como valor planejado). Sugira, para cada pacote de trabalho, entregas e resultados, com custos associados, que resultem nos valores indicados. Observe que esse passo – o de transformar escopo em dinheiro – é crucial para o planejamento e controle do orçamento e do projeto como um todo.

3) Ao final de cada mês apresente a situação de cada pacote de trabalho e do projeto como um todo, em termos de: (A) índices de desempenho de custo (IDC); (B) índice de desempenho de prazo (IDP); (C) percentual global

de conclusão do projeto (esse indicador se refere ao escopo efetivamente concluído do projeto).

4) Obtenha também uma estimativa de custo no término (ECT) para o projeto como um todo ao final de cada mês.

5) Qual a situação do projeto ao final do prazo inicial previsto para sua execução (final do 3º mês)? Sugira medidas que possam ser tomadas a partir desse diagnóstico.

ANEXO 11 – Estudo de caso – vinícola Santa Filomena[3]

A vinícola Santa Filomena é uma empresa produtora de vinhos bem estabelecida na região Sul do Brasil (situada no Vale dos Vinhedos, interior do Rio Grande do Sul), onde detém uma fatia importante no mercado de vinhos de média e alta qualidade. A empresa produz vinhos tintos, brancos e espumantes, sendo, porém, alguns rótulos tintos e espumantes os seus campeões de venda.

Em busca de uma estratégia de expansão, a vinícola, através de seu diretor-presidente, Jorge Mitarelli, e do seu Conselho Diretivo (formado por diretores das divisões da matriz e diretores regionais de maior destaque), optou por realizar uma expansão na região Nordeste do Brasil, decidindo por instalar uma filial na cidade de Recife, Pernambuco.

A lógica por trás dessa decisão passa pela oportunidade econômica que representa a região Nordeste, com ritmo de crescimento acima da média nacional, fato observado também no consumo de bebidas alcóolicas, inclusive vinhos. Some-se a isso que as vendas da Santa Filomena para a região NE são insignificantes e a filial de Recife poderia servir de base para uma presença mais forte não só em Pernambuco, mas também nos demais estados da região.

O projeto de criação e instalação da filial do Nordeste foi supervisionado de perto pelo diretor-presidente e realizado em tempo recorde. Em menos de seis meses a empresa estava organizada em Recife com uma unidade engarrafadora, uma unidade logística, um departamento de vendas e um departamento de publicidade. As unidades e cada departamento contavam com um diretor setorial cada. A filial como um todo seria dirigida por um diretor regional.

Os diretores de setor foram todos indicados pelo diretor-presidente, Jorge Mitarelli, sendo todos oriundos da região Sul e já empregados na matriz do Vale dos Vinhedos. Para o importante cargo de diretor de vendas, Jorge indicou Pedro Henrique Molina, funcionário de carreira da empresa, de 45 anos, que já havia trabalhado como diretor de vendas em outras filiais na região Sul.

Por outro lado, o Conselho Diretivo convenceu Jorge a contratar um diretor regional da própria região Nordeste, com o objetivo de acelerar a penetração de mercado, contando com uma pessoa que conhecesse bem a região.

---

[3] Inspirado em caso real, adaptado pelos autores. Estudo de caso para fins didáticos. Todos os nomes de pessoas, instituições e empresas são fictícios ou mera coincidência.

Foi selecionado para o cargo um jovem executivo de 35 anos, Cláudio Dias, natural de Recife, engenheiro de formação, mas com pós-graduação por uma das mais renomadas escolas de administração do país, e com experiência anterior como diretor operacional de uma grande empresa local do setor de distribuição de alimentos.

A operação da Santa Filomena no NE estava pronta para deslanchar. Os desafios eram enormes para dar resposta ao investimento da matriz. Embora o mercado de bebidas alcoólicas crescesse no NE, era particularmente desafiador o fator cultural: os nordestinos têm hábitos arraigados em torno da cerveja e da aguardente. Introduzir o vinho na cultura de massa local e disputar o acirrado mercado de média e alta renda da região requereriam uma estratégia criativa e arrojada, tanto de vendas quanto de publicidade.

Cláudio tinha um estilo dinâmico e procurava acompanhar todas as tarefas de seus diretores setoriais. Fazia passeios de surpresa pela unidade engarrafadora, conversava com os funcionários, aparecia de surpresa em reuniões de seus subordinados, chegava mesmo a sentar com eles em suas mesas de trabalho e verificar pessoalmente dados nas planilhas de controle. Procurava se certificar de que tudo corria conforme suas determinações e intervinha sempre que necessário no trabalho dos diretores setoriais.

Pedro Henrique, diretor de vendas, comandava um time de cerca de 20 promotores de venda, que tem a tarefa de visitar diretamente potenciais distribuidores (supermercados, lojas de conveniência, lojas especializadas, restaurantes, bares, hotéis etc.). Os promotores de vendas são jovens de menor experiência, recrutados na região, e que, via de regra, executam a estratégia de vendas desenhada por seu diretor. Seguindo uma diretriz específica de Pedro Henrique, eles possuíam autonomia para dar descontos fora do padrão estabelecido caso o volume do negócio o justificasse.

Das três unidades setoriais que comandava, Cláudio considerava, por razões óbvias, o departamento de vendas como o mais crítico para o sucesso da empreitada. E talvez por isso passou a acompanhar muito de perto o desempenho de Pedro como diretor.

Com poucos meses de convivência profissional, Cláudio passou a considerar o desempenho de Pedro insatisfatório. Observava o estilo gerencial de Pedro que era baseado em reuniões com os promotores de venda nas quais se discutia a estratégia padrão para abordar os distribuidores, dando espaço para os promotores de venda se manifestarem. A estratégia era ajustada de acordo com eles e os promotores estavam liberados para iniciarem as visitas da semana. Pedro optava por não visitar pessoalmente os distribuidores, mantendo contato telefônico eventual.

Cláudio considerava que essa "distância" entre Pedro e os clientes da vinícola não era adequada à cultura nordestina, mais afeita a um contato pessoal e informal. Certa vez sugeriu que Pedro marcasse almoços com os distribuidores, mencionando que muitos bons negócios eram fechados nesse tipo de ambiente, mais informal. Pedro fez ouvidos de mercador.

Numa outra oportunidade, em uma de suas visitas-surpresa ao setor de vendas, Cláudio conversou com um promotor de vendas que relatou a dificuldade que tinha de cobrar uma dívida de um dos distribuidores. O promotor informou a Cláudio que Pedro insistia que o próprio promotor deveria continuar negociando e encontrar uma solução. Cláudio, por sua vez, entendia que esse tipo de situação fugia da alçada do promotor de vendas e que o próprio Pedro deveria entrar em contato com esse distribuidor para resolver a situação. Cláudio reuniu-se com Pedro e perguntou-lhe sobre o caso. Pedro disse que considerava esse cliente difícil e que não acreditava ser capaz de recuperar a dívida, sugerindo que iria acionar a via judicial.

Cláudio se impacientou com aquela postura e ele mesmo marcou um almoço com esse cliente devedor. Entre uma taça de vinho e outra, colocando perspectivas de crescimento do negócio de vinhos e a má imagem que aquele distribuidor teria junto ao mercado se não saldasse a dívida, conseguiu um escalonamento desta e recuperou o cliente e o dinheiro. Ao saber do feito, Pedro se surpreendeu, mas também sentiu-se ofendido por tamanha intervenção em uma área que era de sua responsabilidade.

A partir daí o relacionamento entre os dois deteriorou-se mais. Isso também se dava pela postura reservada de Pedro, que não se envolvia com a maior parte dos eventos sociais informais da empresa (salvo os obrigatórios, como a festa de Natal). Pedro se esvaía de convites para *happy hour* com outros diretores e promotores de venda e raramente falava de sua vida pessoal. Poucos conheciam sua esposa. Ele procurava manter sua vida profissional e sua vida privada estritamente separadas.

Os colaboradores de Pedro (funcionários do departamento de vendas e os próprios promotores) reconhecem essa característica mais reservada, mas ao mesmo tempo observavam a sua capacidade de organização, planejamento e sistematização das tarefas do departamento, de forma que todos tinham muita clareza sobre suas responsabilidades. Também o consideravam uma pessoa que costumava ouvir e acolher as opiniões e sugestões de seus subordinados. Era ainda considerado uma pessoa ética e íntegra.

Ao final do 1º ano de atividades, a filial do Nordeste tinha números muito bons para apresentar. Um faturamento na casa do milhão de reais e um lucro de quase 17%, margem considerável para esse setor.

Em seu relatório gerencial anual, Cláudio enfatizou que o bom resultado devia-se à sua própria capacidade de liderança e gestão e a uma estratégia inteligente do departamento de publicidade que enfatizou os vinhos brancos e espumantes que poderiam ser servidos gelados, amenizando o calor nordestino. O departamento de publicidade era comandado por uma jovem executiva de 31 anos chamada Tereza Fernandes, cuja experiência anterior era também em publicidade (mas não como diretora) em outra filial da vinícola. Tereza era extrovertida e Cláudio não escondia sua admiração com o desempenho da jovem diretora (quase tão jovem quanto ele mesmo)

No relatório anual, Cláudio creditou pouco ou quase nada do resultado alcançado por Pedro e seu departamento de vendas. Ao contrário, no capítulo de avaliação de recursos humanos, afirmava que Pedro tinha uma "personalidade incompatível com a função e com a cultura local" e avaliava o seu desempenho global como "Regular", numa escala que tinha os níveis "Deficiente", "Regular", "Suficiente", "Bom" e "Excelente".

Pelas regras do departamento de recursos humanos da matriz da vinícola, Cláudio teria que discutir com Pedro pessoalmente o seu relatório de avaliação antes de enviá-lo para o Conselho Diretivo. Essa reunião correu em clima tenso e Pedro não aceitou o *feedback* negativo que recebia de seu diretor regional. Argumentava, dentre outras coisas, que ele tinha sim responsabilidade no sucesso alcançado naquele 1º ano e que seus promotores de venda eram focados e motivados.

Ao final da reunião, e com grande desgaste, Pedro conseguiu que Cláudio alterasse sua avaliação global de "Regular" para "Suficiente", após ameaçar enviar uma carta diretamente ao Conselho Diretivo contestando a avaliação se a nota "Regular" fosse mantida.

No relatório gerencial anual, Cláudio também poderia pedir providências ao Conselho e a Jorge Mitarelli sobre a situação de Pedro. Mas o que fazer? Pensava em algumas alternativas: pedir a demissão ou remoção de Pedro? Não conceder o bônus anual a Pedro – mesmo as metas de vendas tendo sido atingidas? Propor uma troca de posição de Pedro passando-o para o departamento de publicidade e trazendo a jovem Tereza Fernandes para dirigir as vendas? Ou ainda haveria alguma chance de Pedro transformar-se naquilo que ele, Cláudio, gostaria que ele fosse?

Essa dúvida o consumia e ele teria ainda alguns poucos dias para tomar uma decisão antes de viajar para o Sul, onde faria a apresentação dos resultados do 1º ano para o Conselho Diretivo e teria a oportunidade de conversar a sós com Jorge Mitarelli.

Ao mesmo tempo, Cláudio sabia que ele próprio estaria em breve passando por um processo de avaliação conduzido pelo diretor-presidente, no qual não apenas os resultados seriam avaliados, mas também a sua efetividade gerencial e relacionamento com os subordinados. Sendo um funcionário novato na vinícola, Cláudio também pensava sobre suas perspectivas de continuar liderando a filial nordestina e eventualmente ascender na hierarquia da Santa Filomena, como, por exemplo, sendo nomeado para compor o Conselho Diretivo.

Abaixo: Organograma parcial da vinícola Santa Filomena.

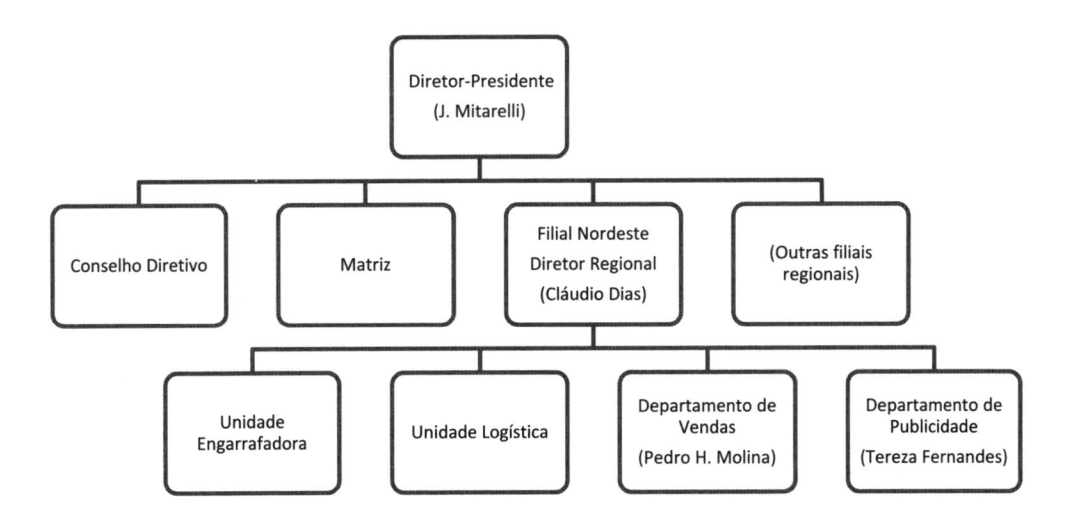

```
                    Diretor-Presidente
                      (J. Mitarelli)
                            │
    ┌───────────────┬───────┴───────┬───────────────┐
Conselho         Matriz      Filial Nordeste   (Outras filiais
Diretivo                    Diretor Regional      regionais)
                            (Cláudio Dias)
                                  │
            ┌─────────────┬───────┴──────────┬──────────────┐
         Unidade       Unidade         Departamento de   Departamento de
      Engarrafadora   Logística            Vendas          Publicidade
                                       (Pedro H. Molina)  (Tereza Fernandes)
```

ANEXO 12 – Elementos de um plano de gerenciamento das comunicações

- Utilização de ferramentas de comunicação eletrônica tais como *e-mails*, *chats* e redes sociais. Como serão utilizados serviços de armazenamento de arquivos do tipo "nuvem", se necessário.

- Definir o nível de sigilo e a facilidade de disponibilidade das informações do projeto. Haverá necessidade de conexões seguras e certificados de criptografia para *e-mails*?

- Publicações *web*: o projeto terá uma página *web*? Quais informações serão tornadas públicas e quais serão internas? Como será o processo de atualização?

- Relatórios: técnicos e gerenciais, temas específicos (custo, prazo etc.); formatos (eletrônicos e impressos); frequência com a qual os relatórios serão publicados.

- Reuniões: frequência e datas ou dias da semana de ocorrência; se haverá ata e quem se responsabiliza pela elaboração e posterior divulgação desta. Algumas reuniões específicas: reunião de partida do projeto (*kick-off meeting*), comitê de controle de mudanças, avaliação do desempenho da equipe, análise de riscos, desempenho geral do projeto, lições aprendidas, encerramento do projeto.

- Outras especificações de reuniões: quando, teor da reunião, participantes, objetivos, local, duração prevista, recursos multimídia necessários, responsável pela organização e convocação, possibilidade e forma de convocação de reuniões urgentes e extraordinárias.

- Exemplos de relatórios: estrutura analítica do projeto, relatório de cronograma (com diagrama de rede, gráfico de Gantt e percentual de completude de atividades), relatório de orçamento (com código de cores: verde – atividade com custo abaixo do previsto; amarelo – atividade com custo dentro do previsto; e vermelho – atividade com custo acima do previsto), relatório com análise do valor agregado, relatórios técnicos diversos.

- Estrutura de armazenamento e distribuição da informação: se será realizada através do *site* do projeto na Intranet da empresa ou utilizará hospedagem externa; necessidade de suporte e equipamentos de tecnologia da informação, necessidade de *softwares* especializados em gestão de projetos (p. ex., sistema de informação destinado a registrar as atividades do projeto, tais como a alocação de pessoal, calendário, geração automática de relatórios e gerenciamento dos documentos do projeto).

- Procedimentos para atualizar e acessar informações do projeto; ferramentas para trabalho colaborativo remoto e compartilhamento de arquivos, especialmente no caso de equipe geograficamente dispersa.

- Características do ambiente virtual colaborativo de trabalho, tais como possibilidade que os usuários exibam, atualizem e analisem informações sobre o projeto através de um navegador da *web*.

- Se o ambiente virtual colaborativo de trabalho já existe ou precisa ser adquirido; se a organização executora do projeto já fornece suporte de TI ou precisa ser contratado; se há custos específicos adicionais envolvidos com o gerenciamento das comunicações do projeto ou se estes serão considerados despesas administrativas compartilhadas e não serão incluídos explicitamente nos custos do projeto.

- No caso de necessidade de despesas imprevistas no processo de comunicação (p. ex., a realização de uma videoconferência fora da empresa), como lidar com essas despesas (se essas despesas podem ser alocadas dentro das reservas gerenciais do projeto)?

- Outras necessidades que deem suporte às comunicações, tais como uma sala de reuniões com respectivos equipamentos, como quadro branco, *flipchart* etc.

Tabela-resumo dos eventos de comunicação do projeto

Verifique se as principais partes interessadas no projeto estão devidamente cobertas pelos eventos de comunicação que você estabelecer. Considere as necessidades de comunicações gerenciais, técnicas, com as partes interessadas externas, clientes e usuários, conforme o caso.

Evento#	Descrição/ Conteúdo/ Objetivo	Destinatário(s)/ Convidado(s)	Responsá- vel(is)	Modalidade ou Meio*	Local	Periodici- dade	Data/ Hora

* Intranet, *e-mail*, *website*, fone, audioconferência, videoconferência, reunião, mídia impressa/falada/televisada, entrevista coletiva, redes sociais (especificar), palestra, seminário, relatório, apresentação com projetor, *chat*, memorando, desenho técnico (planta, diagrama etc.).

ANEXO 13 – Caso do projeto do Boeing 787

Em 2003, a fabricante de aeronaves Boeing decidiu iniciar o desenvolvimento de uma aeronave inovadora: o Boeing 787, cujo objetivo era manter a posição de fronteira tecnológica da companhia frente a sua maior rival, a Airbus, que estava preparando o maior jato de passageiros do mundo, o A380.

O desenho do 787 incluía inovações para melhorar o conforto e a experiência de voo do passageiro. Por exemplo, as janelas são significativamente maiores que as dos jatos convencionais e regulam automaticamente a entrada de luz na cabine. Ao mesmo tempo, objetivavam-se também melhorias significativas no custo operacional e flexibilidade de voo da nova aeronave com vista a atrair seus clientes imediatos, ou seja, as empresas aéreas de passageiros.

Nesse sentido, 50% da fuselagem seriam feita de um novo composto à base de carbono, mais leve que o alumínio e que representaria menor peso, maior eficiência de combustível, maior alcance de voo e alta velocidade, reduzindo o tempo das viagens. Dessa forma, a Boeing pensava em divulgar o 787 como capaz de fazer mais voos diretos ou com menos escalas e em menos tempo. Esse novo material também permite manter níveis de umidade e pressão dentro da cabine mais confortáveis para os passageiros.

Com essas vantagens, o 787 seria, na visão da Boeing, um grande sucesso de vendas e, de fato, os pré-pedidos da aeronave bateram todos os recordes.

Após desenvolver o projeto básico e as especificações da aeronave, a Boeing elaborou uma arrojada rede de fornecedores externos e optou por terceirizar partes significativas do projeto (ver Ilustração 1). O nível de terceirização foi inédito: cerca de 70% do esforço do projeto seria desenvolvido por parceiros contratados, enquanto esse nível tinha sido de, no máximo, 30% em projetos anteriores. Objetiva-se com isso reduzir o prazo de desenvolvimento de seis para quatro anos e o custo do projeto de US$ 10 bilhões para US$ 6 bilhões.

A estratégia de terceirização foi organizada em três níveis hierárquicos e englobava mais de 700 fornecedores de todo o mundo. Os fornecedores de nível 2 integravam componentes produzidos pelos fornecedores de nível 3. Dessa forma, boa parte do desenvolvimento poderia ser paralelizado enquanto aproveitaria o *expertise* técnico dos diversos parceiros. À Boeing caberia apenas a montagem final de grandes estruturas e sistemas da aeronave fornecidos já completos pelos parceiros (ver Ilustração 2). Dessa forma, a Boeing colocou-se no papel inédito de ser mais uma integradora e menos uma fabricante de aeronaves, eliminando atividades típicas de manufatura, como logística e manutenção de estoques.

Os contratos com os fornecedores foram feitos de forma a dividir o risco entre a Boeing e os parceiros. Os fornecedores só receberiam todo o pagamento quando o 787 fosse testado com sucesso. Em compensação, em caso de sucesso, os parceiros teriam participação na propriedade intelectual das inovações geradas.

Para a gerência e controle dos contratos, a Boeing optou por usar pesadamente ferramentas de tecnologias da informação para comunicação remota, evitando, assim, altos custos de visitas e inspeções nas sedes dos parceiros. A expectativa da empresa era de montar o primeiro 787 em apenas três dias após receber as partes estruturais e sistemas desenvolvidos pelos fornecedores externos em sua planta nos Estados Unidos. Após o anúncio da iniciativa, as ações da Boeing subiram significativamente e o programa foi iniciado com expectativa de lançamento da nova aeronave para meados de 2007.

Discussão

Considere-se na posição de um executivo da Boeing revisando o plano do projeto antes do início da fase de execução com vistas a identificar os principais riscos dele. Com base nas informações acima, analisando os aspectos gerenciais e técnicos desse projeto, identifique os seus principais riscos e relacione-os também com a gestão das comunicações, da qualidade e das aquisições. Depois, pesquise na Internet sobre o desfecho desse projeto.

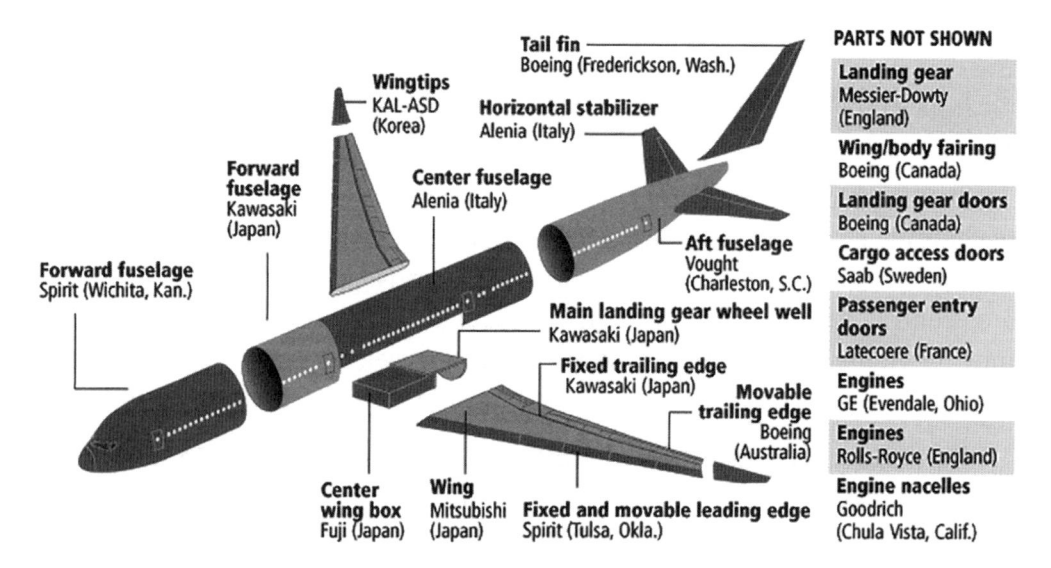

Ilustração 1
Fonte: Boeing 787 Assembly, making of the Dreamliner. Disponível em: <http://bintang.site11.com/Boeing_787/Boeing787_files/Assembly.html>. Acesso em: 3 nov. 2013.

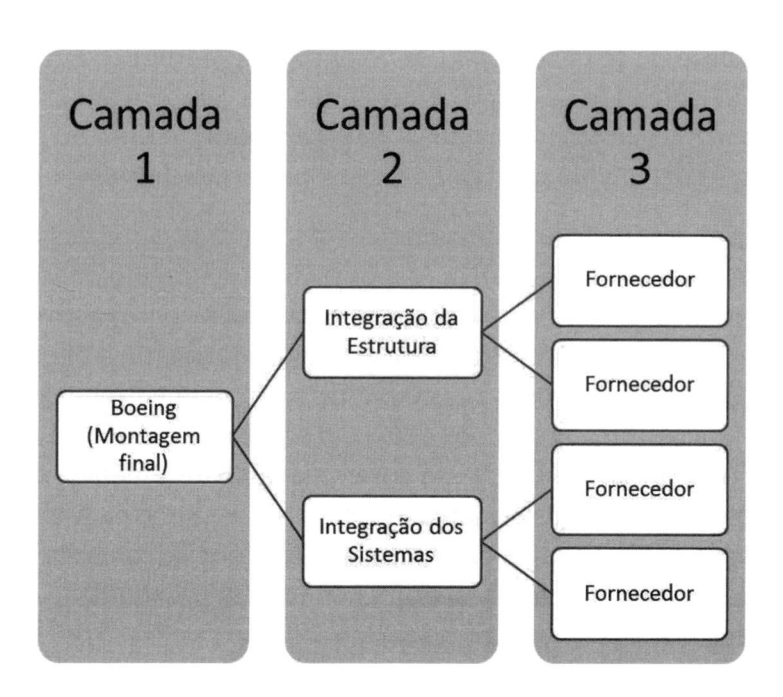

Ilustração 2
Fonte: Adaptada da referência bibliográfica nº 39.

ANEXO 14 – Caso do Projeto de escavação de dutos[4]

Ler e discutir o caso abaixo sob os aspectos da gestão das comunicações, riscos e aquisições.

Davi é proprietário de uma pequena empresa de escavação de dutos, especializada em serviços de instalação de cabeamento subterrâneo para fibras ópticas em grandes cidades. Recentemente conseguiu um contrato para a área central de uma grande metrópole. A região é de ruas estreitas e bastante movimentada, ao contrário das zonas residenciais emergentes, de bairros mais periféricos, com ruas e avenidas mais largas, nas quais costuma trabalhar.

De toda forma, este deveria ser mais um contrato de escavação sem maiores problemas, similar a diversos concluídos com sucesso anteriormente. Em resumo, o projeto consistia em fazer as escavações dos dutos, bem como das caixas de entroncamento nas quais equipamentos de distribuição de sinal eram enterrados. A fibra óptica e os equipamentos propriamente eram responsabilidade de uma outra empresa, que entrava com sua parte do trabalho conforme a tarefa de Davi e sua equipe avançava.

Na execução de seus projetos, Davi conta com Marinho, seu "mestre de obras", e que comanda a equipe de escavação em campo. Para esse projeto, Davi escalou 18 trabalhadores manuais e 6 escavadeiras. A duração prevista era de 9 semanas com um prêmio-bônus caso a obra se concluísse em 8 semanas.

Com o projeto iniciado, Davi voltou-se para outras licitações e entregou o trabalho a Marinho. Duas semanas após o início do projeto, Marinho pediu uma reunião com o chefe e expôs o problema: tinha conseguido executar o equivalente a uma semana de trabalho, em duas semanas de cronograma. Era um atraso de 50%! Motivo: as ruas estreitas e o movimento intenso da área central da cidade dificultavam por demais o movimento das escavadeiras. O ritmo de movimentação de terra era aproximadamente a metade do que eles tinham costume em outros projetos. Além disso, a equipe de Davi tinha que disputar espaço com a equipe que lançava a fibra ótica, requerendo com frequência que eles retirassem seus equipamentos das proximidades para girar os braços dos tratores.

---

[4] Caso inspirado em fatos reais. Adaptado pelos autores. Qualquer semelhança com nomes e circunstâncias é mera coincidência.

A notícia era particularmente ruim para Davi, pois ele já contava com prêmio significativo em caso de antecipação de prazo, o que aumentaria o lucro do projeto. Ele não queria atrasos!

Sua primeira decisão foi marcar uma reunião com o chefe da equipe de lançamento da fibra. Mostrou a ele que as duas equipes deveriam manter uma certa distância de trabalho para uma melhor ocupação dos espaços, mesmo que isso implicasse um pequeno atraso do início dos trabalhos de lançamento da fibra. Como o sucesso do projeto para o cliente dependia na verdade de as duas equipes concluírem suas atividades, acabaram concordando que essa coordenação de esforços seria proveitosa para ambos.

Esse acerto era importante, mas não resolvia o problema do atraso já acumulado ao final da 3ª semana de cronograma. Para recuperar o tempo perdido seria necessário aumentar a equipe e a produção. Por outro lado, Davi já tinha comprometido o restante de sua equipe em outro projeto paralelo. Marinho então sugeriu que subcontratassem o serviço de uma concorrente com a qual mantinham boa relação. Marinho estava ciente de que a concorrente estava com alguns trabalhadores ociosos naquele momento. Dito e feito, a concorrente concordou com os termos de Davi e disponibilizou sua equipe.

Davi também decidiu que a equipe extra deveria trabalhar no turno da noite, quando o movimento de pessoas é menor na área central e a produtividade seria maior. Assim, ele acreditava que conseguiria reverter o atraso.

O contrato com a concorrente era do tipo "reembolso": Marinho poderia requerer certo número de trabalhadores por semana, até um limite. A fatura viria no mês seguinte.

Davi e Marinho estimaram que, com a maior produtividade, seriam necessários em torno de 6 a 8 trabalhadores por turno noturno para recuperar o ritmo da obra. Haveria um custo extra, sem dúvida. Mas o custo estimado era aproximadamente o valor do bônus por antecipação do prazo e o lucro original do projeto se manteria intacto. Davi diz a Marinho: "Temos que antecipar a meta de cronograma a qualquer custo!"

Novamente, Davi se voltou para seu outro projeto paralelo. Manteve contatos telefônicos com Marinho confirmando que tudo corria bem agora. Ao final da 7ª semana de trabalho (a 4ª com a equipe extra), Marinho confirmou que a obra estava novamente no ritmo planejado e que a concluiriam em 8 semanas como desejado.

Quando tudo parecia se encaminhar para um final feliz, Davi recebeu a fatura da sua concorrente relativa ao pagamento da equipe extra noturna. Tomou um susto: Marinho havia, na verdade, requisitado em média 12 trabalhadores por turno nas últimas 3 semanas, aumentando significativamente o custo do projeto. Ao fazer as contas na ponta do lápis, o custo da equipe extra terminou por consumir não só o bônus, mas também todo o lucro e levando Davi a um prejuízo final de R$ 10.000,00 naquele projeto.

Enfurecido, Davi marca uma conversa com Marinho para esclarecer o que havia acontecido.

E você, o que acha que aconteceu? De quem é a culpa?

Estude as circunstâncias do caso considerando aspectos de gerenciamento das comunicações, dos riscos e das aquisições.

ANEXO 15 – Elementos do registro de riscos

Parte 1 – Identificação

- Código identificador
- Pessoa que identificou
- Data da identificação
- Sentença estruturante: causa/risco/impacto
- Proprietário do risco
- Categoria(s) EAR relacionada(s)
- Pacotes de trabalho afetados (ou risco global)
- Partes interessadas afetadas

Parte 2 – Análise

- Probabilidade (Escala)
- Impacto (Escala)
- Objetivo(s) de projeto impactado(s) (custo, escopo, prazo, qualidade ou risco global)
- Índice do Risco (P × I)
- Urgência de tratamento?

Parte 3 – Respostas

- Resposta(s) definida(s)
- Gatilho(s) ou sintoma(s)
- Orçamento e recursos necessários à(s) resposta(s)
- Proprietário de cada resposta
- Informações sobre detalhamento de planos de contingência (opcional)

Parte 4 – Monitoramento

- *Status* do risco (ativo/inativo)
- Data da inativação (quando ou se ocorrer)
- Data das informações de *status* (ver abaixo)
- *Status* da implementação da(s) resposta(s)
- Comentários sobre efetividade da(s) resposta(s) (opcional)
- *Status* da reserva gerencial de orçamento (opcional)
- *Status* da reserva gerencial de prazo (opcional)
- Gráficos de evolução de indicadores de gestão de riscos (opcional)
- Gráficos de evolução dos desempenhos de custo, prazo e das reservas (opcional)

ANEXO 16 – Formulário para registro de riscos

ID	CAUSA/RISCO/ IMPACTO	RESPOSTA	OBJETIVOS AFETADOS (E, P, C, Q, G)*	Prob.	Imp.	P × I
1						
2						
3						
4						
5						
6						
7						
8						
9						
10						
11						
12						
13						
14						
15						
16						
17						
18						
19						
20						

* E = Escopo, P = Prazo, C = Custo, Q = Qualidade, G = Global.

ANEXO 17 – Alterações de escopo demandadas pelo cliente

Ler e debater a abordagem de gerenciamento do escopo e dos riscos no caso real apresentado a seguir:

Em um projeto de um trem de alta velocidade, a firma executora do projeto baseou seu *design* de engenharia em projetos similares onde houve sucesso em termos de satisfação do cliente. O contrato foi fechado e os trabalhos iniciados.

No entanto, após alguns meses, o time de avaliadores técnicos do cliente começou a demandar especificações de desempenho que iam além do que era tipicamente esperado em projetos similares.

Um exemplo dessas demandas era relativo à impermeabilização contra chuva. O cliente alegava que as portas do trem não proviam o isolamento contra água de chuva suficiente. Em condições de teste extremas, de chuvas torrenciais, uma gotícula de água formava-se na parte interna da porta. O cliente exigia que nenhuma gota de água adentrasse o veículo, mesmo reconhecendo que, em tais condições de chuva, os próprios passageiros trariam, eles mesmos, muito mais água para dentro do trem que o pequeno vazamento.

A empresa contratada alegou que nunca as portas de um trem haviam atingido tal nível de impermeabilização, e que aquele nível de especificação era compatível com as portas de um avião.

O cliente, porém, não abriu mão de sua exigência e demandou que novos materiais e métodos de vedação fossem desenvolvidos especificamente para o projeto.

A empresa contratada redesenhou, então, as portas. Um relatório técnico detalhado foi apresentando com o novo desenho, bem como os impactos cruzados no desenho de outros componentes relacionados, e estimativas de atraso e custo adicionais dessa alteração.

O cliente levou algumas semanas analisando se valeria mesmo a pena atrasar ainda mais o projeto para atender àquela especificação. Finalmente veio a aprovação da mudança. A discussão, o redesenho e a aprovação da mudança das portas por si sós atrasaram o projeto em cerca de 8 semanas. Outras 12 semanas foram necessárias para a implementação das mudanças.

ANEXO 18 – Estudo de caso – construção do Canal do Panamá

A primeira tentativa de construir o Canal do Panamá ocorreu nas décadas de 1880 e 1890. Visto como um negócio altamente lucrativo para quem o explorasse, ligando os oceanos Atlântico e Pacífico, era um sonho acalentado por muitas nações. Paris era o centro cultural do mundo na época e de lá saiu o primeiro consórcio decidido a construir o Canal.

O Canal de Suez havia sido completado em 1869, sendo um grande sucesso comercial. O "engenheiro" responsável pela obra do Canal de Suez era Ferdinand De Lesseps. Lesseps não era engenheiro por formação, mas sim um diplomata, com pouca ou nenhuma capacitação técnica para empreendimentos dessa natureza e apenas algumas poucas noções administrativas. Sua maior virtude era a capacidade de negociar e inspirar confiança em potenciais investidores sobre a viabilidade e sucesso de empreitadas de grandes proporções. O sucesso retumbante do Canal de Suez, para muitos uma obra impossível, fez dele o líder natural do projeto para a construção do novo Canal no Panamá.

De Lesseps foi bem-sucedido em conseguir levantar a soma de 60 milhões de dólares com investidores interessados em explorar o canal. Sua habilidade diplomática e capacidade de negociação foram fundamentais para montar o consórcio que poderia dar início às obras. A estimativa inicial é de que o custo total da obra giraria em torno de 200 milhões de dólares em 12 anos de trabalho. De Lesseps estava seguro de que o progresso do trabalho na obra nos primeiros anos motivaria novos investidores a aportar o restante dos recursos financeiros necessários.

Durante o mês de junho de 1879, foi realizado em Paris o planejamento do projeto focado exclusivamente na execução técnica da obra, orçamento e cronograma. Para tanto, a equipe de engenheiros que tocaria a obra utilizou mapas e cartas geográficas disponíveis à época da região do Panamá. As duas costas do Atlântico e do Pacífico estavam separadas por aproximadamente 100 km de distância e o terreno entre elas possuía um desnível que não foi possível precisar. De Lesseps visitou pessoalmente o Panamá pouco antes de a obra começar.

Sendo um otimista inveterado e muito autoconfiante, De Lesseps decidiu empregar no Panamá a mesma estratégia bem-sucedida utilizada na construção do Canal na planície de Suez: o canal seria construído ao nível do mar, através de um rasgo entre a costa do Pacífico e a costa do Atlântico. A solução de construção no nível do mar é tecnicamente simples, embora o esforço envolvido seja considerável.

A equipe de engenharia chegou a sugerir uma alternativa baseada em represamento de água em lagos artificiais com diferentes elevações. Mas De Lesseps argumentou que a construção do canal ao nível do mar já havia se provado bem-sucedida e esta acabou sendo a estratégia adotada inicialmente. Dessa forma, para iniciar as construções, máquinas mecânicas escavadeiras seriam transportadas para o Panamá no início de 1880.

Alguns assessores de De Lesseps comentaram sobre o clima tropical do Panamá com chuvas torrenciais frequentes e a alta salinidade e umidade do ar. Havia também notícias sobre surtos repentinos de doenças como malária e febre amarela. De Lesseps, no entanto, desconsiderou que esses riscos pudessem ter algum impacto realmente sério sobre o projeto.

Questões propostas:

1) Baseado no relato acima, identifique as falhas no processo de planejamento do projeto.

2) Suponha que você assuma a gerência desse projeto no ponto em que o relato acima termina. Quais medidas você tomaria para melhorar a chance de sucesso desse projeto?

3) Pesquise na Internet sobre o desfecho desse famoso projeto.

ANEXO 19 – Estudo de caso – Ford Pinto

Ler e debater sobre a aplicação de análise de custo-benefício no gerenciamento de risco de um projeto real no setor automobilístico.

A Ford Motor Company dos Estados Unidos introduziu o modelo compacto Ford Pinto em 1970 para concorrer com o VW Fusca e outros carros compactos japoneses que começavam a entrar com maior penetração no mercado norte-americano. O presidente da Ford à época, Lee Iacocca, queria um modelo leve e que custasse menos de dois mil dólares. A restrição de custo era bastante importante no projeto. Um time de engenheiros e *designers* foi organizado para projetar o automóvel. O *design* escolhido era de um automóvel curto, especialmente na traseira, parte do veículo que incluía também o tanque de combustível.

Em 1972, um acidente em uma batida por trás em um Ford Pinto resultou na explosão do tanque de combustível, levando à morte um passageiro e queimaduras graves em outro. O acidente resultou em uma ação judicial do sobrevivente que buscava uma indenização e que foi julgada em 1977. A acusação baseava-se na alegação de que o carro tinha uma falha estrutural que expunha o tanque de combustível a um risco excessivo de explosão em caso de colisão traseira. A acusação apresentou estatísticas que mostravam que embora o Pinto correspondesse a 1,9% da frota de automóveis americana da época, os acidentes fatais por colisão traseira envolvendo o veículo representavam 4,1% do total.

A controvérsia ganhou maior relevância quando, durante o julgamento, um artigo em uma revista popular alegava ter tido acesso a um relatório interno da Ford, datado da fase de projeto do automóvel, em que uma análise de custo-benefício foi realizada apresentando diversas alternativas técnicas para a localização do tanque de combustível. O relatório, alegava a revista, mostrava que a Ford precisaria acrescentar um protetor para o tanque de combustível ao valor de US$ 11 por veículo, visando mitigar o risco de explosão. A análise de custo-benefício estimava em 12,5 milhões o total de carros vendidos ao longo da vida útil do produto. Dessa forma, a Ford precisaria investir 137 milhões para mitigar o risco em todos os veículos produzidos.

O relatório indicaria ainda os potenciais custos de indenizações que a fábrica teria que pagar em casos de explosão. A Ford estimara que ocorreriam 180 mortes por explosões do tanque de combustível ao custo de indenização de 200 mil dólares por morte. Considerou, ainda, gastos com seguro-saúde de 180 feridos de 67 mil dólares para cada um. A conclusão do relatório indicava que correr o risco de explosão custaria à Ford 49 milhões de dólares, bem menos que o custo de mitigar o risco.

Após a reportagem ser publicada, surgiu um clamor popular e a justiça americana concedeu uma indenização de US$ 2,5 milhões ao sobrevivente do acidente de 1972 e multou a Ford em mais US$ 3,5 milhões pela intenção deliberada de não corrigir a falha de projeto. Logo em seguida, em 1978, a Ford iniciou o *recall* de todas as unidades do Pinto para instalar o protetor do tanque de combustível para a prevenção de novas explosões em colisões traseiras. Ao todo, 27 mortes foram atribuídas a explosões do tanque de combustível do automóvel.

Posteriormente, a Ford demonstrou que o relatório interno, embora existisse, não era uma análise voltada especificamente para o Pinto, mas na verdade uma avaliação dos riscos envolvendo todos os modelos com tanques de combustível traseiros, em produção nos Estados Unidos, de todas as marcas, e endereçado à agência reguladora de transportes terrestres norte-americana. Os custos de indenização usados na análise de custo-benefício eram aqueles sugeridos pela própria agência reguladora. Mesmo assim, o prejuízo à imagem da montadora causado pelo erro de *design* de projeto foi sentido e o veículo teve sua produção descontinuada em 1980, sendo substituído pelo Ford Escort.

ANEXO 20 – Análise quantitativa de risco utilizando árvore de decisão

Decisão sobre seguro residencial utilizando árvore de decisão

O morador de uma residência está analisando opções para segurar os bens que nela estão contra um possível assalto, pelo período de um ano. Ele estima que o valor total dos bens na residência soma R$ 20.000,00.

A estatística de crime na região indica que a probabilidade de sua casa ser assaltada no prazo de um ano é 3%. Caso o assalto ocorra, as perdas seriam de 10%, 20% ou 40% do total de bens com probabilidades de 50%, 35% e 15%, respectivamente.

As opções de que ele dispõe são as seguintes:

- A companhia A oferece um seguro de R$ 150 por um ano e garante substituir quaisquer perdas na eventualidade de um assalto.

- A companhia B também cobre quaisquer perdas com um seguro de R$ 100 por um ano, mas com uma franquia de R$ 50 na eventualidade de um assalto.

- A companhia C oferece um seguro de R$ 75 por um ano, mas reporá apenas 40% de qualquer perda na eventualidade de um assalto.

Qual a decisão que esse morador tomará visando minimizar o seu custo anual com seguro residencial? Note que não fazer seguro também é uma opção.

Utilize uma árvore de decisão para auxiliá-lo e considere as 4 opções (as 3 companhias de seguro e a opção de não fazer seguro). Você poderá tomar uma decisão ao calcular o valor esperado do custo global de seguros e perdas com assaltos de cada alternativa.

ANEXO 21 – Perguntas para guiar sessão de lições aprendidas em projetos

1. Qual o principal erro cometido nesse projeto? Como abordaremos essa questão em um próximo projeto de forma a evitar esse erro?

2. Qual o principal acerto obtido nesse projeto? Como podemos garantir que essa boa prática seja absorvida em projetos futuros?

3. Especificações foram alteradas apenas através de um controle formal de mudanças?

4. Reuniões de *status* e/ou progresso e/ou técnicas foram realizadas na frequência adequada e conduzidas de forma honesta e clara?

5. A documentação do projeto foi consistente e disponibilizada?

6. O patrocinador do projeto deu o suporte adequado? As partes interessadas externas colaboraram de forma adequada?

7. A infraestrutura física e material (ambiente) para execução do projeto foi adequada?

8. As dependências externas, incluindo revisores externos, consultores e participação do cliente, funcionaram adequadamente?

9. Houve envolvimento adequado das partes interessadas (patrocinadores, executivos etc.)? Se não, como poderemos envolvê-las mais em um próximo projeto?

10. O esforço envolvido no projeto foi maior, menor ou equivalente ao que nós planejamos e esperamos inicialmente? Se houve discrepância, qual sua provável origem?

11. Que processos de gerenciamento funcionaram bem e quais funcionaram mal?

12. As responsabilidades foram assinaladas corretamente no projeto? Alguém acha que poderia ter sido mais bem alocado a outra atividade ou pacote de trabalho?

13. As comunicações fluíram bem no projeto, tanto na frequência como no método? As informações sobre o gerenciamento do projeto chegaram

às partes interessadas? Os relatórios técnicos e a documentação foram adequados?

14. Os riscos do projeto foram adequadamente tratados? Sinais de alerta foram notados e tratados? Houve abertura e liberdade para falar em ameaças ao projeto? Soluções e medidas preventivas foram encaminhadas?

15. O projeto tinha um plano de comunicação?

16. Planos foram revisados periodicamente com responsáveis e alterações devidamente comunicadas (por exemplo, cronograma e orçamento)?

17. Os eventos de comunicação tiveram um responsável definido?

18. Os papéis e responsabilidades das pessoas foram claramente definidos e comunicados à equipe e às partes interessadas?

19. A fluência da comunicação foi adequada: com o gerente? Dentro da equipe? Com as partes interessadas externas?

20. O gerente e/ou patrocinador providenciou *feedback* de desempenho? De maneira adequada?

ANEXO 22 – Estudo de caso – projeto Iridium[5]

Para subsidiar a discussão do tema gestão de portfólio de projetos, apresentamos um famoso caso de projeto no setor de telecomunicações, o caso do projeto Iridium. Tratou-se de um ambicioso projeto para criar um sistema de telefonia global por satélites na década de 1990.

A Motorola, a companhia que criou o sistema Iridium, já tinha um histórico de produtos inovadores baseados em avanços tecnológicos. A especialidade da Motorola sempre foi a comunicação sem fio por rádio. Foi a Motorola quem inventou os primeiros rádios automotivos de preço popular na década de 1930, criou os primeiros rádios do tipo *walkie-talkie* que serviram ao exército americano na Segunda Guerra Mundial e ainda fabricou os primeiros aparelhos portáteis de televisão. Mesmo com todo esse histórico favorável de inovação, o projeto Iridium era um desafio tecnológico importante para a empresa.

Em 1987, notando a demanda por serviços de telefonia móvel, e considerando a cobertura limitada oferecida pelos sistemas de telefonia celular analógicos da época, três engenheiros da empresa propuseram um sistema de telefonia móvel por satélite. Originalmente composto por 77 satélites (daí o nome do projeto, Iridium, que é o elemento químico cujo número atômico é 77), localizados à baixa órbita, a meta do projeto era prover telefonia móvel, com telefones portáteis, em qualquer parte do planeta, através de uma única rede planetária. A competição nesse nicho era pequena, com algumas pequenas empresas oferecendo serviço similar através de satélites de altas órbitas e equipamentos caros e não portáteis. Os satélites de baixa órbita de Iridium iriam resolver esse e outros problemas técnicos, como o atraso na comunicação que era irritante para os clientes das companhias competidoras. Uma desvantagem prática, porém, é que satélites à baixa órbita não são geoestacionários.

O desafio tecnológico era enorme: interligar a rede de satélites no espaço, enquanto os satélites se movimentam rapidamente, a uma rede de centrais telefônicas na Terra para que as chamadas fossem roteadas de ou para seus destinos finais na rede de telefonia fixa convencional. Embora a avaliação de risco técnico inicial tenha sido negativa, a ideia ganhou corpo dentro da

---

[5] O caso se refere à primeira companhia de nome Iridium posta em operação no final da década de 1990. Posteriormente a massa falida foi adquirida por um grupo de investidores e posta em operação através de uma nova companhia com o mesmo nome.

Motorola e eventualmente chegou aos ouvidos do presidente da companhia, Robert Galvin, que aparentemente se apaixonou pelo projeto.

Em 1991 o projeto se iniciou com a criação de uma companhia em separado para desenvolver e operar o sistema. A companhia tinha a Motorola entre seus sócios principais, mas também participavam da sociedade diversos outros investidores, necessários ao levantamento da grande soma de capital a ser investida no projeto. Ao longo de sete anos e ao custo de US$ 5 bilhões, o trabalho de desenvolvimento tecnológico seguiu conforme o plano e a rede de satélites foi posta no espaço e tornada operacional em novembro de 1998, onze anos após sua concepção inicial. As ações da companhia operadora do Iridium abriram na Bolsa de Valores de Nova Iorque a $ 20 por ação e alcançaram o pico de $ 72 no ano de lançamento do serviço.

Em seu discurso de inauguração, o CEO da operadora do serviço, Edward Staiano, afirmava que as aplicações da rede Iridium eram "sem fronteiras: homens de negócios viajando pelo mundo e com necessidade de contato permanente com suas matrizes, indústrias operando em locais remotos, organizações de ajuda humanitária operando em áreas de desastre – todas essas pessoas e organizações encontrarão resposta para suas necessidades de comunicação através de Iridium".

A campanha publicitária de lançamento do serviço custou US$ 150 milhões e enfocava a liberdade de se comunicar em qualquer lugar do mundo, apresentando pessoas felizes em diversos locais remotos, bem como em situações do dia a dia em cidades grandes, utilizando livremente e com facilidade os terminais Iridium. Havia uma grande ênfase no pioneirismo tecnológico da Iridium por ser o primeiro serviço realmente global de telefonia.

Mesmo considerando as simplificações de peso, tamanho e potência trazidas pela baixa órbita dos satélites, os telefones Iridium ainda pesavam cerca de 1 kg e custavam US$ 3.000 quando do seu lançamento. O custo do minuto falado ficava entre US$ 3 e US$ 8. Uma limitação técnica, conhecida desde o início do projeto, era que o serviço requeria uma linha de visada direta (desobstrução total) entre o telefone e o satélite, impedindo o seu funcionamento dentro de prédios e locais fechados.

O fluxo de caixa de Iridium requeria a meta mínima de 50.000 assinantes ao final do 1º ano de operação para se manter viável financeiramente. A projeção da Motorola quando do lançamento do serviço era que essa meta seria batida com folga, projetando-se 100.000 assinantes ao final do 1º ano. Essa necessidade de captação agressiva de assinantes devia-se ao altíssimo custo operacional do sistema, em escala mundial, bem como devido ao pagamento dos juros dos credores e sócios que participaram diretamente no levantamento do capital investido no projeto.

Em agosto de 1999, apenas 10 meses após o início de suas operações, com pouco mais de 20 mil assinantes, a operadora de Iridium, já devendo US$ 1,5 bilhão em custos operacionais e juros de dívidas, declarou falência.

Como isso pôde acontecer? Tratava-se de um projeto tecnicamente bem-sucedido, gerenciado magistralmente, e que alcançou grande inovação tecnológica em sua época. O projeto foi entregue dentro do prazo, do orçamento e do escopo originais, sendo, portanto, um absoluto sucesso do ponto de vista do gerenciamento de projetos.

A resposta pode parecer surpreendente, se não chocante. Quando do seu lançamento, em 1999, Iridium tinha pouco a oferecer a seus potenciais clientes – o foco principal do plano de negócios original seriam homens de negócios viajando pelo mundo. Ocorre que no interim entre 1991 e 1998 as tecnologias de telefonia móvel terrestre evoluíram tremendamente, passando a ser digitais e oferecendo *roaming* internacional, o que interligava redes de diferentes países de forma quase transparente ao usuário. Somente a rede europeia baseada na tecnologia GSM alcançou quase 500 milhões de assinantes por volta do ano. A variedade de terminais, com preços e tamanhos apelativos aos consumidores, e preços das chamadas muito menores que os praticados por Iridium, tornaram a telefonia móvel por satélite simplesmente não competitiva. Além de tudo, o telefone móvel terrestre funcionava adequadamente dentro de prédios.

O mercado consumidor de Iridium havia sido superestimado. Quando do seu lançamento, era composto de pessoas em situações muito mais particulares, tais como velejadores, aventureiros, repórteres em zonas de guerra e outros visitantes de áreas remotas sem infraestrutura de telefonia móvel.

Iridium é um exemplo de projeto executado de forma impecável, mas cujo alinhamento com a estratégia da empresa erodiu-se com o tempo. A falha gerencial se encontra, portanto, em níveis mais altos da empresa patrocinadora (no caso, a Motorola). O comitê executivo da Motorola falhou em não revisar o alinhamento entre os objetivos do projeto Iridium e os objetivos estratégicos da empresa em face de alterações significativas no mercado e na tecnologia de telefonia móvel ao longo do ciclo de vida de desenvolvimento do projeto. Um fator que pode ter contribuído para que os altos executivos da empresa não "matassem" o projeto, mesmo quando ficou claro o seu destino fatal, foi o nível de comprometimento público da Motorola com o sucesso do projeto, levando a impressão de que o insucesso do projeto traria prejuízos para a imagem da empresa e tornando politicamente impossível trazer o assunto à tona na alta direção da Motorola.

ANEXO 23 – Gestão do portfólio de projetos

Considere as seguintes oportunidades de investimentos em projetos candidatos a compor o portfólio de uma empresa de porte nacional sediada no Nordeste brasileiro. Os projetos abrangem um horizonte de 3 anos do planejamento estratégico da organização.

A. Abrir escritório de representação na região Sul

B. Nova linha de produto (para classes AB, alto-padrão)

C. Nova linha de produto (para classes C/D/E)

D. Implantação de ISO 9000 na Fábrica do Sudeste

E. Modernização da Fábrica no Nordeste

F. Internacionalização (exportação para países do Mercosul)

G. Novo sistema de automação comercial

Para o processo de gestão do portfólio, os gerentes das respectivas unidades de negócios fizeram estimativas de investimento, recursos necessários, receita, necessidade de novas tecnologias de cada um dos projetos, considerando um horizonte de três anos. Analisaram ainda o grau de alinhamento estratégico de cada projeto com o objetivo estratégico "Expansão de Mercados". Os resultados são apresentados na tabela a seguir:

ID	Projeto	Investimento (Milhões R$)	Recursos (ETI* – ano)	Receita (MR$)	Novo Mercado?	Confiança na Receita	Nova Tecnologia
A	Escritório Sul	10	27	12	Novo Mercado	Alta	Nenhuma
B	Produto AB	20	31	23	Novo Segmento	Média	P&D
C	Produto CDE	5	15	6,5	Aumento Penetração	Baixa	P&D
D	ISO 9000	5	18	7	Extensão de Existente	M. Baixa	Nenhuma
E	Fábrica NE	30	49	36	Extensão de Existente	Média	Adquirir
F	Mercosul	15	30	19,5	Novo Mercado	Alta	Extensão
G	Automação	10	12	11	Nenhum	M. Alta	Extensão

* ETI: empregados em tempo integral.

O time de gerenciamento do portfólio propôs ainda os seguintes critérios para priorização dos projetos:

Pontos do Critério	Investimento (MR$)	Retorno (ROI%)	Novo Mercado?	Risco-1 (Confiança na Receita)	Risco-2 (Nova Tecnologia)
5	<= 5	> 30%	Novo Mercado	M. Alta >= 95%	Nenhuma
4	<= 10	<= 30%	Novo Segmento	Alta >= 90%	Extensão de Existente
3	<= 15	<= 25%	Aumento de Penetração	Média >= 80%	Pode ser adquirida
2	<= 20	<= 20%	Extensão de Existente	Baixa >= 70%	Obtida com P&D
1	> 20	<= 10%	Nenhum	M. Baixa < 70%	Desconhecida
Peso do Critério	0,5	1,5	1,0	1,0	0,5

Exercício 1: Pontue e priorize os projetos de acordo com os critérios propostos pelo time de gerenciamento do portfólio. Considere ainda as seguintes restrições: capacidade máxima de recursos humanos: 130 empregados em tempo integral (ETI)-ano; disponibilidade para investimento em projetos: R$ 60 milhões (M). Diante dessas restrições, sugira o portfólio que a companhia irá realizar nos próximos três anos.

Exercício 2: Você irá propor um portfólio alternativo baseando-se no critério risco *versus* retorno. Para o cálculo do ROI, você pode utilizar a fórmula simplificada: ROI = (receita − custo)/custo.

1) Para analisar os riscos, observe que há dois itens componentes da apreciação de risco do portfólio: confiança na receita e nova tecnologia. Cada item pode ser mapeado numa escala qualitativa (níveis de 1 a 5) como a seguir:

Nível de Risco	Confiança na Receita	(Necessidade de) Nova Tecnologia
1 = Muito baixo	Muito alta	Nenhuma
2 = Baixo	Alta	Extensão da Existente
3 = Médio	Média	Pode ser adquirida
4 = Alto	Baixa	Requer P&D
5 = Muito Alto	Muito baixa	Desconhecida

2) Para que se chegue a um indicador único de risco, é necessário combinar os valores dos dois itens da apreciação de risco em um único indicador. Sugerimos adotar o valor máximo dentre os dois critérios de risco considerados.

3) Para avaliar a necessidade de recursos, sugerimos o uso de uma escala qualitativa em 5 níveis para classificar os projetos de acordo com o porte. A escala sugerida é: 1: menor ou igual a 10 ETI-ano; 2: de 11 a 20; 3: de 21 a 30; 4: de 31 a 40; 5: maior que 40.

4) Com base nos dados levantados nos itens 2 a 5, desenhe o gráfico Risco *versus* Retorno para esse conjunto de projetos. Proponha um portfólio considerando o balanceamento em termos de risco e retorno.

5) Compare esse portfólio com o selecionado no Exercício 1, considerando apenas a restrição de recursos, destacando suas diferenças e similaridades.

ANEXO 24 – Elementos constituintes de um formulário de proposta de projeto

Dados básicos da proposta

Titulo do projeto:

Proponente (pessoa, departamento ou unidade de negócio):

Provável patrocinador do projeto:

Outros participantes na elaboração da proposta:

Unidades de negócio envolvidas na execução do projeto:

Unidades de negócio responsáveis pelo produto/serviço:

Detalhamento da proposta

Declaração de escopo do projeto:

Alinhamento com estratégia da empresa:

Entregas do projeto/critérios de sucesso:

Ciclo de vida ou 1º nível da EAP:

Estimativa de custo (se possível, identificar os principais componentes do custo estimado):

Estimativa de necessidade de recursos (humanos, materiais, infraestrutura):

Estimativa da duração (se possível, identificar atividades críticas):

Retorno esperado sobre investimento:

Premissas e métodos para cálculo do ROI:

Prazo de *payback* (quantificar ou qualificar como curto, médio ou longo prazos):

Outros benefícios (*time-to-market*, qualidade superior, penetração/crescimento em mercados, satisfação do cliente, melhoria de processos, aumento de eficiência etc. – se possível, quantificar benefício com estimativas):

Informações complementares

Viabilidade técnica (tecnologias envolvidas, dificuldade da solução técnica, grau de inovação):

Sinergias e requisitos sobre processos produtivos e/ou de negócio:

Competição existente para o produto (inexistente, fraca, média, forte – se aplicável):

Premissas:

Restrições:

Dependências:

Riscos principais:

ANEXO 25 – Estudo de caso – práticas de gestão do portfólio de projetos no ABN Amro Bank do Brasil

Resumo baseado em "Práticas de Gestão do Portfólio de Projetos no ABN Amro Bank do Brasil" – Dissertação de Mestrado, autora: Priscilla Stadnick, 2007.[6] *Esse trabalho apresenta um diagnóstico das iniciativas de gestão do portfólio de projetos no ABN Amro Bank do Brasil, com um foco especial em como essas práticas influenciam o surgimento de projetos inovadores. O trabalho foi desenvolvido a partir da execução de entrevistas com gerentes e diretores da empresa.*

ABN AMRO (Banco Real) é o terceiro maior banco privado do Brasil,[7] com cerca de 30 mil empregados, mais de 5 mil pontos de presença e atendendo cerca de 10 milhões de clientes, incluindo 400 das maiores corporações brasileiras.

O banco tem um número significativo de departamentos que utilizam técnicas de gestão de portfólio de projetos para alcançar seus objetivos estratégicos. Por muitos anos os departamentos tiveram autonomia para empregar processos diferentes de gestão do portfólio e só recentemente iniciativas de padronização desse processo foram tomadas.

Há uma ênfase na geração de produtos inovadores, como, por exemplo, recentemente, opções de empréstimos vantajosos para projetos de responsabilidade ambiental, linhas de crédito para pequenos negócios e um fundo de investimento "ético" (o primeiro fundo inspirado em responsabilidade social, no Brasil).

Um novo processo padronizado de gestão do portfólio tem sido promovido na instituição e está baseado numa coleta de informações sobre as propostas de projetos que, por sua vez, são levadas para discussão em fóruns específicos para definição do portfólio. Os mesmos fóruns são depois empregados nas etapas de monitoramento e acompanhamento do portfólio selecionado. Participam desses fóruns o presidente do Banco, os diversos vice-presidentes e gerentes executivos. Os fóruns ocorrem a cada 2 ou 3 meses. Outras informações sobre o processo de gestão do portfólio no ABN:

---

[6] Trabalho acessado na Internet em 2 nov. 2013 no endereço: <http://umu.diva-portal.org/smash/record.jsf?pid=diva2:141302>.

[7] Essa e outras informações factuais são de responsabilidade da autora e devem ser contextualizadas para a época de realização do trabalho.

- Classificação dos projetos de acordo com o nível de investimento requerido: alto, médio e baixo.
- Tipos de projetos: manutenção, regulatório, inovação.
- Critérios utilizados: financeiros, estratégicos, operacionais (recursos, esforço), nível de risco, grau de inovação, grau de comercialização
- Decisão: vermelho (negado/cancelado), amarelo (mais estudos necessários/sob risco) e verde (aprovado/prosseguir).

O presente trabalho entrevistou gerentes e diretores de setores como Tecnologia da Informação, do Escritório de Projetos, da célula de inovação, departamento comercial, departamento de clientes privados, departamento de cartões de crédito, dentre outros.

Algumas das perguntas dirigidas aos gerentes e diretores foram:

1. Qual o método ou critério utilizado para selecionar projetos?
2. Como esse método ou critério está relacionado com a estratégia do banco?
3. Existe possibilidade de cancelar projetos como parte do processo de gestão de portfólio? Qual a causa mais comum para o cancelamento de projetos?
4. O que é mais importante: critérios financeiros ou estratégicos, para a seleção de projetos?
5. Quantos projetos paralelos são executados no seu departamento?
6. Existem diferenças na forma como o portfólio é gerido entre os departamentos?
7. Existem formas de divulgar internamente uma proposta de projeto, visando ganhar apoio?

Algumas das respostas para essas diversas perguntas foram:

- "Por muitos anos sofremos com um excesso de priorização. Tínhamos muitos projetos e era um caos. Isso se devia a métodos de seleção de projetos inadequados. O resultado eram inúmeros projetos fracassados ou cancelados (por baixo desempenho)."

- "Critérios consolidados existem para a gestão do portfólio, mas são empregados apenas em projetos de maior porte, ficando os projetos pequenos, de um único departamento, a cargo de decisões mais subjetivas."

- "Estamos vendo agora um método consolidado para a seleção de projetos. Infelizmente, por enquanto, está sendo empregado apenas em projetos maiores, institucionais. No meu departamento ainda funciona na base de quem grita mais aprova o seu projeto."

- "Antes dos fóruns de PPM qualquer empregado poderia registrar o seu projeto no sistema do banco e o projeto era imediatamente aprovado pelo sistema, indo direto para a execução. Havia muitos problemas com essa abordagem, p. ex., projetos muito similares (duplicação de esforços), falta de foco e muita frustração, pois se via que os colaboradores não estavam alocados aos projetos mais importantes."

- "Os critérios adotados para a seleção de projetos têm uma base teórica sólida, o que aumenta a sua credibilidade sobre a efetividade de todo o processo. Nós estamos começando a acreditar na metodologia. Esses fóruns são novos e são um esforço importante para padronizar e formalizar o processo de seleção de projetos, tornando-o mais efetivo."

- "Em termos de critérios de seleção, eu diria que os critérios estratégicos são bem mais importantes que os financeiros. No banco, todos os projetos se originam de considerações estratégicas."

- "Critérios financeiros têm muito mais força no processo de priorização e aprovação. Não basta o alinhamento estratégico, se não há um potencial financeiro significativo, nunca será aprovado. No final o que vale é o critério da maximização do lucro."

- "Considero que há um equilíbrio entre critérios estratégicos e financeiros. Creio que os pesos dados a esses critérios no processo sejam os mesmos."

- "Por muitos anos estávamos desenvolvendo projetos porque tínhamos os recursos disponíveis, e não porque esses projetos iriam contribuir para o nosso negócio. A nova metodologia é sólida e estimula os departamentos a pensar seriamente quando sugerem projetos. O desafio é mostrar a todos da empresa a importância do método, seus objetivos e como ele influencia a alocação dos recursos e o impacto nos benefícios."

- "Já se podem ver melhorias na priorização de projetos. O desafio é fazer boas decisões de alocação de recursos. Por muitos anos todos os projetos eram considerados igualmente importantes nesse respeito."

- "O banco estimula projetos inovadores e o grau de inovação geralmente favorece projetos que competem pelos recursos da empresa."

- "Os bancos hoje são vistos de forma muito parecida pelos clientes. Isso nos estimula a sermos inovadores em produtos. Nós compreendemos que isso é essencial para o nosso posicionamento a longo prazo."

- "Eu gerenciei um projeto que foi cancelado repentinamente quando soubemos que o nosso objetivo havia perdido sentido. Um competidor direto nosso lançou uma nova plataforma tecnológica que mudou todo o cenário para nós. Não fazia mais sentido continuar com o projeto, pois seu valor estratégico desapareceu!"

- "O esvaziamento estratégico de um projeto é muito natural em uma área dinâmica como a nossa. Precisamos rever periodicamente se as escolhas e objetivos feitos no início de um projeto ainda fazem sentido. Com o tempo, aprendemos que é natural aceitar essas mudanças de contexto que influenciam e trazem mudanças aos projetos em andamento."

ANEXO 26 – Seleção de projetos para retenção de colaboradores

Softmax[8] é uma empresa no segmento de desenvolvimento de sistemas de *software* de médio e grande portes, atuando principalmente nos segmentos varejista e de logística. A empresa utiliza um *mix* de tecnologias que envolvem bancos de dados remotos, internet, redes sociais, comunicação por telefone celular, dentre outras, para atender à demanda de seus clientes.

A empresa tem um quadro de cerca de 500 programadores, todos muito bem qualificados. No último ano, a taxa de retenção desses programadores ficou em 80%, tendo sido a maioria dos demissionários cooptados por um concorrente emergente e agressivo.

A direção da empresa deseja subir o patamar de retenção para 95%. Para tanto, foram realizadas entrevistas com os colaboradores demissionários e identificaram-se dois aspectos relevantes:

1. Grande parte dos demissionários alegou desenvolver códigos redundantes, que eles sabiam já ter sido desenvolvidos em outros departamentos da empresa, mas que não eram facilmente disponibilizados pelos respectivos gerentes; o desenvolvimento redundante foi considerado fator de desmotivação entre os colaboradores, especialmente porque o código redundante normalmente era relacionado com funcionalidades básicas que não representavam nenhum desafio intelectual para os programadores. Uma pesquisa interna mais detalhada indicou que cerca de 30% do desenvolvimento atual é redundante e poderia ser substituído por código já disponível em outros setores da empresa.

2. Entrevistas com os colaboradores demissionários indicaram que apenas 40% das 9 horas diárias de trabalho são consumidas efetivamente com trabalho de projeto.

Diante desse diagnóstico, a direção da empresa decidiu dedicar um orçamento de R$ 3 milhões ao longo de 1 ano para desenvolver até 3 projetos internos que visem alcançar a meta de 95% de retenção dos seus colaboradores. As propostas de projetos serão feitas pelos próprios colaboradores e serão avaliadas pelo time de gestão do portfólio (TGP) da empresa.

---

[8] Caso fictício criado para fins didáticos. Semelhanças de nomes e circunstâncias é mera coincidência.

Etapas do exercício

1) Time de gerenciamento do portfólio: irá preparar o processo de análise qualitativa (critérios, pesos e explicações dos critérios).

2) Colaboradores: irão propor ao TGP projetos para alcançar a meta de retenção. Cada proposta pode custar até R$ 1 milhão ao longo de 1 ano.

3) TGP irá revisar as propostas e tirar dúvida com os colaboradores.

4) TGP irá realizar a análise qualitativa e anunciar até três propostas selecionadas para execução.

Impressão e Acabamento:

Geográfica editora